浙江大学“马克思主义理论和中国特色社会主义研究与建设”工程
中央高校基本科研业务费专项资金资助

On Local Government Reform and Innovation

地方政府改革创新论

陈国权　曹　伟　等著

ZHEJIANG UNIVERSITY PRESS
浙江大学出版社

图书在版编目(CIP)数据

地方政府改革创新论 / 陈国权等著. —杭州:浙江大学出版社, 2018.1
ISBN 978-7-308-17815-0

Ⅰ.①地… Ⅱ.①陈… Ⅲ.①地方政府—行政管理—体制改革—研究—中国 Ⅳ.①D625

中国版本图书馆CIP数据核字(2018)第002001号

地方政府改革创新论

陈国权　曹　伟　等著

责任编辑	陈佩钰(yukin_chen@zju.edu.cn)
责任校对	杨利军　汪　潇
封面设计	春天书装
出版发行	浙江大学出版社
	(杭州市天目山路148号　邮政编码310007)
	(网址:http://www.zjupress.com)
排　　版	浙江时代出版服务有限公司
印　　刷	浙江印刷集团有限公司
开　　本	710mm×1000mm　1/16
印　　张	15
字　　数	235千
版 印 次	2018年1月第1版　2018年1月第1次印刷
书　　号	ISBN 978-7-308-17815-0
定　　价	58.00元

创新思想理论，迎接中华民族伟大复兴

余逊达

马克思主义是中国共产党的指导思想，也是中国宪法确认的国家的指导思想。作为一种科学理论，马克思主义最显著的特点在于它不但强调认识世界，而且强调改造世界。在当今的中国，人们认识世界和改造世界所面对的一项最重要的任务，就是通过不断深化改革和发展，实现中华民族的伟大复兴，同时推动整个人类社会的不断进步。中华民族在社会主义制度下的伟大复兴，既是全体中国人在可以预见的时间内对人类文明发展所做出的最大贡献，也是马克思主义本身在可以预见的时间内对世界历史发展所做出的最大贡献。

古代中国曾经在文明发展上长期处于世界先进的位置。15 世纪末 16 世纪初，西方文明兴起，中国则在封闭状态下逐渐失去活力，直至 1840 年鸦片战争后在世界发展进程中被边缘化。但是中国人并未放弃，经过几代人不懈奋斗，中国又重新站立起来，开始在世界舞台上赢得新的尊重。

1949 年中华人民共和国的成立，是中国摆脱半殖民地半封建的处境，在政治上自立于世界民族之林的标志。此后，经过长期的艰苦努力，特别是改革开放以来近 40 年的努力，中国实现了经济上的飞跃。现在，中国在国民生产总值、制造业、货物贸易、对外投资等领域，都处于世界领先行列。尽管人均国民生产总值还严重落后于发达国家，经济发展在结构、质量等方面也存在不少问题，然而已经取得的成绩仍使我们有理由、有信心说，只要不犯根本性错误，不出现不可抗力量，中国经济发展水平赶上发达国家是一件完全可以期待的事情。也就是说，中国的一只脚已经迈进了民族复兴的门槛。

但是，生产力发展不是民族复兴的全部内容。一个民族要想走在世界发展的前列，除了生产力发展必须走在世界前列，它的政治制度、文化发展、社会建设和理论思维等也必须走在世界前列。人是在思想指导下行动的，人的思想的内涵决定了人的行动的内涵，在这个意义上可以说，理论思维能力及其追求对一个民族的发展具有决定性作用。近代以来西方国家在世界上的兴起，就是与西方在理论思维上的发展相伴而行的；而中国的衰败，则与中国在思想上的封闭、僵化、落后内在地关联在一起。思想解放和理论创新，是五四运动后现代中国奋起的先声，也是 1978 年中国改革开放方针政策的制定与执行的思想前提和基础。中国要继续前进，同样离不开思想解放和理论创新。特别是当前，在全球化和科学技术日新月异进步的带动下，人类社会的发展方式、组织方式、生活方式、治理方式都出现前所未有的大转型，包括中国在内，世界上的一切都在调整、都在变化、都在重构，需要我们用新的眼光去看待它、理解它、应对它，并在新的思想指导下把这场大转型导入能造福全人类的轨道。在这样的历史时刻，理论思维的作用尤其重要。对中国来说，没有在思想理论创新和建设上取得世界公认的进步与繁荣，中华民族的复兴是不完整的，也是难以持续的。

思想理论建设是一项系统工程，包含着非常丰富的内容。在中国特定的国情下，思想理论建设中的一项核心工作，是马克思主义理论的建设。中国共产党作为中国的执政党，一直高度重视马克思主义理论建设。党把马克思主义和中国实践及时代特征结合起来，经过反复探索并集中各方智慧，形成了中国特色社会主义理论。这一理论回答了发展道路、发展阶段、根本任务、发展动力、外部条件、政治保证、战略步骤、领导力量和依靠力量、国家统一的方式等一系列与建设中国特色社会主义相关的重大问题。按照这个理论，党确立了社会主义初级阶段的基本路线和基本纲领，并进一步提出了“三个代表”重要思想和科学发展观。习近平就任党的总书记以来，就“中国梦”和价值观、文化自信、全面建成小康社会的战略布局、全面深化改革的总目标与总体安排、全面依法治国、全面从严治党、经济发展新常态、协商民主、社会治理、城市治理、生态文明建设、反腐倡廉、军事变革、统筹国际国内两个大局、建设开放型经济新体制、建设新型大国关系、“一带一路”建设、总体安全观、体系绩效等问题，提出了一系列新的重要思想，对中国特色社会主义理论做出新的发展和创造。上述思想和理论的提出与确立，反映了党在思想理论建设上所做出的巨大努力和已经取得的巨大成效。正是在这些思想和理论的指导下，改革开放以来中国在经济、政治、社会、文化、生态和党的建设等各个方面都取得了历史性成就。

马克思主义是一个开放的系统。作为马克思主义和中国实践及时代特征相结合的产物，中国特色社会主义理论同样是一个开放的系统，它并未穷尽人们对中国社会、外部世界、人类自身及社会主义发展规律、共产党建设规律等问题的认识，更未封闭人们通向新的真理的道路。事实上，中国特色社会主义理论的效用不仅在于它能指导人们从事社会主义建设的实践，还在于它能指导人们根据实践和环境、条件的变化，去进行新的探讨、形成新的认识。我们今天所处的世界，仍然是一个充满矛盾的世界；摆在中国和世界面前等待回答的问题，仍然为数众多；如何把已经形成的正确的思想和理论成功地付诸实践，也远非触手可及之事。所有这一切都说明，进一步加强思想理论建设，仍然是一项意义深远的任务。

历史经验告诉我们，思想理论建设是一种只有依靠集体努力才能成功的公共事业。浙江大学作为一所以建成世界一流大学为目标的大学，对加强思想理论建设肩负着不可推卸的责任。为了有效履行这一重要责任，在学校领导的支持指导下，浙江大学社会科学研究院设立了“马克思主义理论和中国特色社会主义研究与建设工程”（以下简称为“马工程”）。这一工程以促进中国和世界的进步为关怀，以理论和实际的结合为构架，重点放在当代问题的探讨，同时兼及经典著作的研究，鼓励思想理论创新，发前人之未发，成一家之言。“马工程”设立后，人文社科类教师反响热烈，也激起部分理工农医类教师的研究兴趣；不仅一批充满朝气的青年学者踊跃参与，而且一些学富五车的资深教授也积极参与。几年下来，“马工程”已经设立了几十个研究计划，将出版一系列有水平、有创意的著作和研究报告。这些著作和研究报告，凝聚了作者的心血，体现了他们对中国与世界面对的问题的深入思考。我们相信，它们的出版，能够给思考同样问题的读者以启示，也能够给处理实际问题的读者以智慧。随着新的成果的不断出版，浙江大学的“马工程”最终将不负使命，在推动中国的思想理论建设走向世界前列、促进中华民族伟大复兴方面，做出自己应有的贡献。

目录

第一章　地方政府转型与善政发展逻辑

改革开放以来，我国地方政府呈现出十分活跃的改革创新新形态，通过政府治理转型推动经济社会转型。在全球化时代，政府治理转型也是一种全球性的现象。尽管各国的政治、经济、社会、文化背景不同，推进政府治理转型的重点和方式也有差异，但仍然可以观察到一条清晰的主线，即从传统的官僚制行政逐渐走向后官僚制行政。这一公共行政范式的转型，体现了世界各国人民对善政(good government)的不懈追求。总体而言，善政是遵循“廉洁政府、法制政府、责任政府、有效政府、公平政府”的轨迹不断往前发展的，前一形态的政府是后一形态政府的前提和基础，后一形态的政府则内含了前一形态政府的特点并在此基础上发展超越。在这当中，法治政府和民主政府是善政成长的内在动力，而服务型政府则是善政发展的理想状态。善政的实现过程，既是一个制度的转型过程，也是一个人的转型过程。公职人员的复合素质与治理能力的提升，无疑就构成了政府转型过程中的基础性内容。

第一节　转型中的公共行政范式

第二次世界大战以后，伴随着现代科技的不断进步，新产业部门的日益涌现，信息化及全球化时代的来临，传统官僚体制运作下的西方各国政府显得越来越力不从心，一方面既无力摆脱自身机构急剧膨胀、财政开支日益加大的困境；另一方面，其供给能力的软弱又无法满足不断增加的公共需求。于是，迫于政府机构的内部需要和公众舆论的外部压力，加上私营企业革新成就的示范效应，西方各国政府纷纷掀起以市场化为导向的行政改革浪潮。无论是英国的续阶方案、美国的重塑政府、加拿大的公共服务两千计划，还是新西兰的财政与人事改革、澳大利亚的财政管理改进计划，都开始在政府现有的资源范围内反思政府的性质与职能，调整政府自身的行为方式，并借鉴现代企业管理的理论和方法，在政府公共部门引进市场竞争机制，提高公共管理水平和公共服务质量，从组织结构、机制运作、决策体制、公共服务等各方面改革公共行政的传统官僚制模式。尽管由于各国政治、经济、文化的背景不同，其公共行政改革的力度和范围也不尽相同，但他们都不约而同地对传统官僚制行政提出了批评，在实践中探索着一条后官僚制行政的道路。美国组织理论家沃伦·本尼斯曾预言："从六十年代算起的二十至五十年里，人们将目睹并亲自加入官僚制的送葬队伍。"①这一预言是否能真正在理论和实践上完全应验，并成为我国当前行政体制改革的示范，需我们审慎和深刻地反思。

一、传统官僚制的困境

声势浩大的西方各国公共行政体制改革预示着对传统"烟囱工业时代"官僚制行政范式的扬弃，知识、信息迅速膨胀的"后工业社会"需要一种新型的行政范式——后官僚制。在分析这种新型的行政范式之前，我们有必要对传统官僚制的当代困境进行系统地梳理和剖析。

官僚制(bureaucracy)，又称科层制，实际上指的是一种"官僚体系"，并不等同于"官僚主义"(对此许多人有误解)。官僚制是基于"烟囱工业时代"政治、经济和社会条件所形成的一种组织体制，这一重大的社会发明和创造在产业革命时期产生过巨大的作用。它如此家喻户晓，我们得感谢德国社会学家和组织理论家马克斯·韦伯，正是他从理论上对这种组织形式进行了总结。

韦伯认为官僚制是现代社会中实施合法统治的行政组织，它是建立在法理性权威基础上的一种高度理性化(目的合乎理性或价值合乎理性)的组织机构的"理想类型"②。在这种体制下，行政机关的权限范围是由法律规定的，机关中的层级结构以及按等级赋予权威的原则，使行政组织形成了牢

---

① Jay M. Shafritz, Albert C. Hyde: *Classics of Public Administration*, 2nd, The Dorsey Press, Chicago, 1987, p. 325.

② [德]马克斯·韦伯:《经济与社会》(上卷)，林荣远译，商务印书馆，1997年，第242页。

固而有秩序的上下级金字塔结构。这种组织体系的特点是：在职能专门化的基础上进行劳动分工；严格规定等级层次结构；运用规章制度清晰明确划分责权；人际关系非人格化；遵守严格的系统工作程序；以业务能力作为选拔提升的依据。因此，官僚制这一组织形式举起的是理性与逻辑的大旗，否定的是个人专制、主观武断、感情用事；主张的是有逻辑与预见性，而不是非理性的情感；要求的是“服从非个人的制度”①，而不是个人关系；欣赏的是技术专长，而不是一时聪明。韦伯坚信，“推进官僚制度的决定性理由一直是超过其他组织形式的纯技术优越性……精确、速度、细节分明……减少摩擦，降低人和物的成本，在严格的官僚制治理中这一切都提高到最佳点。”②的确，尽管人们对这种组织形式有许多抱怨，但是，“官僚制”曾经是或者迄今为止仍然是西方最流行的组织工具。也正因为如此，韦伯创立的官僚制组织理论似乎成为人们一直以来无法逾越的体系。

然而即使是韦伯本人也曾对这种组织形式表示过不满。他曾指出，虽然“官僚体系”不可避免，但它确实扼杀企业家精神。他甚至说过，“早晚总有一天，世界上充满了齿轮和螺丝式的芸芸众生，他们会紧紧抓住职位，处心积虑，不顾一切地沿着官僚化的等级层次阶梯向上爬。……官僚体制统治的顶峰不可避免地有一种至少是不纯粹官僚体制的因素。”③特别是20世纪70年代以来，以信息为基础的新文明动摇并改变了原有的政治、经济和社会运行方式。世界政治、经济、文化的巨变给传统的官僚制带来了前所未有的挑战，使它与时代发展不适应的方面日渐暴露。

从组织环境来看，政府组织的“内环境”与“外环境”均发生了急剧的、复杂的和不可预料的变化：一是官僚制所弘扬的“官僚制精神”，即非人格化、理性化与制度化，妨碍了个人的成长和个性成熟，技术的普遍运用对个性的压制产生的非人格化与当代人们所渴求的个性的自由解放及对民主的追求产生了尖锐的矛盾；二是信息技术的高速发展使得经济和社会生活的节奏加快，陈旧的层级管理和控制系统、照章办事循规蹈矩的传统方式已无法适

① [德]马克斯·韦伯：《经济与社会》(上卷)，林荣远译，商务印书馆，1997年，第243页。

② [美]文森特·奥斯特罗姆：《美国公共行政的思想危机》，毛寿龙译，上海三联书店，1999年，第37页。

③ [德]马克斯·韦伯：《经济与社会》(上卷)，林荣远译，商务印书馆，1997年，第247页。

应越来越普遍的社会动态因素对政府的职能要求;三是全球化的趋势使国内外的联系日益紧密,相对封闭的官僚制组织建构与建立在主体交往、文化多元基础上的新时代格格不入。因此,沃伦·本尼斯认为官僚体制在"内适应"和"外适应"上均出现了当代困境。①

从组织结构上看,在严格的非人格化的金字塔结构中,官员的职位是由上级权力当局任命的,并在公共机关的等级制度系统中实行终身制,而公职人员从政首先是一种谋生手段,有着自身的利益需求,普遍具有经济学预设的"理性经济人"的特征,他在大规模的官僚制中会追求增加自身收益或获得职业发展。既然职业发展靠的是上司的有力推荐,以职业发展为目标的公务人员会取悦自己的上司。有利的信息将会被发送,不利的信息将会受到控制。"信息扭曲将会减少控制,并产生偏离由行动产生的结果的期望。"②也就是说,公职人员为了自身的或既得利益集团的利益会故意隐瞒详细的信息,导致行动偏离组织期望的目标。当然,得益的是官员,受损的是国家、社会和公民。

从组织方式上看,行政控制是传统官僚制行政的关键。它涉及财务系统、预算冻结、组织重组、汇报制度,并以无数其他方法扼制公务员的自由处理权。如此严格、机械的控制观念受到传统官僚制的推崇,其最根本的原因在于为了维护金字塔结构的行政体系,只有加强控制,才能保证处于尖端的行政官僚的权威。因此,规则、中央集权、强制性成为传统官僚制行政的特征。官僚制对个体行为的控制,一方面扼制了组织成员的创新思想,成员的竞争不是以个体的创新与成就为标准,而是以其职权的重要程度和服从表现为评价和晋升的条件,使组织内部竞争不公正;另一方面,组织的刻板性导致组织服务功能的减弱,增加用户即顾客、公众的困难。③

总之,"工业时代发展起来的官僚体制,专注于各种规章制度及其层叠的指挥系统,已不能有效运转;它变得机构臃肿、浪费严重、效率低下;它在

---

① 朱国云:《组织理论:历史与流变》,南京大学出版社,1997 年,第 249—253 页。

② [美]文森特·奥斯特罗姆:《美国公共行政的思想危机》,毛寿龙译,上海三联书店,1999 年,第 67 页。

③ 朱国云:《韦伯官僚组织结构理论的新演变》,《国外社会科学》1995 年第 10 期。

变化迅速、信息丰富、知识密集的90年代已不能有效运转了”①。整个官僚系统就好比那些在超音速喷气机时代的海上豪华客轮，臃肿膨大，造价昂贵，转向不灵。因此，当前组织中最重要的一个问题就在于怎样发挥和保持政府官员的主观能动性和适应性，怎样使它更像一个交响乐团，按目标管理，更为灵活，更富有企业家精神。在信息时代、服务业时代或后工业化时代，这已成为一个迫切需要以新型的组织方式来解决的问题。

二、后官僚制的行政范式

正是基于许多经济学家、政治学家以及社会学家对传统官僚制的反思，人们开始意识到官僚制范式已不再是政府公共行政的唯一理论来源，他们愈来愈频繁地提及顾客、质量、服务、价值、激励、创新、授权、灵活等词汇，以此来形容一种更好的行政范式，那就是后官僚制行政范式。巴兹拉（Barzelay）和阿马伽尼（Armajani）把后官僚制行政范式比喻为一个大家族的新生代，它与前辈官僚制有着千丝万缕的联系，却从各方面超越了它的前辈。②后官僚制行政范式从官僚制行政范式演化而来，同时又对官僚制行政范式发起了挑战，它更重视管理中人格化的因素，重结果而不重过程，强调内在秩序的整合，反对信息的扼制，加强市场和社会对政府公共行政的渗透。

作为一种正在成长并且日益盛行于西方各国公共管理部门的新行政范式，“后官僚制”（post-bureaucracy）有不同的称谓，如“新公共管理”“企业化政府”“公共管理主义”等③，这是一个多维度的概念。但无论是英国、新西兰的系统化改革，美国的渐进主义的改革，还是其他国家的类似改革，都遵循后官僚制的一些基本原则，正如奥斯本和盖布勒所描述的十大原则：(1)起催化作用的政府：掌舵而不是划桨；(2)社区拥有的政府：授权而不是服务；(3)竞争性政府：把竞争机制注入提供服务中去；(4)有使命的政府：改变照章办事的组织；(5)讲求效果的政府：按效果而不是投入拨款；(6)受顾客

---

① ［美］戴维·奥斯本、特德·盖布勒：《改革政府：企业精神如何改革着公共部门》，周敦仁译，上海译文出版社，1996年，第12—13页。

② Michael Barzelay and Babak J. Armajani, *Breaking through Bureaucracy*，竺乾威、马国泉编：《公共行政学经典文选（英文版）》，复旦大学出版社，2000年，第502页。

③ 陈振明：《评西方的“新公共管理”范式》，《中国社会科学》2000年第6期。

驱使的政府：满足顾客的需要，而不是官僚政治需要；(7)有事业心的政府：有收益而不浪费；(8)有预见的政府：预防而不是治疗；(9)分权的政府：从等级制到参与和协作；(10)以市场为导向的政府：通过市场力量变革。① 只是由于各国行政改革的政治、经济、文化背景的不同，以及改革范围、侧重点的不同，在行政改革的实践过程中每个国家会采取不同的模式，按各国针对的病症、组织建构、管理方式、政策制定和公共利益服务方式的异同划分，美国著名组织理论家彼德斯将其归纳为如下四种主要的行政范式②，具体见表1-1：

表 1-1　彼德斯归纳的行政范式

	市场模式	参与模式	弹性政府模式	非管制政府模式
针对病症	垄断	等级制	永久性	规章和控制
组织建构	分权	扁平型组织	临时(虚)组织	不重视组织结构
管理方式	绩效工资制及私人部门管理技术	全面质量管理，团队	管理临时人事	更大的管理自由
政策制定	内部市场	咨询、谈判	实验	企业化
服务方式	低成本	参与、咨询	低成本、协调	行动主义

市场模式(market model)主张下放决策权和执行权，把庞大的公共部门分解成若干小的像企业那样可以相互竞争的运作部门，公共产品的生产变垄断为竞争，如英国财政部于1982年公布的财务管理新方案，就采用这种权力下放的形式；将大量的服务职能下放给各种非政府组织，从而降低成本，提高效率；强调积极进取的政府行为和个人责任，促使公共部门建立层级尽可能少的网络式平板结构；推行功绩制和绩效工资管理。

参与模式(participation model)旨在打破传统官僚制的等级制，竭力提倡压平金字塔组织结构，减少中间层次，缩小上下级之间的沟通距离，组织结构呈扁平式；鼓励自下而上的决策，鼓励公众参与决策；参照企业管理中的全面质量管理法管理公共部门，听取公众的意见，了解公众的需求，注重

① ［美］戴维·奥斯本、特德·盖布勒：《改革政府：企业精神如何改革着公共部门》，周敦仁译，上海译文出版社，1996年。

② B. Guy Peters, *The Future of Governing*: *Four Emerging Model*, Kansas: University Press of Kansas, 1996, p19.

服务的质量和价值。

弹性政府模式(flexible government model)主张在政府内部建立临时性机构来实现政府职能目标,雇佣临时性的公共雇员,以避免常设性机构的僵化问题,有利于适应快速变化的社会环境。美国政府认为该模式有利于创新,有利于开拓新事业。当然,学术界对此也提出异议,首先,领导者在调节雇员的数量和工作量时难度较大,有可能投入不足或冗员过多;其次,临时雇员缺乏献身精神,其道德感和职业感相对较弱;第三,临时雇员专业知识不足,工作生疏,会影响局部效率。

非管制政府模式(deregulating government model)以组织的使命替代墨守成规的繁文缛节,公共雇员在处理事务时有更大的灵活性和自由度。值得注意的是该模式并不排斥传统的官僚制组织结构,其着眼点在于程序和有效行动的能力方面。如美国成立"日落委员会",即对一项计划或一个规定限制一个时期,到时该计划或规章必须重新审批,若没有再获批准,则被废止;另外,一些地方政府还建立零基预算制度来放松管制,促进组织目标的实现。

也许,后官僚制的超越并不在于它是否从事实上取代了传统的官僚制,而在于它开始重视公共部门制度安排与经济绩效的关系问题——单一模式官僚机制的制度安排能否在最大程度上满足公共部门发展的需要?20世纪50年代公共选择学派的政治经济学家们就开始关注这个问题,他们把理性、自利的个人当作基本的分析单位,运用外部效应、公共财产和公共物品理论来界定与公共行政有关的事物结构,分析了不同组织或者不同的决策安排在公共物品和服务产出方面的结果,并根据产出是否符合效率标准或其他绩效尺度来评估这些结果,认为没有任何单一模式的组织是"适合于"所有情形的。① 也就是说,任何组织安排都会在有限范围内产生制度缺陷和失败。"组织安排的最优选择应该是与制度弱势或者制度失败相关的成

① 这一立场与韦伯的假设恰恰相反,韦伯认为官僚制在技术上优越于任何其他类型的组织。Ashby, W. Ross, *Principles of Self-Organizing System*, in H. Von Foerster and G. W. Zopf, eds., *Principles of Self-Organization*, New York: Macmillan, 1962, pp. 255—278.

本最小化的选择。"①

因此,后官僚制的公共管理理论博采众长,汲取了前辈理论家们的理论精华,包括科学管理思想、代理理论、公共选择理论等,提出了多种组织安排和行政范式,在西方各国的行政改革中逐渐成为主流趋向。

三、后官僚制的理念抉择

从官僚制向后官僚制行政的过渡,反映了公共行政理念在当代的转变,新型的行政范式面临信息技术时代创新和发展的契机,从理念上将抛弃传统官僚制垄断和强制的性质,强调政府、社会和个人的共同作用,希望打破传统官僚制刻板的自上而下、等级分明的组织秩序,重视政府与各种非政府组织之间的平等对话和系统合作,以公众为主体,鼓励公众的参与,这是一种社会化、民主化、多元合作化的公共行政理念,具体表现如下。

(一)后官僚制的主题:从崇拜权力走向崇尚服务

在传统官僚体系的金字塔结构中,权力集中是不可避免也是不言而喻的,因为事实上整个官僚体系的运作必须仰仗集权的支柱,上层发号施令,下层服从执行,其中权力是中心,行政行为在多大程度上具有有效性,取决于支配这种行为决策的权力的大小。因而,我们不难感受到传统的官僚制行政体系中牢固地粘连着对权力的崇拜,行政权和行政行为被置于这个社会的中心位置,虽然在官僚制组织结构中,长期以来一直存在着民主和参与的呼声,存在着集权与分权的争论,但在现实的等级制官僚体系中,"骄横无礼""目中无人""独断专行"依然是公众指责官员的标语,民主和参与至多体现在对行政权的监督上,而且常常演变为争争吵吵的闹剧;后官僚制把公职人员的视线从权力的运行拉回到服务的质量上来,从权力主体拉回到顾客即公众身上来。因为政府不再是公共产品提供的唯一来源,也不再是唯一掌管公共权力的组织,随着非政府组织的介入和公共管理的社会化,政府必须同其他非政府公共管理组织展开竞争,如果没有优质的服务,政府终将失去权力。因而政府无论是在决策还是在执行上都必须有更强的服务意识,

① Buchanan, James M., *Cost and Choice: An Inquiry in Economic Theory*, Chicago: Markham, 1969.

了解公众的需要，更多地听取公众的意见，形成服务化的管理模式。所以，服务将是后官僚制的主题。

（二）评价标准的转换：从效率优先走向公平与效率的均衡

早在20世纪初，管理学界的学者们就勾勒出效率的成因、特征及其卓越性的理论框架，效率被置于优先和至高无上的地位，即“效率优先”。这一理论很好地解释了以高利润为目标的企业能够进步的原因，一个高效率的企业可以大大提高产量而降低成本，从而获得高回报、高利润。

但是，当把效率理论移植到政府部门时，这一理论却遇到了难题。因为公共部门的公共性质决定了其目标的多元性，多个目标之间必然存在一种取舍和权衡，诸如公平、民主与效率之间的平衡。传统的官僚制只是认真描绘了集中审核、预算估计、统一采购、汇报制度等效率理论，只追求效率的单向维度。从微观上看，不注重服务的质量；从宏观上看，不考虑公平性。因而，政府在追求行政效率的同时，总是以加大投入和不必要的浪费为代价，造成机构膨胀、财政紧缺，这种艰难的运转往往又使得效率低下。后官僚制则不同，不是单向地考虑政府的行政效率，它认为“有许多理由说明为什么政府不同于私营部门。最重要的一条是，对许多公共组织来说，效率不是其追求的唯一目的，还存在其他目标。比如在世界许多国家中，公共组织是‘最后的依靠’。它们正是通过不把效率置于至高无上的地位来立足于社会。”①应该说，公平是公共部门不可或缺的价值目标，在追求效率的同时理应兼顾公平，后官僚制通过公共部门的社会化，政府内竞争机制的引进以及承诺服务等方式均衡公平与效率的双向维度，合理定位效率标准。

（三）政府职能的重新定位：从垄断公共管理到侧重公共政策的制定与执行的监督

在传统官僚制行政范式下，政府垄断着公共权力，从政策的制定到政策的执行事无巨细地履行着公共管理的职能，这不仅致使政府行政运行缓慢、管理成本提高，而且造成公共权力的腐败。

后官僚制中，各种非政府社会组织的介入，意味着政府公共管理的社会

---

① ［美］帕特夏·英格拉姆：《公共管理体制改革的模式》，国家行政学院国际交流合作部编译：《西方国家行政改革述评》，国家行政学院出版社，1998年，第62—63页。

化，非政府的社会组织承担了大量传统官僚制下政府承担的公共管理职能，因而政府从庞杂的公共管理具体事务中解脱出来，侧重于公共政策制定和对公共政策执行的监督。于是，政府可以以宏观调控者的身份审视公共管理的质量并监督和纠正非政府组织公共管理的官僚主义倾向；另一方面，公共权力不再为政府所垄断，而被下放给各种非政府的社会组织。分享公共权力的各种非政府社会组织接受市场机制的竞争，接受政府的监督和公众的参与管理，从而瓦解了公共权力滥用的制度化基础，为消除官僚制下公共权力腐败的痼疾提供了一条有效的途径。

（四）途径与方式的超越：从控制到赢得对规范的自觉忠诚

传统的官僚制行政范式以规章制度等手段严格控制着金字塔中的成员，以此制约他们的个人行为，但官僚等级制的存在必然伴随着特权和利益集团的存在，严格的规章控制以及权力对权力的制约并不能诊治官僚腐败的痼疾，因为权力制约毕竟是一种人为设计，在人为设计的权力制约与个体（集团）利益为中心的权力运用之间建立起一个永久性的平衡机制是不可能的（特别当设计者本身也是既得利益者时）。

后官僚制的服务定位和顾客至上原则弱化了特权意识，使得行政行为更贴近公共性，而竞争机制的引入，不仅使得公共行政的公开性和透明度加大，从而大大降低了权力异化和谋求私利的机会，而且公众的评价以及其他组织的竞争势必督促成员自觉遵从规则，况且后官僚制并不提倡繁文缛节，而是把分权、代理、简化和以激励为基础的规则作为后官僚制行政的特征，它旨在指明途径而不是制定条例，强调报酬、良好的工作关系等激励手段以激发行政人员的创新思维，并且在特殊情况下允许行政人员随机应变，以此激发他们的个人责任感为顾客提供更好的服务。当然，后官僚制行政范式并不完全排斥强制，因为总有一些人不愿遵从规范。自愿遵从规范取决于很多方面，如规范目的的清晰度，规范的认同程度等。因此，要赢得公职人员对规范的自觉忠诚，需要做深入细致的思想工作，并且要建立有效的激励机制。

在上述的勾画中，后官僚制立足于对传统官僚体制的反思，汲取前辈理论家们的思想精髓，当然也包括官僚制本身思想的精髓，如它本身所蕴含的法制理念和契约观念，后官僚制试图克服传统官僚制的种种弊端，走出传统官僚制的当代困境。虽然这一实践和努力还没有成为一种普遍的、成熟的理论，它的普适性还需要时间加以证明，但后官僚制行政范式毕竟为官僚制僵化的政治、行政传统注入了新的活力，为西方各国的行政体制改革提供了许多有建设性的思想，它的蓬勃兴起表明了大政府的时代已经过去，公共领域的市场化问题值得引起全世界行政学界的关注和思考。对于正处在全面深化改革时期的中国而言，如何推进改革和创新，建立与现代市场经济相适应的新行政范式，是我国行政体制改革的核心任务。尽管后官僚制理论不够成熟，有学者批评它是经济学帝国主义泛滥的产物①，也有学者认为中国当前的问题是官僚化不足，还不宜走向后官僚制，但是西方从官僚制向后官僚制转变的实践经验值得引起欲在信息时代进入世界前列的中国的特别关注。

第二节　政府转型的理想模式及其发展逻辑

政府的每一次改革和创新，无不是向理想中“好的政府”(good government)——“善政”的靠近。那么究竟什么是“善政”，或者说“好的政府”的标准是什么？在过去的理论研究中，学者们从各个不同角度提出善政的目标指向，如“廉洁政府”“法制政府”“责任政府”“有效政府”“公平政府”等，并阐述其具体的内涵及实现路径。但值得注意的是，学者们在阐述这些理想模式时多侧重于在一个特定的模式框架内对某一特定的理想目标进行讨论，而对这些理想模式之间的内在联系及其逻辑发展关系没有予以足够的重视。事实上，善政的特征并非只是单个政府理想模式所能穷尽，其核心理念亦非简单的多个理想模式的叠加。因此，要充分理解善政理想模式的内涵，认识善政的发展规律，就必须从系统的角度，从这些理想模式之间的内在关系入手，探讨善政发展的逻辑。

“廉洁政府”“法制政府”“责任政府”“有效政府”“公平政府”等理想政府模式并非孤立存在，它们之间也并非简单的并列共存关系。善政如同一个

① C. Pollitt, *Managerialism and Public Service: The Anglo-American Experience*, Oxford: Basic Blackwell, 1990.

生命体，它的形成有一个成长的过程，其特质有其内在的系统性与整体性，并且其成长历程还遵循自身的次序和逻辑。总体来说，善政是遵循“廉洁政府、法制政府、责任政府、有效政府、公平政府”的轨迹不断往前发展的，前一形态的政府构成是后一形态政府的前提和基础，后一形态的政府则内含了前一形态政府的特点并在此基础上发展超越。在这当中，法治政府和民主政府是善政成长的内在动力，而服务型政府则是善政发展的最终目标。其关系如图 1-1 所示。

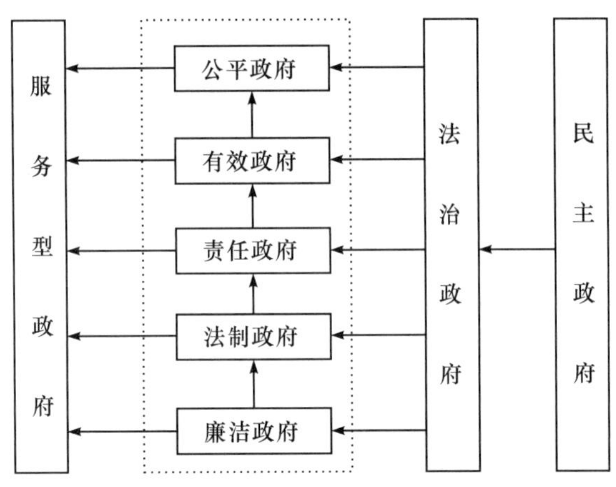

图 1-1　善政发展的逻辑关系

一、廉洁政府：公共权力的公共运用

善政发展的逻辑起点是廉洁政府，这是由政府的公共性本质所决定的。现代政府产生于公民的协商和同意，其权力来源于公民权利的合理让渡。因此，作为公共组织，政府是人民权力的受托者和公民意志的代表，理应按照公民的共同意愿依法行使公共权力，对关系到每个公民共同利益的公共事务予以管理。如果一个政府不能有效地运用公共权力实现公共利益，那么这个政府也就失去了存在的前提性条件和合法性基础。因此，善政首先拒绝公共权力的非公共运用，如果一个政府运用公共权力谋取私利，进行非公共运用，那么就是腐败。廉洁政府的价值内核就是实现公共权力为公共利益服务，它首先解决了政府是公共服务组织而不是凌驾于社会之上的利益集团的公共本位问题。也正因为如此，廉洁政府一直是人类苦苦追求的理想政府状态，它构成了善政发展的合法性基础和逻辑前提。

“合法性意味着某种政治秩序被认可的价值——这个定义强调了合法性乃是某种可争论的有效性要求，统治秩序的稳定性也依赖于自身(至少)在事实上被承认。”[①]所以，政府存在的合法性就是建立在公众信任的基础上的，其整个行为，包括其履行职能的活动也都是以公众的信任为前提的。然而，层出不穷的腐败现象在不断破坏政府公共性原则，对政府的合法性造成了直接的冲击。广大人民群众纷纷通过各种途径对政府腐败行为表示不满，政府合法性的丧失严重影响了政治和社会的稳定。各国实践表明，凡是政府清廉的地方，市场经济就发展较好，政府的合法性基础就较为牢靠；凡是腐败纵横的国家，政局往往动荡不安，政府的合法性基础也岌岌可危。因此，政府作为公共利益的代表，其存在的合法性基础就在于其行为被大多数公众所认可和支持，而无论哪种形式的腐败，都将侵蚀政府的合法性根基，进而削弱政府的控制力和号召力。

廉洁还是政府有效履行职能的前提。著名政治学家亨廷顿曾指出：“腐化很自然会使政府行政体系受到削弱，或使行政体系的软弱无能长期得不到改善。”[②]而行政体系的软弱无疑会给政府职能的履行带来阻碍。具体来说，首先，在经济调节和市场监管方面，由于腐败的存在，在市场经济中容易发生公共权力与金钱的交换，其主要表现为公共权力代替竞争对市场秩序予以不正当干预，对市场资源予以不合理分配。政府干预市场，必然会带来以租金形式出现的经济利益，即“用较小的贿赂成本获得较高的收益或超额利润”[③]。寻租作为一种非生产活动，其自身并不创造财富，它只是改变财产的归属关系。因而，腐败破坏了经济的发展，扰乱了市场的秩序。其次，腐败浪费了大量社会资源，强化了既得利益集团的地位，扭曲了收入分配机制，所以腐败也极容易引发广大人民群众的不满，引发社会矛盾和冲突，影响社会的稳定，动摇政权的稳固。因此，建设廉洁政府，是实现善政的底线追求，是善政发展的逻辑起点。

---

① [德]尤尔根·哈贝马斯：《交往与社会进化》，张博树译，重庆出版社，1989年，第184页。

② [美]塞缪尔·亨廷顿：《变革社会中的政治秩序》，李盛平等译，华夏出版社，1988年，第69页。

③ 王传利：《给腐败号脉：新中国腐败频度与控制强度相关性研究》，群众出版社，2004年，第23页。

二、法制政府:法高于并先于行政

廉洁政府解决了公共权力的目标指向问题,却遗留了公共权力的运行限度问题。政府即使杜绝了公共权力非公共运用的腐败现象,却依然面临公共权力滥用的可能。政府机关在行使职权时具有较大的自由裁量权,再加之个人意志往往具有随意性,所以即便政府公共权力的行使坚持公共性目的,也极有可能对公民的基本权利造成损害,"好心却办了坏事"在当今政府的行为中屡见不鲜。因此,要建设一个好的政府,除了要保持廉洁、惩治腐败外,还要对政府公共行政行为予以规范,对公共行政行为的方式予以明确。法制政府的核心理念是"法高于行政、先于行政"。

法制政府意味着公共部门的权力直接来源于法律授权,权力被授予的同时权力行使的边界也被予以勘定,权力的行使不得超越法律设定的范围,法律对行政行为进行限制,越权无效。一般来说,法律对行政行为的限制包含两个方面:一方面,如果法律有明文规定,政府就必须严格依照法律执行,其行为的范围和方式必须合乎法律规定,这是刚性的限制;另一方面,如果法律没有相关明确规定,行政行为可以自由裁量,公共权力的行使也必须在规定的限度内合理裁量,并遵从法律的基本精神,这是弹性的限制。

法制政府要求政府的一切活动都必须以法律为依据,严格执行法律并受法律的约束,反对政府部门拥有宽泛的自由裁量权。这时的行政机关"行使权力的所有行为,即所有影响他人法律权利、义务和自由的行为都必须说明它的严格的法律依据"。[①] 法制政府的优势不言而喻,即它在客观上抛弃了传统政府管理中的人治因素,避免个别领导的任性专断,树立了法律、规则、程序的绝对权威,它以非人格化、制度化、程序化的特征适应了现代社会的理性诉求。但法制政府的缺陷同样十分明显,过于强调按照严格的法律规则办事使得行政机关最终形成了一种消极、机械和重程序而不重结果的行政作风,法律存在的滞后性又使得法律不可能适应迅速发展的社会条件,法律条文也不可能涵盖社会发展的方方面面。最终,"对法律、对程序负责"实际上变成"对自己负责":只要公务员在职权行使过程中按照法律办事,没有触犯法律规章,那么即便是行政结果明显不合理,他也可以轻易开脱自身的责任。

---

① [英]威廉·韦德:《行政法》,徐炳、楚建译,中国大百科全书出版社 1997 年版,第 23 页。

三、责任政府:从权力本位转向责任本位

法制政府强调法高于、先于行政,政府的权力行使要限制在法律规定的框架内。但法律具有保守性和滞后性,可能滞后于社会的发展,在这种情况下循规蹈矩对于政府公职人员来说是一种安全的行为选择,但无益于公民与社会的利益,这也是科层制的主要沉疴之一。责任政府本质上是一个结果导向的政府。与上述的政府类型不同,责任政府突破了传统科层制片面强调组织和人员对法律、规则、程序等负责的局限,明确要求政府部门及其公职人员对人民的根本利益全面负责,从而避免了科层体制中以"对法律、程序负责"取代"对人民最根本利益负责"的缺陷,同时,责任政府对公共利益的崇尚也能有效化解政府行为中合法与合理之间的矛盾。因此,责任政府是对以"权力为中心"的政府的摈弃和超越,其"基本特征是政府从权力本位转向责任本位,从而将政府的职责体系建构在以服务社会事业、保障公民利益为最高宗旨的基础之上"①。

责任政府是对传统以权力为本位的政府的颠覆,这突出表现在责任和权力的关系上。传统政府的政府责任是与政府权力相伴而生的;当政府通过契约获得社会让渡的"权力"时,它也就相应地承担起了对社会必要的责任。责任是权力授予的结果,责任是权力合法性运用的保障。而责任政府认为责任是政府建构的逻辑起点,政府权力是政府履行责任的工具,因此,责任政府认为不应该从权力出发去构建职责体系,而应该牢固地树立以责任为中心的观念,这就要求政府部门的设置和人员的配备都应以其责任大小为前导,按"无责任、无权力;先责任、后权力"的理念施行,从而真正做到责权一致,让权力成为政府的履责工具。

回应性是责任政府的一个核心理念。作为一种理想的政府类型,责任政府"要求政府必须回应社会和民众的基本要求并积极采取行动加以满足"②。现代政府的性质也决定了人民是政府权力的来源和所有者,政府应该处于人民的监督之下,政府的政策和行为必须以广大人民的意愿为基础,

① 陈国权、李院林:《政府职责的确定——一种责任关系的视角》,《经济社会体制比较》2008年第3期。

② 张成福:《责任政府论》,《中国人民大学学报》2002年第2期。

对人民负责是我国政府工作的基本原则。不可否认，在现实生活中各级政府对人民的需求也会予以一定的重视，但毋庸置疑，这种来自于社会的"横向责任"比之上级部门下压的"纵向责任"而言可能处于相对次要的地位，甚至当横纵两种责任相冲突时，对人民利益负责的横向责任往往成为被舍弃的对象。责任政府的意义就在于，它认同了回应性是政府的核心价值和目标，政府部门和公职人员必须增强对社会需求的回应性，从而，政府由以前对上级权力中心的回应转变为对公民权利主体的回应。

四、有效政府：组织效率与社会效率的结合

责任政府强调政府公共服务的结果导向，强调政府对公民诉求的回应性，但是政府管理的结果导向与回应性还包含了一个公共服务的效率问题，对一个好政府来说，这是必须具备的基本特征。有效政府不仅是坚持公共需求导向的政府，同时在公共供给效率上表现出良好的水平。政府在社会发展过程存在悖论性的现象，即"国家的存在是经济增长的关键，然而国家又是人为衰退的根源"①，著名的诺斯悖论不仅直观地阐明了政府对经济增长的重要作用，而且还形象地勾勒出政府在发展乃至整个社会进步过程中所扮演的双重角色。世界银行则进一步指出："一个有效的政府对于提供商品和服务——以及规则和机构——是必不可少的，这些商品和服务可以使市场繁荣，使人民过上更健康、更快乐的生活。没有一个有效的政府，不论是经济的还是社会的可持续发展都是不可能实现的。"②当前，发展已经成为全世界的共识，发达国家面临突破发展瓶颈和摆脱经济危机的问题，发展中国家则需要通过发展来摆脱贫困甚至实现超越。影响一个国家发展的因素很多，每个国家面临的具体困境也不尽相同，但其中公共资源的有限性和发展的无限性之间的矛盾是各国都要应对的难题。因此，实现公共资源的优化配置成为当下政府的一项基本责任，并且在这种情境下，政府不但要保证其责任最终得到完满履行，而且要努力实现履责过程的有效性和履责结

---

① [美]道格拉斯·诺斯：《经济史中的结构与变迁》，陈郁、罗华平译，上海三联书店，1991年，第20页。

② 世界银行：《1997年世界发展报告：变革世界中的政府》，中国财政经济出版社，1997年，第1页。

果的最优化。这也就是说，责任政府的实现同样必须讲效率，责任政府的逻辑发展是有效政府。有效政府必须兼顾政府组织效率和社会效率。

首先，有效政府必须实现自身的组织效率。高效率的政府是现代社会的必然要求。这个组织效率包含两个层面的含义：一是行政效率层面，有效政府必须有相当高的行政效率，包括合理的机构设置、适当的职能配备、优化的流程管理、科学的决策程序和快速的危机反应机制等，同时必须大力祛除机构臃肿、人浮于事、效率低下的弊病。二是政府成本层面，有效政府必须同时是“廉价政府”。任何资源都是有限的，我们应以最小的投入换来最大的回报，政府也不例外。纵观近年来我国各项财政支出，行政管理费用支出增长最快，所以说，杜绝铺张浪费，减小行政开支是当前我国政府面临的一项突出任务。

其次，有效政府还必须有助于提升社会效率，有效满足社会需求。这种效率主要体现在三个方面：第一，政府必须能有效地促进经济发展，实现社会物质财富的快速增长；第二，政府必须能为社会提供高质量的公共产品和公共服务，满足公民的基本需求；第三，政府必须能有效促进社会进步，有助于提升社会自治能力。

五、公平政府：政府德性的彰显

有效政府解决了政府的公共服务能力与水平问题，但政府公共服务是有指向性的。也就是说，政府优先为谁服务，公共物品优先向谁提供，政府在其中有较大的自由决定权。而公共资源配置是否公正、优先选择的结果是否合理与政府的公平观念密切相关。因此，公平政府要解决的是有效政府公共服务的指向问题，公共物品的合理分配问题。长期以来，政府公共服务的公平与效率关系问题一直是需要不断探讨的重大问题。一方面，它们之间是相互依存、相互促进的关系：效率是公平实现的必要前提，没有效率，就没有公平分配的物质基础。改革开放三十多年来我国贫穷落后面貌的彻底改变、群众生活水平的显著提高正是正确理解“效率是公平的前提”的最好印证。这也恰好进一步说明了有效政府是公平政府实现的基石和条件。同时，公平亦应是效率的必要发展。市场经济是一种以利益动机为前提的资源配置方式，市场经济主体在对自身效用最大化追求过程中的行为互动促成了市场经济资源的高效率配置。但市场机制良好运行的前提是产权的清晰性和竞争的有序性。其结果必将导致财富的相对集中，形成富者愈富、穷者愈穷的“马太效应”。因此，在市场经济条件下，在市场带来高效率的同时，必然要求政府通过政策性的二次分配保障社会的分配公平。因此，现代社会既要求一个有效政府，同时又要求一个能坚守公正原则的公平政府。

公平与效率在现代政府管理中具有统一性，但同时也是一对难以化解的矛盾。特别是在“效率优先、兼顾公平”的发展阶段，政府能有效促进资源的优化配置，实现较高的效率，但不能很好地解决社会公平问题。政府出于维护社会公平目标的努力极容易降低发展效率。为维护社会公平发展而承受的成本底线在哪里，值得政府以对历史发展负责的精神务实地去把握。著名学者奥肯就曾敏锐地指出：“为了效率就要牺牲某些平等，并且为了平等就要牺牲某些效率。”①改革开放以来，我国为了谋求更好的发展，特别是经济增长，选择了“效率优先，兼顾公平”的发展道路，这客观上促成了改革开放三十多年来中国社会发生的巨大变化，但同时我们也要看到，这种成就背后蕴藏着巨大的危机，特别是伴随着经济飞速增长，两极分化现象日益严重，东西差距、城乡差距、贫富差距明显，社会矛盾较为突出。于是我国陷入了一个发展性的矛盾之中：经济增长的目的是为了满足广大人民群众日益增长的物质文化需求，但经济增长的结果却没能让人民群众公平地分享改革和建设的成果。因而，在物质财富日益殷实的今天，我们迫切需要对发展逻辑和政府定位进行反思。我们要努力完成从“效率优先，兼顾公平”到“更加关注公平”的观念转变，让政府的道德性进一步彰显出来。公平政府的核心即是对政府德性的强调，其实现途径就在于让企业真正成为效率的创造者，政府则坚持扮演好公平的维护者角色。

公平正义是社会主义国家制度的首要价值，“维护社会公平作为一项政府的责任，就是必须履行的义务”②。当然须指出的是，限于我国的特殊国情，历史上我国政府对“公平”二字长期存在理解上的偏颇或重视不够的问题，尽管近几年党和政府对公平问题予以了高度的重视，但若要构建一个完善的公平政府，我们仍需付出巨大努力：首先，政府必须保障公民最基本的生存权利。政府应该根据社会生活水准规定最低生活保障线，给低于最低

① ［美］阿瑟·奥肯：《平等与效率》，王奔洲译，华夏出版社，1987 年，第 80 页。

② 陈国权、王勤：《论社会公平悖论与社会责任》，《政治学研究》2008 年第 1 期。

生活保障线以下的公民提供补助和救济。其次，政府应该给公民提供平等的发展机会。政府必须采取有效措施保证社会的开放性，为每个公民提供平等的施展能力的空间，反对各种政策性歧视和习俗性歧视。再次，政府应该保护公民正当的劳动所得。政府既要建立相应的制度确保公民的合法收益得到保护，又必须通过转移支付等必要的再分配措施保证社会公正。最后，政府对社会分配进行必要的再分配。政府通过其职能履行，实现社会收入的转移支付，增加社会的有效需求，促使需求与供给的总量均衡；并使初次分配中出现的差距程度得到缩小，社会矛盾和冲突得到不同程度的缓解，实现社会和谐发展。①

六、法治与民主政府：善政发展的推动力量

善政发展有其自身的逻辑，并循着更有效、更公平地提供公共服务的路径发展。但善政的发展是需要推动力量的。历史经验反复证明，政府从来都不会完全自觉地遵循廉洁、法制、责任、高效、公平的理念发展。作为社会最大、最权威、最有强制力的控制系统，政府客观上更倾向于“帕金森式”的非合理的扩张。② 不管什么政府都有其特定的自身利益，甚至可以说任何政府本身都是一个利益集团，因此，廉洁政府不可能依靠政府的自觉来实现。实践也一再证明，政府具有普遍的权力扩张倾向，政府不可能自觉地运用法律束缚自身的权力，为政府的行为勘定严格的权力边界，因此法制政府也不可能是政府自我完善的结果。政府责任的逻辑起点是一种外在的约定，然后才可能内化为政府公职人员的自觉，因此，责任政府也必然是社会力量对政府的诉求。有效政府首先要求政府严格控制公共管理成本，而这与政府工作条件的改善、公职人员福利水平的提高都会发生严重的冲突，政府管理成本的不断扩张几乎是普遍的政治现象。政府对公平原则的坚守同样需要外在力量的推动，由于强势集团必定具有更大的话语权，政府更倾向于代表强势集团的利益是任何社会的共同现象。总而言之，善政的发展不可能是自发的，它的成长需要外在力量的推动。实践证明，民主与法治是善

---

① 陈国权、王勤：《论社会公正与政府的公共性》，《政治学研究》2004 年第 4 期。

② ［美］诺斯古德·帕金森：《官场病——帕金森定律》，陈休征译，上海三联书店，1982 年，第 1—12 页。

政发展最重要的推动力量，于是建立法治政府、民主政府就成为善政发展的基础。

法治政府是依法治国理念在政府建设领域的实现，法治政府意味着政府受到公民与社会有效的监督与制约，在政府官员不能有效履行职责时将受到罢免或惩罚。“建设法治政府，就是要求行政机关自觉运用体现最广大人民根本利益的法律管理国家事务、经济文化事业和社会事务，按照合法行政、合理行政、程序正当、高效便民、诚实守信、权责统一的要求，做到有权必有责、用权受监督、违法受追究、侵权要赔偿。”[①]因此，法治政府包含两个层面的含义：其一，法治政府意味着政府的权力受到法律的限制和调控。即政府对经济和社会事务的干预应当严格依照法律所规定的领域和方式进行，防止行政权力的滥用；同时，通过法律建立相应的约束机制，防止政府任意扩权，最终维持一个在规模、职能和权力方面都合理的政府。其二，法治政府还意味着政府必须维护公民的根本利益。公民和政府在法律上处于平等地位，国家权力不能进入社会的自治领域和公民的私人领域，一旦公民权利由于政府权力的不当使用而受到侵害，应该公正公平地得到赔偿。

民主政府是法治政府建立的内在要求。与法制(rule by law)相似，法治(rule of law)的主要任务也是保障公民的合法权益，但与法制所不同的是，在法治政府中，法治的主体已变成公民，依法行政不再是当权者的恩赐，公民通过合法的参与途径保障其合法利益。因此，强调法治政府，就要求正确处理公民、社会和政府三者之间的关系，这在客观上也促成了对民主政府的诉求，而实现民主政府的关键是要“建立有效的监督制约制度使公民有足够的力量监督和制衡国家权力，促使国家机关切实根据公民的意志和愿望进行管理，从而维护公民的政治自由，实现社会的政治文明”[②]。当然，民主政府和法治政府向来都是互为存在条件的。概括地说，民主政府是建立法治政府的前提和推动力，法治政府则是民主政府的保证。历史反复证明，在强大的政府面前，公民的参与政治和监督政府的民主权利极易受到践踏。唯有完备的、具有至高权威的法律予以确认和保障，公民的各项民主权利和

---

① 《全面推进依法行政实施纲要》出台的背景及意义. http://www.southcn.com/nflr/zhnegccz/zhengcjd/200404210374.htm. 2004-04-21

② 陈国权：《社会转型与有限政府》，人民出版社，2008年，第136页。

私人利益才能得到有效的保护，即便受到侵害也能通过一定途径挽回损失。

七、服务型政府：善政发展的理想

从廉洁政府到公平政府，是政府不断升华的过程，廉洁、法制、责任、有效与公平是对政府公共行政的规范，最终的理想是促使政府成为一个服务型政府。服务型政府是指“在公民本位、社会本位理念指导下，在整个社会民主框架下，通过法定程序、按照公民意志组建起来的以为公民服务为宗旨并承担着服务责任的政府”①。不言而喻，服务型政府是人类所追求的理想政府，它是廉洁、法制、责任、有效、公平政府建立与完善的终极性成果，是善政发展的终极目标。它体现了国家权力向社会权利、政府本位向社会本位的转变，是政府治理范式的根本变革，是责任政府的必然结果。

有效提供公共服务一直都是衡量一个政府绩效的重要标杆，因此，有效政府又是实现服务型政府的重要基础。然而在公共服务供求领域，公共服务需求日益增长和公共服务供给不足之间的矛盾长期存在。为此，政府通过引入市场机制，在公共服务供给领域引入竞争机制等措施来化解这一矛盾，客观上也取得了一定的成果。但在某些领域，特别是农村公共服务的供给方面，政府仍然陷入了困境。比之公共服务供需矛盾，公共服务供给过剩和公共服务需求过剩的双重格局对当前我国公共服务供求现状的描述更为贴切。事实上，政府在公共服务供给方面不可谓不努力，特别是有些地方政府，甚至是“倾尽全力”，但有些政府提供的公共服务与公民所迫切需要的服务相去甚远，大多只是与GDP增长密切相关的“政绩工程”“形象工程”，公共服务的价值极其低下。因此，倡导公共需求导向成为政府提供公共服务，构建服务型政府的必然要求。公共需求导向，意味着公民需求将成为有限资源环境中决定提供何种公共服务、供给多少、如何供给、供给优先顺序、供给程序和判断公共服务供给效率和质量的最终依据，而这要求政府在制度设计上要预留公共参与的通道，使得公民的利益表达和公共服务需求能顺利纳入政府决策议程。

现实中除了公共服务的供给不足问题，基本公共服务的供给不均是政

---

① 刘熙瑞：《服务型政府——经济全球化背景下中国政府改革的目标选择》，《中国行政管理》2002年第7期。

府面临的另一大难题。服务型政府必须坚持公平原则，公平政府又构成了服务型政府的重要基础。目前我国在公共服务的供给方面还存在较为严重的不公平现象。以城乡差距为例，2014年我国城乡的名义差距是3.03倍左右，但是如果把各种社会福利因素计算在内，估计城乡差距在5～6倍左右。也就是说，基本公共服务因素在影响城乡实际收入差距中所占的比例高达45%左右。[①] 因此，缩小城乡差距、地区差距、贫富差距，不仅仅是缩小公民在收入和财产等方面的差距，更重要的是逐步缩小公民在基本公共服务享有程度方面的过大差距。从这个角度上说，促进基本公共服务均等化，就是政府积极采取行动，有效化解两极分化矛盾的具体体现，坚守公平原则的公平政府将是建构服务型政府的必要前提。

20世纪70年代以来，伴随着全球化、信息技术和知识经济的快速发展，经济增长问题早已不是困扰西方社会的主要病症，而与公民对政府的服务普遍不满和与官僚体制臃肿、效率低下密切相关的政府治理危机日益受到关注。与此相适应，我们对政府的研究也开始摆脱“大政府”与“小政府”争论的局限，正如奥斯本与盖布勒所呼吁的，“我们不需要什么大政府或者小政府，我们需要一个更好的政府”[②]。理论界与政府部门在探索“更好的政府”方面颇有建树，官僚体制的一些替代模型——新公共行政、新公共管理、新公共服务等被相继提出，并对政府改革产生深刻影响。时至今日，越来越多的人认为，在经济全球化、政治民主化和文化多样化的今天，善政已经成为人类政治发展的理想目标。作为当今最具权威性的权力主体，政府仍然至关重要，政府在公共治理和社会现代化过程中依然处于核心地位。“一言以蔽之，善政是通向善治的关键；欲达到善治，首先必须实现善政。”[③] 本书的讨论也是基于这种背景而展开的。从这个意义上说，善政和之前出现过的统治型政府或者管制型政府就有着本质的不同，善政是与善治相适应的概念，我们讨论善政都是在善治的语境下进行的。此外，本书所总结的善政发展的序列也并非一成不变，政治、经济、社会、文化乃至核心任务的不

---

① 迟福林：《变化与选择——我国新阶段改革的趋势》，《四川改革》2008年第11期。

② [美]戴维·奥斯本、特德·盖布勒：《改革政府：企业精神如何改革公营部门》，周敦仁译，上海译文出版社，1996年，第25页。

③ 俞可平：《善政：走向善治的关键》，《文汇报》2004年1月19日。

同,都会使得这个发展的次序发生改变。尽管如此,从政府理想模型间的关系来看,善政发展的内在逻辑仍是清晰的。因此,通过对理想政府类型的特点与核心命题的梳理和研究,总结出善政发展的逻辑,这为当代中国行政体制改革的价值建构、目标指向和路径选择提供了一种可资借鉴的宝贵思想。

第三节 政府治理转型与公职人员的复合素质

善政的实现过程,既是一个制度的转型过程,也是一个人的转型过程。公职人员的复合素质与治理能力的提升,无疑就构成了政府转型过程中的基础性内容。党的十八届三中全会强调,全面深化改革的总目标就是完善和发展中国特色社会主义制度,推进国家治理体系和治理能力现代化。推进国家治理体系现代化与推进治理能力现代化是相辅相成的,两者的关系是制度与人的关系。现代治理体系需要具有现代治理能力的行动者来运行。因此,全面提升国家治理行动者,尤其是公职人员的素质与能力,才能保证各项治理制度得到有效执行。应该说,公职人员作为制度实践者,其素质与能力很大程度上决定了中国政府治理模式转型的成败。然而,现有研究对转型过程中公职人员的素质与能力却缺乏深入考察。本书立足中国政府治理模式转型,通过多维度分析提出公职人员的复合素质体系,进而阐明复合素质对国家治理现代化的重要意义。

一、政府治理模式转型对公职人员复合素质的要求

经历三十多年的改革开放,我国在取得巨大成就的同时也突显出各种矛盾,经济社会的进一步发展急需政府改革的同步推进。我国政府试图从传统总体性支配的权力结构中走出,寻求适应当前经济社会发展的技术化治理能力,从而实现新时期政府治理的有效性。① 具体而言,中国政府正逐渐放弃完全由政府主导、科层化控制的管制模式(government),而代之以政府、市场、社会共同参与并相互协调的治理(governance)模式。从理论上

① 渠敬东、周飞舟、应星:《从总体支配到技术治理——基于中国30年改革经验的社会学分析》,《中国社会科学》2009年第6期。

看，相比管制模式，治理模式具有主体多元、网络关系、目标多元、手段多样、对象的公共性五个基本特征。① 从管制模式向治理模式转型，中国政府治理的目标也从善政(good government)逐渐扩展到善治(good governance)。善政强调以政府为主导，通过政府自身的变革来达到一种“理想政府”的模式，因此其归根结底讨论的是一种政府模式②；而“善治”则更加强调社会的参与性以及多中心治理的格局，它的视阈并不局限于政府部门自身，而是包括了政府、市场、社会三方力量，从而使各利益主体都被充分动员起来，参与到国家治理过程中去。从实践上看，当前政府采用治理模式，进而有效提供公共物品，推动地方经济社会发展的案例已经屡见不鲜。比如，近些年杭州市大力推动的社会复合主体建设，包括运河治理复合主体、丝绸女装复合主体等，其本质上就是要充分协同政府、市场和社会的力量，实现地方性自主治理。③ 这种复合治理模式很大程度上缓解了政府在提供公共物品上所面临的各种危机，包括信息获取、资源配置等方面。总体而言，从管制走向治理，已经成为当前中国政府治理模式转型的必然趋势。

当然，政府治理模式转型也向治理过程中的行动者，尤其是公职人员，发起了严峻的挑战：有效的治理需要公职人员具有与之相匹配的素质与能力。在治理过程中，由于存在主体多元化、结构复杂化以及责任弥散化等问题，政府在其中必须扮演“元治理”(meta-governance)的角色，这是因为政府不同于一般社会子系统，必须承担起整合社会、实现社会凝聚的责任。④ 政府对治理网络进行元治理，不仅要在制度上通过各种机制实现治理主体功能的联结以及资源上的相互依赖，还要在策略上通过建立共同的愿景，进而鼓励新的制度安排、新的活动，从而支持和弥补单一治理模式的不足。⑤

---

① 麻宝斌等：《公共治理理论与实践》，中国社会科学文献出版社，2013年，第9—11页。

② 陈国权、黄振威：《善政发展的逻辑》，《经济社会体制比较》2009年第3期。

③ 关于杭州社会复合主体的案例研究，可参见张兆曙：《城市议题与社会复合主体的联合治理——对杭州3种城市治理实践的组织分析》，《管理世界》2010年第2期；毛寿龙、李文钊：《社会复合主体与城市治道变革——以杭州市为例》，《北京行政学院学报》2010年第1期；郑杭生、杨敏：《从社会复合主体到城市品牌网群——以组织创新推进社会管理创新的“杭州经验”》，《中共杭州市委党校学报》2011年第4期，等等。

④ Jessop B. The Rise of Governance and the Risks of Failure: The Case of Economic Development. *International Social Science Journal*, 1998,50(155):29—45.

⑤ 刘坤亿：《地方治理与地方政府角色职能的转变》，《空大行政学报》2003年第13期。

要实现政府元治理，作为制度实践者的公职人员，其素质和能力就显得至关重要。没有与治理模式相匹配的素质和能力，公职人员将陷入无心无力或有心无力的尴尬境遇，有效治理也不可能得到真正实现。

那么，在管制模式与治理模式下，公职人员的素质与能力存在哪些基本区别呢？这主要体现在公职人员的思想观念与行为方式两个层面。在思想观念上，管制模式下的公职人员往往认为政府统管一切公共事物，政府作为单一的公共品“控制者或分配者”，极易产生官本位、权力本位的思想；而在治理模式下，公职人员必须秉承多元合作理念，政府作为公共服务的“协调者或导引者”，以权利本位、以人为本的态度从政。在行为方式上，管制模式下的公职人员往往诉诸科层化控制，以服从、命令、强制来实现行政效率；而在治理模式下，公职人员则需要积极创设民主参与的制度环境与文化环境，深入了解民情民意，重协商、重沟通，以实现各利益主体之间的共识。从上述比较中，可以清楚地发现，治理模式对公职人员之素质与能力的要求变得更为多元化，也即公职人员往往需要具备多重的素质与能力才能实现有效治理。在本书中我们将其概括为“复合素质”，即治理模式下公职人员为实现有效治理所需具备的多重素质与能力之总括。

公职人员复合素质的建构，对于官本位深重的中国政府而言，无疑是困难的，但却是实现新时期政府治理有效性、合法性所必然要求的。在这个利益诉求不断增长且多元化的时代，仅靠单一的政府已难以提供足够的公共品来满足民众的公共需求。近些年来，党和政府在整合市场、社会力量的治理创新方面，已经取得了显著的治理成效。与此同时，这些治理创新也强烈地要求公职人员复合素质的培育，推动国家治理体系的建构与政府治理实践的扩展。

二、公职人员复合素质体系的构成

治理的目标是实现善治。善治具有六个基本特征：①合法性（legitimacy）；②透明性（transparency）；③责任性（accountability）；④法治（rule of law）；⑤回应（responsiveness）；⑥有效（effectiveness）。[①] 善治的多元化特征，反映了对治理成效的多元要求，进而也表明了行动者在治理过程的多元

① 俞可平：《治理和善治引论》，《马克思主义与现实》1999 年第 5 期。

目标。要达到这些治理目标，公职人员的复合素质发挥着至关重要的作用。比如，合法性要求公职人员必须具有程序正义意识，透明性要求公职人员必须具有开放心态，责任性要求公职人员必须具有责任感，法治要求公职人员必须具有权力制衡理念，回应要求公职人员必须具有服务与合作意识，而有效则要求公职人员必须具有一定的治理技术与知识。表 1-2 呈现出了善治维度与复合素质的对应关系。

表 1-2　善治维度与复合素质

善治维度	素质要求	善治维度	素质要求
合法性	程序正义意识	法　治	权力制衡理念
透明性	开放心态	回　应	服务与合作意识
责任性	责任感	有　效	治理技术与知识

善治不同维度对公职人员复合素质的要求是复杂的，以上的分析还比较粗略。我们可以进一步将公职人员在治理过程中的复合素质概括为四种能力，即沟通能力、协调能力、共享能力和学习能力。其中，每种能力又可细分为若干子要素。由此，我们建构了公职人员复合素质体系的基本架构，如表 1-3 所示。

表 1-3　公职人员复合素质的能力结构①

基本能力	能力要素	内　涵
沟通能力	利益感知	形成对不同群体利益的正确认知
	策略得当	选择最为适宜的沟通策略
	平等互信	平等参与，协商对话，相互信任
	情感互通	转变思维方式，了解社情民意
协调能力	平衡利益	平衡各方的利益，使之和谐
	谈判技巧	在协调利益过程中重视技巧的运用
	组织动员	组织民意、动员各利益主体参与治理
	促成共识	促成各利益主体与治理各方达成共识

① 在拟定具体的公职人员复合素质维度时，本书借鉴参考了相关文献的分析视角，详见张勤、曹颖：《党政领导干部素质模式研究（上）》，《北京行政学院学报》2004 年第 5、6 期。

续表

基本能力	能力要素	内　涵
共享能力	资源共享	善于利用市场机制和社会资源
	理念共享	公职人员与社会主体共享治理理念
	权力共享	向社会主体放权，共享治理权力
	利益共享	合理划分治理收益，形成良性发展
学习能力	主观能动	发挥能动性，主动学习，主动创新
	信息收集	广泛收集社会信息
	资料整合	整合、辨识已有资料，并加以学习
	深度挖掘	挖掘材料背后的信息，增加有用性

第一，沟通能力。在治理模式下，公职人员要善于将自身的施政理念与社会各主体进行沟通，通过良好而有效的沟通，与社会各主体达成共识，进而提高公共服务的能力。沟通能力包含了四个关键要素：①利益感知。利益感知是双方能够开展良好沟通的基础，在复合型治理环境下，各治理主体之间由于所处社会地位不同，所代表的利益群体不同，基于各自的“自利”倾向下的政策理解与利益感知都会存在差异。同时，无论是既有的社会政策还是即将出台的社会政策，都不可能充分满足各个阶层、各个利益主体的利益，因此在这样的基础上展开沟通，就需要公职人员作为整个沟通过程的主持人、参与者能够充分感知各方利益，从而在沟通过程中有的放矢、使沟通能够顺畅化、长效化。②策略得当。策略得当是沟通能否取得成功的重要保障，在复合治理环境下，各利益主体之间存在着观点、理念上的差异。而沟通作为相互理解、缩小差异、弥合裂痕的重要手段具有十分重要的作用。沟通本身是一个各主体发挥主观能动作用的过程，沟通策略是否得当对于沟通效果的好坏起到决定性的作用。事实证明，在沟通过程中采用良好的策略有助于战略互信的达成，并有助于改善局势，取得共识。为此，公职人员的复合素质当中应当突出沟通策略的重要地位，在讲究策略的沟通过程中，通过尽可能求同存异的方式，使社会主体间的共识扩大化，让沟通的良好效果更充分地显现出来。③平等互信。平等互信是社会各主体能够开展合作治理的重要基础。治理不同于管理，是将社会各主体，包括重要的社会利益集团、社会组织、新闻媒体、专家等都吸纳到社会治理的决策、执行、监督等各过程中。因此合作治理势必需要各主体之间以平等互信为基础，否

则不但治理难以展开，而且在各方地位不对等的情况下还有可能产生更大的冲突与矛盾。为此，公职人员要做到平等互信，就需要一方面切实将治理理念铭记于心，从主观上积极践行平等参与的观念，另一方面要平等协商对话，认真听取意见建议，使其他参与主体真实感受到政府机关对开展公共治理的决心与信心，并建立良好的互信关系，从而更好地开展沟通谈判工作。④情感互通。相比于传统的管理模式，治理模式下公职人员更需要深入社会，切实了解社会主体的所思所想，为此，公职人员要积极开展沟通，广泛接触社会生活，充分了解社情民意。

第二，协调能力。在治理模式下，公职人员要善于协调社会各阶层之间的利益，并协调好政府与市场、社会之间的关系。协调能力包含了四个关键要素：①平衡利益。由于各个利益主体之间存在一定的利益冲突与认知差异，因此在实现治理的沟通过程中，势必会产生由于利益差异而存在的矛盾。为此，公职人员在充分感知各方利益的基础上，更需要拥有良好的协调能力，具体就是要能够平衡各方利益，从而使各方在相互理解、相互忍让的基础上达成共识。因此，公职人员在平衡利益方面的能力便显得尤为重要。具体来说，平衡利益的素质包括平衡三个方面矛盾的能力：一是平衡既得利益者与弱势群体利益需求的矛盾；二是平衡各利益需求者在获得利益的先后、多少方面的矛盾；三是平衡各既得利益者之间放弃利益多少以及如何再分配的矛盾。在公共治理环境下，只有能够良好地平衡各方利益，才能相互协调，为达成善治打下基础。②谈判技巧。在协调各利益主体形成公共政策的过程中，谈判技巧对于高效地促使共识的达成具有重要的技术意义。公职人员作为利益协调过程的主持人、主导者，更需要对谈判有着高超的技巧，对整个谈判有着驾轻就熟的能力。③组织动员。在传统公共管理模式下，公职人员的组织动员能力就处在十分重要的地位，它要求公职人员能够拥有组织、动员社会力量参与公共管理的能力。但相比于公共治理的情形，传统模式下的组织动员主要以公权力机关为主，其他社会主体多处于被动配合与服从的地位。而在公共治理的环境下，社会对公职人员的组织动员能力有更高的要求：首先，在各主体间的地位方面，治理模式要求政府部门、社会组织、专家学者、媒体、民意代表等都处于平等的地位，这就需要改变公职人员的传统角色，变“领导者”为“协调人”，以平等的方式组织各治理主体展开沟通协调活动；其次，在对民意的收集与组织方面，治理模式下更需要公职人员对真实的民意有切实的感受，为此公职人员要善于动员民众以及社会组织，将自身的利益需求、意见建议反映到政府部门或通过其他正规、通畅的渠道表达出来，并切实地纳入到公共政策的制定过程中。④促成共识。善治是建立在治理主体各方之间达成良好共识基础之上的。在公职人员的协调素质中，通过有效的协调手段促使治理主体或利益各方达成共识非常重要。具体地说，促成共识就要求公职人员在明晰各方利益诉求及意见建议的基础上，通过有效的协调手段，使各利益主体更快速地达成共识。

第三，共享能力。在治理模式下，公职人员要善于将自身拥有的资源与社会所拥有的资源进行共享、共用，使社会力量能够更容易地进入治理领域，并通过对资源的共享、合理利用从而实现高效的治理。共享能力包含了四个关键要素：①资源共享。政府对公共资源的控制、运用与分配要基于公共性。无论是对于传统的管理模式，还是对于复合型治理模式，资源的重要性都是不言而喻的。作为公共治理环境下的公职人员，其最为核心与基础的共享素质就体现在资源共享上。为此，公职人员首先要具备共享精神，对非涉及国家秘密、国家安全，且与老百姓日常生活息息相关的领域采取权力共享、利益共享的措施，通过市场、社会管理部门进行资源分配，将这些领域的管理搞活。通过动员社会力量参与治理，能够降低管理成本，并提升整个体制的合法性基础，从而提升治理的绩效。②理念共享。公职人员作为党政工作人员，如果长期不与社会交流将会形成观念壁垒，进而导致管理思路、管理方式上的单一和狭窄。甚至在社会发生变化的时候，公职人员的思路亦有可能无法跟上时代的变化，从而使自身的管理理念落后于现实。公职人员通过理念共享，使自身更加了解其他社会主体的管理理念，从而在综合各方理念的基础上提出客观、合理、满意的执政理念，并将其付诸实施，从而实现在多元参与环境下的善治。③权力共享。权力是权利的保障，要实现权利的公平正义必须先行建立公平正义的权力体制。长期以来，党政机关权力过于大而全的问题在实践中饱受诟病，在一些地区的实践中，多元参与往往流于形式，而无法形成真正的公共治理的格局。产生这一矛盾的主要原因是党政机关的集权观念，虽然参与治理的主体变多了，但决策权、执行权、监督权仍高度集中于政府部门手中，从而难以达成有效治理。为此，公职人员要树立权力共享的理念，将社会主体，包括知识界、媒体界、行业界、社会组织等社会各界人员都吸纳到治理过程中来，同时要让社会主体充分参与决策、执行、监督等全部过程。充分发挥各主体在不同过程中的作用,从而实现治理的科学化、民主化与法治化。④利益共享。有权力共享必有利益共享,同时亦有责任共担。利益分享要求在公共治理过程中,各参与主体应当能够通过治理过程而获得应有的收益。特别是对于在变革中利益受损的群体,政府部门应当积极合理地补偿受损者,从而使每个治理主体都能够在参与过程中获得实实在在的利益,进而一方面达到治理绩效应有的目的,另一方面也促进整个治理结构的良性发展。

第四,学习能力。在治理模式下,公职人员要善于开展学习,一方面是要通过不断学习提升自己的知识水平与应用能力;另一方面,公职人员在与复合主体的互动过程中可以接触到大量的信息,在与其他治理主体的日常互动过程中要不断学习对方的长处,通过沟通与交流了解政情民情。

学习能力包含了四个关键要素:①主观能动。公职人员的主观能动性是培养学习能力的基础。为了使公职人员具备出色的学习能力,首先需要激发公职人员的学习积极性与主观能动性。党的十八大提出了建设学习型政党、创新型政党和服务型政党的伟大目标。对于每一位公职人员,学习与创新都将是在新时期开展工作的必备能力。在这里,学习与创新是相辅相成、互相促进的。首先,学习的过程是提高自身能力的过程,只有通过不断扎实地学习,提高自身的素质,才有可能在从量变到质变的过程中产生管理模式、方法上的创新;其次,创新过程的实质是知识再加工、再创造的过程。公职人员在日常管理的过程中通过总结经验教训,将实践过程中的认知与经验转化为知识,而当创新过程完成时,这些知识通过进一步的凝练、固化而形成新的知识。因此,创新的本质依然是学习。而形成"学习—创新"循环的基础则是公职人员主观上具备积极学习、勇于创新的精神。所以说,主观能动是学习能力的基础,这点是需要引起高度重视的。②信息收集。在复合型治理过程中,公职人员想要加强与基层群众以及专家学者、媒体的联系,一方面通过体察社情民意,了解民生疾苦来收集真实治理情况的信息,另一方面也需要通过利用社会主体自身的优势来收集信息。例如媒体往往掌握了更多的社会声音,专家往往掌握了更多的专业知识,这都可以成为公职人员信息收集的来源。③资料整合。资料整合是信息收集之后的一个关键环节。信息在收集之后如何转变为政策,如何为治理服务,如何体现信息的重要价值,其核心手段就是资料整合。公职人员想要掌握资料整合的能力，就需要有对海量信息进行甄别挑选的能力，也需要有对不同利益主体所提出的观点进行辨识和整合的能力，更需要具备将信息资料与知识经验向具体政策转变的能力。④深度挖掘。公职人员还应当具有对资料的挖掘能力。有时候其他治理主体收集的资料并不能完全反映社会现实，甚至难于直接从资料中获取对整个社会走向的认知。为此，公职人员还应当具有对资料进行深入挖掘的良好能力。公职人员要善于从资料的背后寻找普遍现象和一般规律，通过对一般规律的总结实现对政策的预估预判，从而掌握管理过程的主动权，降低管理风险。此外，一些看似“无用”的资料，特别是基于各社会主体的利益背景、专业背景的不同，往往容易被忽视，公职人员同样也应当善于利用这些信息，辅助自身做出最佳决策。

三、公职人员复合素质提升与服务型政府的实现

随着我国经济社会的发展，人民群众不断增长的公共需求与政府公共服务供给不足的矛盾日益突出。国家治理体系与国家治理能力现代化是有效提供公共服务的制度保障。俞可平认为，国家治理体系与国家治理能力的实质，是一个国家的制度体系和制度执行能力，两者相辅相成，构成国家治理的有机整体。其中，制度建设是决定性的，但治理者的素质也至关重要。① 从管制模式向治理模式转型的过程中，政府扮演着主导性的角色，是有效整合政府、市场和社会力量，实现协同共治的主导力量。作为制度实践者的公职人员，其素质和能力很大程度上决定了政府治理模式转型的成败。

国家治理体系与治理能力现代化将提升政府的能力。而政府能力的提升将会拓展传统政府职能的边界，延伸公共服务。政府与市场的合作将大大提高公共品建设的投入，改革开放以来我国基础设施的巨大发展是政府与市场合作的实践成果。其成功关键是政府公职人员善于利用市场机制与企业力量，如果政府公职人员不善于与企业沟通合作，市场机制与企业力量就不可能充分发挥作用。市场有其不同于政治的经济规律，企业有其不同于政府的独特逻辑，政府公职人员只有熟悉这些特殊性并善于运用，有效的政企合作治理体系才可能形成。

---

①　俞可平：《沿着民主法治的道路推进国家治理体系现代化》，http://news.xinhuanet.com/politics/2013-12/01/c_125788564.htm

随着我国市场主体的不断成熟和民间财富的不断增加，社会组织力量和民间社会资源也在不断壮大，并已逐步形成十分可观的规模。如何利用社会组织和民间资源提供公共服务已是衡量政府治理能力的重要指标。社会组织是介于政府与企业之间的一种公共组织，但与政府这个典型的公共组织又有着很大的差异，政府公职人员如果不了解社会组织特有的组织逻辑和价值观点，就难以与之进行有效的合作，甚至还可能将一些社会组织推向对立。从西方社会发展的实践来看，社会力量和民间资源在公共服务领域扮演着非常重要的角色。当前我国社会组织也发展迅速，并日益具备提供社会服务的功能。政府是否善于利用社会力量提供公共服务已是影响一个地区公共服务水平的重要因素。政府公职人员复合素质和治理能力的提升会不断促使政府利用社会力量和民间资源推进公共服务的供给。因此，公职人员复合素质的培育将是我国政府治理模式转型中的关键环节。我们不仅要在理论上对公职人员复合素质体系研究给予更多重视，更应在实践上建立公职人员复合素质的培育制度与机制，有效推动政府公职人员治理能力的提升。

第二章　地方政府创新与政府创新管理

经过三十多年的改革开放，一统体制下的单一性制度供给已经难以满足各地差异化的发展要求，地方政府的行动逻辑与行为方式面临深刻转变。今天的地方政府创新，已经远远超出了改革开放初期作为改革“试点”的意义，而是越来越成为地方政府的一种常规性行动策略，并在潜移默化中对地方政府的行为习惯与治理理念产生影响。实践的创新同时也带动了理论研究的推进。地方政府创新已经成为理论研究的热点议题，地方政府创新的基本理论、地方政府创新与政府改革、地方政府创新与政府绩效、地方政府创新中的动因等都已积累了大量研究成果，而政府创新管理理论、地方政府创新的持续力、地方政府创新制度化、公共服务创新等则是新兴的前沿领域。政府创新的兴起，也带动了对政府创新进行管理的需求。在政府创新管理方面，杭州通过综合考评，逐步构建了一个较为完整的政府创新管理的制度框架，形成了明确的管理主体、科学的管理目标、有力的管理手段，取得了显著的管理绩效。研究表明，专业的组织化平台、多元的参与主体有助于政府创新管理的实施，而未来的政府创新管理需要更加注重推进政府创新的持续性和制度化。

第一节　地方政府创新的时代意义与愿景

党的十八大政治报告提出了建立“学习型、创新型、服务型”执政党的发展目标，新一届政府提出要推进法治政府、创新政府和廉洁政府的建设蓝图，党与政府的建设目标各有侧重，但创新是两者共同的取向。党的十八届五中全会提出五大发展理念——“创新、协调、绿色、开放、共享”，创新排在首位，这反映了创新在我国当下的时代价值。系统阐明创新在当代中国的时代意义，全面揭示创新所应具备的制度特征，对党和政府的建设具有重要的理论价值。本书以地方政府为观察对象，其内涵不仅包括地方人民政府，也包括地方党委，因此本书中的“地方政府”是指包括地方党委的广义政府。

我国正面临着改革开放以来政府治理模式的又一次深刻转变，而地方政府创新则是实现这种转变的重要形式。经过三十多年的改革开放，我国的社会矛盾正深刻地发生着变化，一方面，随着社会经济发展中面临的全局性、宏观性问题得到逐步解决，个案化、地方性问题成为地方政府治理的主要内容。而另一方面，地方政府与中央政府之间的权力结构和力量对比也在悄然改变。这种制度环境的变革既是政府创新的宏观推动力量，同时也塑造了地方政府创新区别于传统政府改革活动的实践特点与理念差异。地方政府创新逐步形成了有别于传统政府改革的内涵，发展成为一种新的政府行动策略。

一、“一统”与差异张力中的地方政府创新

我国在取得经济高速发展的同时，也沉积了许多深层次矛盾，发展中“不平衡、不协调、不可持续”问题十分突出。经济高速发展与市场秩序混乱并存、军事和平安定与严重社会冲突并存、政府治理有效与腐化现象严重蔓延并存、物质生活富裕与生态环境恶化并存等四大社会矛盾构成了我国当前社会经济发展的基本背景。这四大矛盾很大程度上源于一统体制下国家规制单一性与地方治理复杂性之间的冲突。这种冲突主要表现为两个方面：一是单一化的集权权力结构与地方治理复杂性之间的矛盾；二是统一性管理方式与日益增长的公共服务差异化诉求之间的矛盾。这些矛盾的存在是制约地方政府创新的主要因素，对现存矛盾的化解程度是对当前地方政府创新的有效性和实效性进行评判的重要标准，是当前我国地方政府创新迫切需要回应的关键问题。

集权化权力结构与地方治理复杂性的矛盾、单一化管理方式与日益差异化的公共诉求之间的矛盾是推动地方政府创新的关键力量，也是对地方政府创新制度有效性进行检验和评判的依据。这两个矛盾源自于一统体制下中央制度刚性与地方治理弹性之间的张力，其解决需要秉持具体问题具体分析的辩证唯物主义精神，对传统的政府管理理念予以突破。妥善解决这一矛盾是中国走向善政的关键，也是地方政府创新功能实现的基本保障。

（一）集权化权力结构与地方治理复杂性的矛盾

在一统体制的政治框架下，自上而下的集权结构形成了反向的下级服从上级、地方服从中央的隶属关系。在行政体制结构上，中央保持对地方的高度控制，尤其是强化党对人事任命权的高度控制。尽管我国各地经济社会环境差异极大，但集权结构下的管理方式使处于较低层级的政府在决策和政策执行中承受着上级政府规定的制度框约和指标化压力，地方自主性不强，从而使我国各地方政府经济社会发展战略基本雷同，发展的不平衡性与规制的统一性之间的矛盾十分突出。[①] 这种治理模式在宏观上能有效整合社会资源，增强中央调控和整合能力，但也削弱了地方政府回应和解决现实问题的能力，造成地方资源的严重浪费和微观上的低效率。

但随着我国经济社会结构的巨大变化，一统体制下传统的中央—地方间集权化权力结构所面临的矛盾也越来越大。与改革进程相伴而生的是地方性、个案化的社会问题取代全国性、宏观性问题，于是特殊化、个性化的地方政府创新成为对现实问题进行回应的重要路径。由于各个地方经济社会环境不同，地方政府所需解决的问题也包含大量细节差异，客观上需要增强问题处理的弹性化，保证解决方案的针对性。而一统体制下整齐划一的国家政策和制度不可避免地导致问题解决方式的简单化和评判标准的单一化。随着社会经济发展不平衡性日益凸显，一些国家政策反而可能成为解决地方现实问题的障碍。当前很多治理困境，例如中央政府和地方政府之间权力收放循环、“举国体制”所导致的地方资源严重浪费、基层地方政府间共谋以及地方政府中存在的“软预算约束”等，都与此相关。

（二）简单化管理方式与差异化公共诉求之间的矛盾

改革开放初期，在以经济建设为中心的发展理念指引下，经济增长的指标成为考核地方干部业绩的主要内容，因而，地方干部具有强烈的经济发展动机。由于当时地方政府任务和功能相对单一，自身利益尚不彰显，中央政府和地方政府在目标和手段上都具有趋同性，这种侧重于经济增长指标的考核评价机制客观上促成了地方经济竞争的格局，保证了经济总量快速增长。但这也容易导致地方政府忽视与经济发展关联度较小的公共性、服务

---

① 陈国权、黄振威：《权力结构转型：从集权到制约》，《经济社会体制比较》2011 年第 3 期。

性、社会保障性等其他方面的诉求。一旦政府公共服务职能与经济增长发生冲突，地方政府在政策选择上往往会优先保障经济增长的需要。

如今我国在经济建设方面已经实现了跨越式发展，市场在资源配置中的作用越来越大。地方政府的基本职能和中心任务也面临调整，公众日益增长的对公共服务和公共产品的需求与现实政府供给规模和供给水平的差距上升为地方政府需要解决的基本矛盾。在我国经济发展水平比较高的地区，改善公共服务质量、提高公共服务效率已经成为政府更为重要的职能。与此同时，地方政府执政方式和可利用资源也发生了深刻的变化，地方政府需要主动就微观政治机制和治理方式进行调整，以更好地回应各种利益群体的诉求，增强公共政策的合法性基础。在明确政府提供公共服务的同时强化了政府行动的合法性、规范性，这也使一统体制政治框架下的管理模式越来越难以适应现代经济社会发展的要求。

二、地方政府创新从改革试点到常规策略的转向

地方政府在改革开放进程中一直扮演着重要角色，而中国经济管理决策权的相对分散使地方政府在改革中有了更大的空间，①并促使地方政府成为扩散性制度变迁的“第一行动集团”。② 改革开放初期，改革所要解决的主要问题，包括对外开放战略的部署、国有企业改革等，大都属于全国性的、宏观性的问题，需要由中央统一部署和自上而下地推进。地方政府在解决这些重大制度问题时往往以执行和落实的方式进行。在这个过程中，虽然部分先发地方政府往往充当了“先遣队”和“试验田”的角色，但地方政府的改革实验从总体上是从属于中央自上而下的战略部署的。通常的做法是由中央赋予地方在整体性规则和原则下开展变革的自主性权力，并可以将地方探索性实践上升为全国性的制度安排。而这种地方政府的改革行动之所以能够顺利推进，除了地方政府的自主性意愿外，离不开中央政府的许可、引导与支持，改革开放进程始终置于中央政府的主导之下。中央政府直

---

① 周雪光：《西方社会学关于中国组织与制度变迁研究状况述评》，《社会学研究》1999年第4期。

② 杨瑞龙：《我国制度变迁方式转换的三阶段论——兼论地方政府的制度创新行为》，《经济研究》1998年第1期。

接承受着各种压力，更具有国际化、前瞻性的视野，能制定宏观性、长期性、战略性的改革步骤和改革方略。这也保证了改革开放初期中央部署安排的一系列改革方针措施相对于当时中国的现实经济社会环境，具有强大的针对性与指导力。这种“地方试点——经验提升——全国推广”的模式被一些学者称为将强制性制度变迁与诱致型制度变迁相结合的改革策略。[①] 此种改革策略对改革开放初期国民经济发展中一系列深层次、全局性问题的解决发挥了重大作用，一直到今天仍对各级政府行为模式有着显著影响。

但同时我们也应该看到，由于改革开放之初全国经济发展水平普遍较低，各地政府普遍面临的主要问题是人民群众日益增长的物质需求与落后的经济生产之间的矛盾，自主解决本地区特殊性问题的现实需求并不突出。随着经济改革的深入推进，我国市场经济条件下经济发展的不平衡问题日益严重，各地经济社会发展水平呈现出明显的差异性，不同地方政府在政府财力、基础设施建设以及面对的压力和承担的任务方面都表现出很大不同。东部沿海省份，市场经济的发展带来的诉求更加复杂，从而对地方政府提出了更多特殊性的要求。地方政府来自市场、民众的压力也更大，对地方政策制定的自主性需求更高。而在一些经济发展比较落后的地区，经济增长仍是政府关注的重心，当地政府更倾向于获取中央倾斜性的政策扶持。在这种情况下中央的一体化政策供给模式已经难以满足各地差异化的发展要求。

外部改革环境的变化影响到地方政府的内在行动逻辑与行为方式。传统管制性、指令性的权力行使方式须让位于服务性、引导性的行政行为。而随着社会行为主体的自主意识、权利意识和参与意识日益增强，地方政府不能仅仅作为中央政府合法性权威的分享者存在，能否满足当地民众的诉求成为地方政府执政合法性的重要来源。与此同时，地方社会经济发展中涌现的鲜活实践在深度和广度上都日益超出国家一统体制下的安排，越来越多的地方政府参与到国际化经济运行之中，对地区经济社会治理的宏观视野和战略把握能力不断增强。稳定的政治生态和快速成长的经济实力拓展了地方政府获取资源的能力和运作空间，中央政府相对于地方政府在资源调配上的压倒性权威逐渐弱化。尤其在解决地方发展所遇到的实际问题方

---

① 蒋立山:《中国法治道路初探》(上),《中外法学》1998 年第 3 期。

面，地方政府相对于中央政府具有信息获取上的优势，处理流程更为便捷，处理手段更为实际。与此同时，政府内部的考核机制设计在很大程度上促成了地方政府间的利益同盟①，地方政府间的“共谋”往往能够通过整体性博弈最终影响中央的决策。此外，由于地方经济发展成为地方政府的中心任务，地方政府与当地经营主体之间开始形成一种利益上的勾连②，这种利益勾连在增加“寻租”风险的同时也强化了地方政府的调控能力和意愿。

今天的地方政府创新，已经远远超出了改革开放初期作为改革“试点”的意义，而是越来越成为地方政府的一种常规性行动策略，并在潜移默化中对地方政府的行为习惯与治理理念产生影响。地方政府创新需要从实际问题出发，时刻关注社会发展的客观要求以及人民群众的实践创造，不断根据实践经验推进理论创新，而不是试图通过一种方案一劳永逸地解决所有的问题。地方政府创新的生命力不在于对个案经验的总结推广，而在于对现实问题进行有效的回应。这是地方政府应对社会治理中新情况、新问题的需要，也反映出党和国家在治理理念上的突破与提升。随着区域发展不均衡日益突出、社会矛盾日趋严重和普遍，创新能力被视为考察地方政府行政效能和执政水平的关键性标志；而对具体问题的回应与化解能力，是地方政府创新制度的核心价值，也是推动地方政府创新持续发展的关键。从这个意义上讲，目前学界存在的对于地方政府创新案例可复制性、扩展性的担忧，尽管反映出地方政府创新中存在的一些实际问题，但仍囿于“地方试点——经验提升——全国推广”的改革逻辑，没有认识到地方政府创新在当前的功能和机理。

三、地方政府创新的愿景与保障

当前我国地方政府创新进入了一个前所未有的繁荣时期，创新作为一种理念为中央和地方政府普遍认同和接受，很多地方组织部门都将创新能力和创新绩效作为考核干部的重要标准。但地方政府创新的持续力、有效性仍不断受到质疑，一统体制下核心制度刚性与地方治理弹性之间的矛盾

① 周雪光：《基层政府间的“共谋现象”：一个政府行为的制度逻辑》，《社会学研究》2008 年第 6 期。

② 周黎安：《转型中的地方政府官员激励与治理》，格致出版社，2008 年，第 220—224 页。

仍未得到有效解决，集权化的权力结构以及以经济建设为中心的发展目标没有真正改变，地方政府创新仍面临绩效提升的问题。

当前地方政府创新实践中存在的问题主要包括两个方面：一是地方政府创新目标的异化。现实中很多地方政府重视创新形式超过内容，重视宣传甚于实效，与改革开放初期很多地方政府奉行“先做后说”“只做不说”的行动方式形成了鲜明对照。这种现象在一定程度上促成了地方政府创新的表面繁荣，长期来看则会导使地方政府创新目标发生偏差，部分地方政府创新项目流于形式主义和表面文章，缺乏对问题的真实解决和回应能力，沦为地方政府官员彰显业绩的工具。另一方面，缺少明确的衡量标准也容易引发地方政府创新的低风险倾向，即在地方政府创新中倾向于回避政府治理过程中的重大命题，只是在微观运行机制上进行细节调整。这种地方政府创新中的低风险取向往往演变成为创新的形式主义，也招致一些地方政府对创新发生误解和误读，甚至产生对创新的抵触情绪，损害地方政府创新的可持续性发展。

这些问题存在的根源一方面在于当前地方政府创新尚未构建起一以贯之的引领理念，用作地方政府创新行为的价值判断标准；另一方面则在于地方政府创新还难以完全嵌入当前制度环境，创新更多地依赖领导人的个人魄力，主要是对问题的机械回应，缺少一种持续运行的制度化保障。我们认为，要从根本上解决地方政府创新中存在的问题，就必须建立起“民本政府”的理念，并将之作为对地方政府创新工作的理想愿景与制度保障。

创新是一种手段与过程，创新过程需要有愿景的引领。每一项具体的政府创新活动往往表现为解决某一个具体的公共问题，克服发展中的某些具体的障碍，但从根本上来说，地方政府创新要以民众利益为评判地方政府创新效果的根本标准，以民众意愿为设计地方政府创新方案的立足点和出发点，以民众参与、民众监督为地方政府创新制度运行的保证。民本政府作为一种理想化的政府模型，是对现行治理模式中存在问题的一种变革期待，其实现有赖于地方政府创新的持续推进；同时民本政府也是地方政府创新的价值归依，是地方政府创新功能实现的理想制度环境。

“以人为本”是民主政治对政府的基本要求，政府提供的服务应以追求民众利益的最大化为根本目标，而地方政府创新应当推动政府回归这一本质属性。改革开放初期，为尽快摆脱贫穷落后的状况，我国发展模式侧重于物质文明建设，没有充分关注人自身的发展性需求，人的价值和尊严没有得到足够重视。政府决策制定和实施层面偏重于整体规划、全局利益，对个体利益的差异性考虑不足，人民群众需求多样性与经济发展衡量指标单一性之间的矛盾日益突出。为化解这一矛盾，自20世纪90年代中期开始，理论界和政府部门开展了一系列探索和实践，其中服务型政府理念的引入带来的影响最大。但在以经济建设为中心的治理目标尚未发生改变的情况下，客观上需要同时涵纳促进经济增长与提供公共服务的双重功能。虽然“服务型政府”概念中已经提出了重视公民本位和公民意志的内容①，但在政府实践中往往是服务经济发展的含义得到强化，“以人为本”的宗旨反被掩蔽不明。因而，在新的历史时期，继续强调“以人为本”的理念在推动政府职能转变过程中仍然具有特别重要的意义。

“民本政府”作为一种理想政府模型是地方政府创新的必然要求，地方政府创新需要以民本政府的价值诉求为导向，一统体制下管理方式的单一化与公共服务需求多样性之间矛盾的最终解决需以民本政府的实现为归宿。在实践中要将“以民为本”切实作为价值导向，以公共利益为衡量地方政府创新绩效的标尺，使地方政府创新真正代表最广泛的人民利益。从我国目前地方政府创新实践来看，地方政府创新在实践中表现出鲜明的民生导向，凡是地方政府创新成绩突出、效果良好的地区，多数都在民生领域呈现出丰沛的创新活力和创新勇气。但民本政府不仅仅是一种政治目标，更是一种政府制度。民本政府的实现要超越单纯意识形态上的道德自觉，转向依靠民主、法治等制度化的力量推动，建立健全相关体制和机制，从而为地方政府创新功能的真正实现提供理想的制度环境。

地方政府创新是地方政府为解决集权化权力结构与地方治理复杂性的矛盾、单一性管理方式与日益差异化公共诉求之间的矛盾而采取的应对策略，其关键价值在于化解一统体制下核心制度刚性与地方治理弹性之间的矛盾。较之于传统意义上的政府改革，地方政府创新在行动逻辑上并不刻意谋求方案的通用性，而是更强调针对具体问题的个案化的解决方案。从已有的地方政府创新实践来看，绝大多数地方政府创新属于具体化、个案

① 刘熙瑞：《服务型政府——经济全球化背景下中国政府改革的目标选择》，《中国行政管理》2002年第2期。

化、即时性的问题解决方案。只有在可持续的创新机制形成之后，地方政府创新才能够具备制度化的功能，要化解一统体制下核心制度刚性与地方治理弹性之间的矛盾，需要依赖于长时间、序列化的创新案例积累。这种行动策略是地方政府根据当地实际情况针对整齐划一的全国性政策所做出的一种灵活应对。而“民本政府”同样需要个案化、具体化的行动策略，通过对公民尊严和福祉的保障来达成民本政府的最终目标。从这个意义上说，“民本政府”既是对现行政府治理模式下核心价值的提升，也是对现行问题解决策略的调整与改进。

地方政府创新是地方政府对一统体制下国家政策简单化的主动回应，而“民本政府”是地方政府创新的理想愿景。民本政府不仅仅是一种政治目标，更是一种政府制度。民本政府的实现要超越单纯意识形态上的道德自觉，转向依靠民主、法治等制度化的力量推动，建立健全相关体制和机制，从而为地方政府创新功能的真正实现提供理想的制度环境。唯有在“民本政府”理念指引下持续推动地方政府创新实践，我们才能迎来一个人民生活更加富裕、社会财富分配更加公平、经济增长更趋良性、区域发展更为均衡的改革创新时代。

第二节　地方政府创新研究的热点主题与理论前瞻

创新改变中国，这是三十多年来中国发展变迁的基本经验。改革开放以来，中国社会发生了巨大的变迁，经济、社会和政治领域的多重转型给中国的制度运行带来了多重压力，但“中国的制度结构拥有一种非同寻常的适应能力”①，它不但成功地推动了中国经济的飞速增长，而且有效避免了社会在转型过程中容易产生的动荡不安局面。对此一种普遍的解释是，渐进式的改革路径和微观改革先行的变革逻辑极大地激发了中国制度存量中的潜能，有效整合了现有治理资源，缓解了传统治理模式的危机。而这种独特的制度变迁模式在地方层面表现为地方政府的创新。对地方政府创新理论和实践进行追踪和研究，不仅可以了解政府改革的最新领域和动向，还能深

① ［德］韩博天：《中国经济腾飞中的分级制政策试验》，《开放时代》2008 年第 5 期。

刻理解中国制度建设的内在逻辑，揭示中国制度变迁的各种可能性路径。本书拟运用文献计量方法，对国内涉及地方政府创新的研究文献进行系统梳理，在对文献进行因子分析、聚类分析和社会网络分析之后，归纳出地方政府创新研究的热点主题，并对地方政府创新研究进行前瞻性探讨。

一、地方政府创新研究的概况分析

（一）研究设计与方法

本书研究的数据来源为南京大学中国社会科学研究评价中心数据库“中文社会科学引文索引”（CSSCI）。通过检索表达式“YT01，YT02，YT03，YT04，YT05，YT06，YT07，YT08，PM＝政府创新；PM＝制度创新×政府；PM＝管理创新×政府；PM＝公共管理创新；PM＝治理创新”进行搜索，我们共检索到相关文献 187 篇，总计被引 628 篇次[①]，这成为我们进行地方政府创新研究状况整体描述的样本。鉴于 CSSCI 是我国社会科学引文索引领域的权威数据库，检索到的文献都是地方政府创新领域受关注的核心文献，因此，这些文献也自然成为梳理地方政府创新研究热点主题的样本来源。

文献共被引分析（document co-citation analysis）是近年来兴起的进行有关研究领域主题分析较为客观的方法，属于共现分析的一种，其概念最早于 1973 年由美国情报学家 Henry Small 和苏联情报学家 I. V. Marshakova 分别在研究引证结构和文献分类时提出。所谓文献共被引，是指两篇或两篇以上的文献若同时被后来的一篇或多篇文献所引用，它们之间便存在“共被引关系”，共同引用它们的文献数则称为共被引强度。共被引强度越大，表明两篇文献之间在内容、主题，甚至思想上的相似性就越高，“距离”就越近[②]。本书使用共被引分析，并借助多元统计分析技术如因子分析（factor analysis）、聚类分析（cluster analysis）和社会网络分析（social network analysis，SNA）等，将政府创新研究文献“共被引关系”在二维图上得以“可视

① 数据截止日期：2009 年 10 月 25 日。

② H. Small. *Co-Citation in the Scientific Literature: A New Measure of the Relationship between Two Documents*. Journal of the America Society of Information Science and Technology，Vol. 24，No. 4，1973，pp. 265—269.

化"(visualized),从而更直观地将关系紧密的文献归为一类,并根据各类别中文献的内容分析确定地方政府创新研究的核心主题。

(二)地方政府创新研究状况的简单描述

地方政府创新实践引起国内学者的关注始于20世纪90年代末,自此以后,地方政府创新就一直是公共管理学界热议的主题。本书对先前搜索到的文献按照被引频次排序,总结出了总被引频次前20位的作者和单篇被引频次前15位的文献(见表2-1、表2-2)。

表2-1 总被引频次前20位的作者

单位:次

作　者	总被引频次	作　者	总被引频次
杨瑞龙	229	金太军	13
俞可平	43	乔耀章	9
刘靖华	37	王玉明	9
李习彬	33	何增科	8
谢庆奎	31	刘　锋	7
刘汉屏	24	李立明	6
郭小聪	18	黄永炎	5
陈天祥	18	李　平	5
傅大友	16	蓝志勇	4
王　强	14	毛寿龙	4

总被引频次前20位的作者中,大部分都是国内最早关注地方政府创新的学者,具有广泛的学术影响力。杨瑞龙1998年就从制度经济学的角度对地方政府的制度创新行为进行了深入研究;中央编译局比较政治与经济研究中心是"中国地方政府创新奖"的举办单位之一,也是中国地方政府创新研究的重镇,俞可平领导的团队研究成果不仅代表着当下地方政府创新研究的主流,还极大地推动了地方政府创新实践的发展。此外,谢庆奎、刘靖华、郭小聪、陈天祥、金太军、乔耀章等人在地方政府创新研究领域也是具有较高知名度的学者。

表 2-2 单篇被引频次前 15 位的文献

单位:次

作 者	篇 名	被引频次
杨瑞龙	我国制度变迁方式转换的三阶段论——兼论地方政府的制度创新行为	149
刘靖华	政府创新	27
刘汉屏	地方政府竞争:分权、公共物品与制度创新	24
李习彬	政府管理创新与系统思维	21
郭小聪	中国地方政府制度创新的理论:作用与地位	18
王 强	学习型政府——政府管理创新读本	14
谢庆奎	政治改革与政府创新	10
傅大友	行政改革与制度创新:地方政府改革的制度分析	10
刘靖华	中国政府管理创新总论	10
乔耀章	政府创新与政府自觉	9
金太军	地方政府创新博弈分析	9
谢庆奎	论政府创新	8
俞可平	政府创新的理论和实践	7
王玉明	论政府制度创新	7
刘 锋	新时期区域公共管理创新	7

从单篇被引频次前 15 位的文献来观察,被引用率较高的文献大多着力于探讨地方政府创新的概念内涵、主体地位、作用意义、角色内容、动力机制等内容,说明这些文献具有研究领域的奠基作用,同时在一定程度上也映射出国内地方政府创新研究刚刚起步的现状。结合表 2-1 和表 2-2 的数据,我们还能发现总被引频次和单篇被引频次在一些部分实现了重合,而这反映了部分学者未能对此问题进行持续研究,地方政府创新研究迫切需要拓宽研究思路,创新研究内容。

二、地方政府创新研究的文献计量分析

文献共被引分析的基础是构建文献共被引矩阵,本书在对先前从 CSSCI 上搜索到的文献按照被引频次进行排序的基础上,选取了被引频次大于 3 的作品(如果同一作品的不同版本被不同作者引用,则视为同一条文献)进

行共被引频次的统计，在去除同被引频次为 0 的文献后，最终选取了 32 篇文献，引文文献总共 201 篇。将这 32 篇文献两两配对组成一个 32×32 的文献共被引频次矩阵，即原始矩阵。

由于共被引分析的重点不是文献共被引的次数，而是文献之间的相似性，因此必须将论文共被引频次矩阵转化为文献相似性矩阵。本书利用 SPSS 统计分析软件，进行皮尔逊（Pearson）相关矩阵转化（部分数据见表 2-3），从而对原始矩阵进行标准化处理，消除因作品被引频次高低所带来的相似性影响。在这里相似性是由相关系数来衡量的，即正相关性越强，两篇论文的研究领域研究视角越相似，亦表明文章的研究主题越相近。

表 2-3　文献共被引相关矩阵（部分）

	刘靖华（2002）	乔耀章（2002）	谢庆奎（2003a）	谢庆奎（2003b）	谢庆奎（2005b）	谢庆奎（2005a）	俞可平（2005a）	金太军（2005）	俞可平（2005b）
刘靖华（2002）	1.000	0.142	0.169	0.091	−0.060	−0.098	0.163	−0.038	0.131
乔耀章（2002）	0.142	1.000	0.032	−0.081	0.453	0.137	0.520	0.386	0.685
谢庆奎（2003a）	0.169	0.032	1.000	−0.090	0.178	0.096	0.054	0.340	−0.129
谢庆奎（2003b）	0.091	−0.081	−0.090	1.000	−0.064	−0.104	−0.058	−0.095	−0.046
谢庆奎（2005b）	−0.060	0.453	0.178	−0.064	1.000	0.251	0.293	0.242	0.398
谢庆奎（2005a）	−0.098	0.137	0.096	−0.104	0.251	1.000	0.309	0.276	0.050
俞可平（2005a）	0.163	0.520	0.054	−0.058	0.293	0.309	1.000	0.348	0.803
金太军（2005）	−0.038	0.386	0.340	−0.095	0.242	0.276	0.348	1.000	0.176
俞可平（2005b）	0.131	0.685	−0.129	−0.046	0.398	0.050	0.803	0.176	1.000

（一）因子分析

因子分析是从研究相关矩阵内部的依赖关系出发，把一些具有错综复杂关系的变量归结为少数几个综合变量的一种降维的统计分析方法。① 本书使用“主成分分析法”对文献共被引相似性矩阵进行分析，并进行正交旋转，以便于解释。因子个数的确定采用特征值大于 1。通过因子分析(见表 2-4)，文献共被引相似性矩阵降维到 6，所提取的 6 个因子的方差贡献率分别为 28.857%、21.392%、17.129%、9.950%、4.313%、4.219%，其中，第 5 个和第 6 个因子的方差贡献率相对较小，累计方差贡献率达 85.859%。

表 2-4 地方政府创新研究文献的因素分析

因子序号	初始特征值			被提取的载荷平方和			旋转的载荷平方和		
	特征值	方差贡献率/%	累计方差贡献率/%	特征值	方差贡献率/%	累计方差贡献率/%	特征值	方差贡献率/%	累计方差贡献率/%
1	11.434	35.731	35.731	11.434	35.731	35.731	9.234	28.857	28.857
2	7.977	24.927	60.659	7.977	24.927	60.659	6.845	21.392	50.249
3	3.866	12.081	72.739	3.866	12.081	72.739	5.481	17.129	67.378
4	1.930	6.033	78.772	1.930	6.033	78.772	3.184	9.950	77.328
5	1.230	3.844	82.616	1.230	3.844	82.616	1.380	4.313	81.641
6	1.038	3.244	85.859	1.038	3.244	85.859	1.350	4.219	85.859
7	0.938	2.930	88.789						
8	0.749	2.339	91.129						
9	0.718	2.245	93.373						

（二）聚类分析

聚类分析遵照的是物以类聚的原理，通过将性质相近的个体归为一类，从而使得同一类别内的个体具有较高的同质性。本书采用“系统聚类分析法”(hierarchical cluster)对文献共被引相似性矩阵进行分析。即首先将单篇文献看成一类，接着把距离最近的两类合并，然后重新计算类与类之间的距离，之后再把距离最近的两类合并，以此类推，直至把所有的文献归为一类。如何确定最佳分类数是聚类分析尚未完全解决的问题之一。由于文献

① 范柏乃、蓝志勇：《公共管理研究与定量分析方法》，科学出版社，2008 年，第 321 页。

共被引分析的目的不是检验矩阵中类的数目，而是为进一步探讨提供信息，所以这里主要参考因子分析所确定的因子个数来寻找分类点。

（三）社会网络分析

一般而言，社会网络分析是一套对社会关系结构及其属性加以分析的规范和方法。它主要分析的是不同社会单位（个体、群体或社会）所构成的关系的结构及其属性。本书运用社会网络分析，通过二维空间展示文献之间的联系，并利用平面距离来反映文献之间的相似程度。用 Ucinet 中 Netdraw 组件绘制文献共被引网络可视图，结果如图 2-1 所示。图中每个节点代表一篇文献，节点和节点间的线条代表共被引关系。可以看出，国内关于地方政府创新的研究主要可以分为四类，而这也是与前面的因子分析和聚类分析相吻合的。

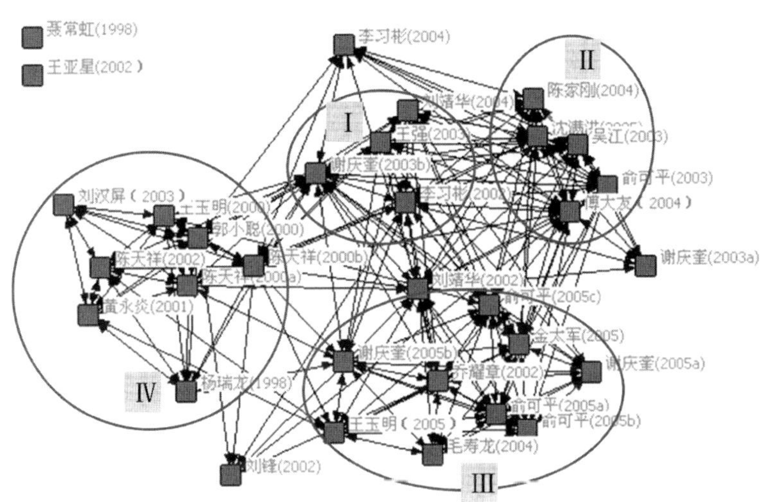

图 2-1 地方政府创新研究文献的社会网络分析

（四）小结

类别Ⅰ：地方政府创新与政府改革研究。这一部分内容包括了谢庆奎的《政治改革与政府创新》、刘靖华的《中国政府管理创新总论》、王强的《学习型政府——政府管理创新读本》和李习彬的《政府管理创新与系统思维》四本专著。

类别Ⅱ：地方政府创新与政府治理变迁研究。此部分学者注重从地方政府创新的实际案例中推演出中国政府治理方式的变迁模式,包括俞可平的《地方政府创新与善治案例研究》和傅大友的《行政改革与制度创新:地方政府改革的制度分析》两本专著,以及陈家刚的《地方政府创新与治理变迁——中国地方政府创新案例的比较研究》、沈满洪的《水权交易与政府创新——以东阳义乌水权交易为例》、吴江的《政府创新:深化行政管理体制改革的新思路》三篇论文。

类别Ⅲ:地方政府创新的基本理论研究。此类包含点群最多,共有九篇文献。从主题看,主要是对地方政府创新研究的一些基本要素予以界定,其中包含了俞可平的《政府创新的理论和实践》《论政府创新的若干基本问题》、谢庆奎的《论政府创新》、乔耀章的《政府创新与政府自觉》等多篇学术影响力较高的文献。

类别Ⅳ:地方政府创新中的动因研究。地方政府创新的动力机制一直是学者们关注的热点,制度经济学中的"第一行动集团"理论在这一部分得到了广泛的应用。这部分的文献中包括了杨瑞龙的《我国制度变迁方式转换的三阶段论——兼论地方政府的制度创新行为》、郭小聪的《中国地方政府制度创新的理论:作用与地位》和陈天祥的《中国地方政府与制度创新》《中国地方政府制度创新的动因》等八篇论文。

上面的文献共被引网络可视图大致反映了当前我国地方政府创新研究的现状,同时我们也注意到,各个类别之间并不是决然分开的,类别Ⅰ、Ⅱ、Ⅲ之间勾连紧密,这一方面说明这些文献都具有广泛的学术影响力,另一方面也说明地方政府创新研究中的交集比较多。相比较而言,类别Ⅳ与前三者,特别是类别Ⅲ之间连线较少,而类别Ⅲ的主题是地方政府创新研究的基本理论,由此可推断学者在研究地方政府创新的动因时基于的理论基础与之相异。

三、地方政府创新研究的热点主题

采用因子分析、聚类分析和社会网络分析方法,并根据前50位高被引文献的研究内容,概括出地方政府创新研究的几个热点主题:

(一)地方政府创新的基本理论研究

改革开放以后,随着经济发展和社会结构转型的加快,我国地方政府在转变政府职能、优化行政流程、提升公共服务供给能力等方面进行了大量的探索。实践的发展迫切需要理论的分析和指导，20 世纪 90 年代以来，学者们主要从政府创新的内涵和形式入手对政府创新的基本理论予以探讨。

政府创新概念的凝练有两种基本的思维路径：其一，从政府创新的实践出发，理论充分映射实践的发展，强调“新”和政府创新的目的，将政府创新界定为“探索政府行政的新方法、新模式，以适应新环境的变化和新现实的挑战”。① 当然，除去完善政府公共服务的供给职能，有效地解决社会经济政治等问题，完善自身运行功能和提高治理能力等也是政府进行创造性活动的目的之一。② 基于定义要尽量涵盖创新主体的考虑，也可将政府创新界定为“公共权力机关为了提高行政效率和增进公共利益而进行的创造性改革”③。其二，大量借鉴制度经济学成熟的理论和方法，认为“制度创新，是指制度安排的积极变动和替换”④，这显然是将“政府制度创新”置身于制度变迁的过程中予以考量。因为在大多数情况下，这种“制度的创新是行为主体在原有制度安排下无法得到获利机会而产生制度变迁的需求所引发的”⑤。

政府创新的形式有多种分类方法，从创新的领域看，可区分为理论层面的政府创新、体制层面的政府创新、人员层面的政府创新和操作层面的政府创新。⑥ 从创新的具体举措看，政府创新可分为体制改革、政务公开、问责制度、作风建设、电子政务、综合执法、公务员管理等。⑦ 从“中国地方政府创新奖”的评选实践来看，可将政府创新分为政治改革、行政改革和公共服务三类。作为一种系统创新，地方政府创新包括两大部分：地方政府组织系统自身的创新；地方政府组织系统输出的创新，即它所提供的公共产品和服

---

① 刘靖华：《政府创新》，中国社会科学出版社，2002 年，第 1 页。

② 杨雪冬：《中国地方政府创新：特点和问题》，《甘肃行政学院学报》2007 年第 4 期。

③ 俞可平：《论政府创新的若干基本问题》，《文史哲》2005 年第 4 期。

④ 郭小聪：《中国地方政府制度创新的理论：作用与地位》，《政治学研究》2000 年第 1 期。

⑤ 陈天祥：《中国地方政府与制度创新》，《中山大学学报(社会科学版)》2000 年第 6 期。

⑥ 谢庆奎：《服务型政府建设的基本途径——政府创新》，《北京大学学报(哲学社会科学版)》2005 年第 1 期。

⑦ 吴知论：《中国地方政府管理创新》，人民出版社，2004 年。

务的创新。[①] 其实,要对形式多样的中国地方政府创新行为进行总结和归纳分类,必须考察创新的背景以及创新者的能动性,两者形成的情景——能动关系塑造出不同类别的创新。这样一来,在危机和发展这两大背景下,通过作为创新者的地方官员的不同选择,我们可以得到四类创新形式:危机—主动型,危机—被动型,发展—主动型,发展—被动型。[②]

（二）地方政府创新与政府改革研究

西方学者通常将 reform、innovation、reinvention 看成是同义语。中国地方政府创新研究的兴起也在很大程度上与地方政府改革的实践密不可分。因此,国内很早就有学者指出,创新是政府改革、政府发展的题中应有之义,或是政府改革、政府发展的合历史逻辑的引申。[③] 更多的研究者则直接指出政府创新与政府改革具有一致性。他们观察到中国的改革过程,实质上就是各级政府推动制度创新的过程,目的是要实现两个根本性的转变,即从计划经济体制向社会主义市场经济体制的转变和从劳动密集型、粗放型的经济增长方式向技术密集型、集约型的经济增长方式的转变,以建立一种各经济主体合作与竞争的新型方式。[④]

20 世纪 90 年代兴起的治理理论旨在改变传统的行政主导的、单向度的自上而下的权力运作模式,这与我国当下政府改革的进程与民主政治发展十分契合,也自然成为阐释我国地方政府创新的理论话语。从治理理论出发,我们可以清楚地观察到政府创新的主要目标和基本趋势。政府创新的主要目标是:民主、法治、责任、服务、优质、效益、专业、透明、廉洁。而其基本必然趋势为:从管制政府走向服务政府,从全能政府走向有限政府,从人治走向法治,从集权走向分权,从统治走向治理。[⑤] 总的来说,这些政府改革与政府创新是沿着四个基本方向推进的:一是改善国家与社会的关系,明确国家权力来源于社会,实现国家权力服务于社会;二是改善国家与市场

---

① 刘景江:《地方政府创新:概念框架和两个向度》,《浙江大学学报(人文社会科学版)》2009 年第 1 期。

② 杨雪冬:《简论中国地方政府创新研究的十个问题》,《公共管理学报》2008 年 1 期。

③ 乔耀章、芮国强:《政府创新与政府自觉》,《学术界(双月刊)》2002 年第 4 期。

④ 郭小聪:《中国地方政府制度创新的理论:作用与地位》,《政治学研究》2000 年第 1 期。

⑤ 俞可平:《改革开放 30 年政府创新的若干经验教训》,《国家行政学院学报》2008 年第 3 期。

的关系，清晰界定国家与市场的职能，充分发挥各自的优势，减少市场失效与政府失效的恶性循环；三是改善政府内部的关系，分清职责，提高政府运行的整体效率；四是完善执政党与国家的关系，重点不再是党政分开，而是加强执政党的治理能力建设，发挥政党的核心领导作用。[①]

当然，政府创新有其自身的特点和适应范围，这决定了它并不能和政府改革完全画等号。俞可平就曾表达过这种观点："政府创新不是一般的改革，而是为了增进公共利益而进行的创造性改革。没有创造性，不是为了公共利益的那种改革不属于政府创新的范畴。"[②]其他学者对于政府创新与政府改革的关系表达得更为直接，他们认为，"从某种意义上说，地方政府创新实践兴起这一现象，本身就是中国行政和政治体制改革暂时难以实现结构性突破，不得不绕开体制的核心，转而从体制的外围和边缘入手的产物"[③]。因此，政府创新的基本内容应该是完善国家的宪政制度和法制，培育先进文化和主体意识形态，提供有效的产权制度安排和创新经济、政治、社会管理的其他各项制度。[④]

（三）地方政府创新与政府绩效研究

政府创新的目的是增进公共利益和提升行政效率。也就是说，政府绩效作为政府管理与服务的终极目标，有赖于政府创新的实施，政府创新不仅需要新奇与突破，还需要奏效和发挥作用，创造公共价值并增进公共利益。通过对"中国地方政府创新奖"获奖案例的分析，学者们发现地方政府创新在节省行政成本、提高行政效率、增强政府回应性、增进社会公平等方面都发挥了重要作用。总的来说，政府创新主要在以下方面提升了政府绩效：首先，中国地方政府创新的直接和间接受益人都是政府管理辖区内的民众，民众从政府创新中获得了实惠；其次，政府管理辖区内的企业和其他组织也在

---

① 杨雪冬：《近 30 年中国地方政府的改革与变化：治理的视角》，《社会科学》2008 年第 12 期。

② 俞可平：《改革开放 30 年政府创新的若干经验教训》，《国家行政学院学报》2008 年第 3 期。

③ 何显明：《顺势而为：浙江地方政府创新实践的演进逻辑》，浙江大学出版社，2008 年，第 28 页。

④ 王玉明：《论政府的制度创新职能——从新制度经济学的视角分析》，《中国行政管理》2001 年第 5 期。

政府创新中受益匪浅；最后，地方政府从其他地方政府创新中获益。①

虽然从直观上较容易判断创新行为对政府绩效的促进作用，但严格的学术论证目前还十分匮乏，在与其较为密切的一项研究"创新行为对组织绩效的影响"中，组织氛围与沟通、人力资源与管理以及行政成本是三类较为常见的影响因素，但三者尚未综合形成统一的框架。吴建南等人选取了领导干部任前公示这一以人力资源管理为内容的创新行为，构建了三因素影响组织绩效的过程假设。他们认为，创新行为影响政府绩效是一个由人、财、物三因素互动，并依据创新本身特点内容有所侧重的过程。②

严格来说，巩固其存在的合法性是政府创新的终极目的之一，从这个意义上讲，政府绩效对于政府创新也只具有工具价值，政府通过制度创新提升了政府绩效，获取了社会认同，最终是为了巩固其执政的合法性。然而，需要指出的是，创新的内容不同，对合法性的影响也是不同的。何增科通过对三届"中国地方政府创新奖"63个获奖项目的独立评估报告进行认真分析，对行政改革、公共服务、政治改革与政府合法性之间的关系分别进行了探讨。③

（四）地方政府创新中的动因研究

地方政府创新的动因研究探讨的是地方政府作为创新的主体在政府创新中扮演的具体角色和动力机制问题。地方政府创新之所以可能并成为一种必然，根源在于其动力因素，而地方政府创新的动因不同又决定着地方政府创新的内容、形式和持续性上的差别。

"中国地方政府创新奖"的参选项目多年来一直呈稳步增长的态势，这似乎在一定程度上说明了地方政府并不缺少创新的愿望与能力。地方政府推动创新的动因也多种多样：如陈天祥认为，宪法秩序的变化、制度创新成本和制度创新的预期收益是决定地方政府创新动力的关键因素④；傅大友

---

① 吴建南、马亮、杨宇谦：《中国地方政府创新的动因、特征与绩效——基于"中国地方政府创新奖"的多案例文本分析》，《管理世界》2007年第8期。

② 吴建南、杨宇谦、Richard M. Walker：《创新行为如何影响政府绩效：以领导干部任前公示为例的研究探索》，《兰州大学学报（社会科学版）》2006年第9期。

③ 何增科：《政治合法性与中国地方政府创新：一项初步的经验性研究》，《云南行政学院学报》2007年第2期。

④ 陈天祥：《中国地方政府制度创新的动因》，《管理世界》2000年第6期。

和芮国强在初步界定地方政府制度创新含义的基础上，从社会变迁、制度缺陷和利益诉求三方面研究分析了地方政府制度创新的动因，指出社会生产力发展所带来的社会变迁是地方政府制度创新的根本动因，制度以及制度结构本身所具有的缺陷是地方政府制度创新的内在动因，而对制度创新预期净收益的诉求则是地方政府制度创新的直接动因，在上述三种因素的共同作用下，地方政府的制度创新行为才得以持续进行。① 还有其他学者认为，来自地方和基层政府领导层的社会责任感，来自上级机关的推动，来自学术界和媒体的推动，来自人民群众的压力等都是地方政府创新的动力。②总体而言，地方政府创新的动因包括以下几个方面：

1.发展型动力

地方政府对于创新所带来的预期净收益有所诉求，制度经济学的研究普遍认为："如果组织或操作一个新制度安排的成本小于其潜在制度收益，就可以发生制度创新。"③值得注意的是，这里的收益和成本皆作广义的理解。因此，政府究竟通过何种方式来获取这一预期净收益，主要受制于这个社会的各个利益集团之间的权力结构和社会偏好结构。

2.竞争型动力

长久以来，因为"晋升锦标赛模式"④及有关公务员考核机制的激励，地方政府有强烈的动机去推动政府创新。毋庸置疑，这种机制的存在客观上强化了地方领导们"对上负责"而不是"对下负责"的观念。由此，不少地方政府创新的主要目的是为了让上级领导满意，而不在乎群众的意愿。地方政府官员一旦形成这种经济人的意识，就极容易导致地方政府伪创新的出现⑤，搞所谓的"政绩工程""形象工程"，而这是与地方政府创新的初衷背道而驰的。

3.压力型动力

周红云通过研究发现，在地方政府的项目申报材料中，谈得最多的就是

---

① 傅大友、芮国强：《地方政府制度创新的动因分析》，《江海学刊》2003年第4期。

② 李景鹏：《地方政府创新与政府体制改革》，《北京行政学院学报》2007年第3期。

③ 杨瑞龙：《我国制度变迁方式转换的三阶段论——兼论地方政府的制度创新行为》，《经济研究》1998年第1期。

④ 周黎安：《中国地方官员的晋升锦标赛模式研究》，《经济研究》2007年第7期。

⑤ 金太军、袁建军：《地方政府创新博弈分析》，《江海学刊》2005年第5期。

创新者们所面临的种种压力，一个“逼”字说明了政府创新的“不得已”和“不得不”。① 陈雪莲和杨雪冬后来的调研结果支持了这一观察，他们发现创新目标以解决实际工作中碰到的问题为主；在创新发起环节，领导干部的改革创新意识起主要作用。②

（五）简要的小结

国内地方政府创新研究是公共管理学领域新兴的研究主题，因其广泛整合了政府改革、治理理论、制度变迁、协商民主等诸多理论资源，并与地方政府创新实践紧密联系，迅速成长为公共管理学、政治学、社会学等领域学者密切关注的热点主题。政府创新的内涵、作用意义、形式的分类等政府创新的基本理论是此领域研究的前提和基础，必须予以充分讨论。同时，作为中国特色的制度变迁模式的最显著标记，地方政府创新研究中割舍不了它与政府改革的种种关联；地方政府创新的目的是为了增进公共利益和提升行政效率，在某些地方官员眼里，它也是解决当前实际问题和个人获得政治资源的工具，因此，创新的绩效与创新的动因也是地方政府创新研究中被高度关注的主题。

案例研究是学者们在研究地方政府创新时最常用的研究方法，“中国地方政府创新奖”为他们提供了丰富的研究素材。“中国地方政府创新奖”至今已成功举办了八届，收集到各级地方政府的创新案例 2000 多个，这些案例涵盖从改革开放初期至今的政治改革、行政改革和公共服务三大类共 25 个子类。案例研究有个案研究与多案例研究之分。总体来说，学者们的案例分析还处于一个案例描述和案例分析归纳阶段，下一步可运用“因素法”，通过分析一定数量成功和失败的创新案例，从中归纳出具有共性的因素，然后在更大样本范围内进行验证，最后得出一些普遍性因素。③

---

① 周红云：《使农村民主运转起来——湖北广水“两票制”案例分析》，载《地方政府创新与善治：案例研究》，社会科学文献出版社，2003 年。

② 陈雪莲、杨雪冬：《地方政府创新的驱动模式——地方政府干部视角的考察》，《公共管理学报》2009 年第 3 期。

③ 杨雪冬：《简论中国地方政府创新研究的十个问题》，《公共管理学报》2008 年第 1 期。

四、地方政府创新研究的理论前瞻

20世纪90年代以来，越来越多的学者以更加积极的姿态主动投身于地方政府创新的研究，取得了不菲的成就。他们的研究除了及时回应了政府改革实践对于公共管理理论发展的要求之外，还为地方政府改革中出现的一系列棘手问题提供了理论指导和政策建议。但是，由于地方政府创新研究还是一个新兴的研究领域，在十几年的研究中还遗留一些问题需要回答：比如地方政府创新与现有法律制度的关系问题，地方政府创新与民主政治的关联问题，地方政府创新的成本和风险问题，地方政府创新与当地的经济发展水平的相关性问题等，这些都可以成为下一步理论研究的突破口。概而论之，地方政府创新研究的前沿性领域集中于如下几个方面：

（一）政府创新管理的理论研究

近年来，我国地方政府创新层出不穷，学者们对政府创新研究也愈来愈重视，但还没有形成基本的研究范式，"对于政府创新的界定并不清晰"。已有的研究虽从政府改革或制度变迁的角度对此进行了初步的分析，但前者过于强调对实践的解释而导致了理论的碎片化，后者则"未能结合中国行政改革和地方政府制度创新的实际进行本土化语言的转化和学科之间的有效对接"①。可以说，作为公共管理中一个非常重要的研究领域，政府创新的研究仍处于前范式阶段，政府创新的理论与方法还不够成熟，且缺乏对我国地方政府创新进行系统的理论和实证研究。② 因此，认真细致地梳理政府创新的知识脉络，搭建一整套既与实践相契合，又与理论渊源相联系的理论体系显得十分重要。

创新的概念最早来源于经济学，熊彼特在其成名之作《经济发展理论》中率先提出了"创新理论"（innovation theory）。按照他的观点，创新就是"建立一种新的生产函数"，也就是把一种从来没有过的关于"生产要素的新组合"引入生产体系。在没有创新的情况下，经济只能处于一种所谓的"循环流转"的均衡状态，本身不能获得质的飞跃，熊彼特将其比喻为"你不管把

① 傅大友：《行政改革&制度创新：地方政府改革的制度分析》，上海三联书店，2004年。

② 刘景江：《地方政府创新：概念框架和两个向度》，《浙江大学学报（人文社会科学版）》2009年第1期。

多大数量的驿路马车或邮车连续相加，也绝不能从而获得一条铁路”。[①] 二战以后，人们在熊彼特创新概念的基础上，进一步提出管理创新、组织创新、政策创新、文化创新等概念，自 20 世纪 80 年代起，在“新公共管理运动”的政府改革过程中，人们又提出了“政府创新”的概念。[②] 从“创新概念”的发展历程来看，政府创新与创新的核心观点是一脉相承的，都强调产品和服务创新(政府提供公共产品和公共服务)、流程创新、组织结构创新和理念创新等。因此，组织理论和创新管理中较为成熟的理论和模型能为完善政府创新管理理论提供良好的借鉴。当然，值得注意的是，地方政府创新既有一般组织创新的共同特征，也有公共组织创新的个性，公共产品的供给、公共利益的维护永远是地方政府创新应当首先考虑的因素。所以，从这个意义上讲，公私部门科学的、细致化的区分是完善政府创新管理理论的重要基础和前提之一。

(二)地方政府创新的持续力研究

地方政府创新的持续力关涉政府创新的目的和动因，是创新效果的外在表征，是创新能否制度化的关键指标，具有重要的意义。根据前四届的相关统计，许多获得优胜奖的项目在全国范围内广泛推广开来。同时，也有许多制度创新几乎面临严重的制度困境，甚至那些曾经获得“中国地方政府创新奖”的项目，“也有差不多三分之一名存实亡了”[③]。

在中国当前特定的语境下，影响地方政府创新持续力的因素很多。首先，上级政府在多大程度上能容忍乃至认可地方政府的自发创新行为是创新能否持续的首要因素。其次，地方政府创新的动因也是影响创新持续力的重要因素。当下之所以很多创新项目没能维持较长时间，也跟项目是具体问题导向有关，一旦问题得以缓解，项目便失去其存在的意义。最后，地方政府的领导干部是否具有创新意识和改革能力是影响地方政府创新能否

① [美]约瑟夫·熊彼特：《经济发展理论——对于利润、资本、信贷、利息和经济周期的考察》，何畏、易家详等译，商务印书馆，1990 年，第 72 页。

② 燕继荣：《政府创新与政府改革》，载谢庆奎、佟福玲：《政府创新的理论与实践》，黑龙江人民出版社 2008 年版，第 29—35 页。

③ 高新军：《地方政府创新缘何难持续——以重庆市开县麻柳乡为例》，《中国改革》2008 年第 5 期。

“由点到面”可持续发展的主要因素。①

为给政策制定提供更具科学性的参考，地方政府创新持续力研究的可行路径是运用实证分析的方法，寻找一个具有制度意义上的评测标准。韩福国在这方面做了有益的尝试，他提取了对地方政府创新持续力具有重要影响力的九个因素，据此初步建立了一个政府创新持续力的测评指标和回归模型，并用此指标和模型对政府创新的持续力进行评价，对政府创新的内在持续演化结构进行分析。②

（三）地方政府创新的制度化研究

学者在观察地方政府创新时发现了类似的一种组织内卷化现象，即虽然表面上在制定或增加一种制度，但却没有真正实现组织的制度化，不断制定出来的制度被仪式化，发生了目标和规则的替代。③ 很多地方政府创新的案例表明，地方政府创新方面所创造的成功经验往往烙有很深的个人印记。此外，地方政府创新的具体措施游离于国家的整体制度之外，有些甚至与现有的法律文本和规章制度相冲突，这些显然都不是地方政府创新通往“制度化”的可行路径。

承认地方政府创新的“可制度化”，也就承认了这样一个命题：地方政府创新的经验可以成为全局改革的参照，从微观入手进行调整与改革也可以成为制度的生长点。这就涉及地方政府创新的推广性问题。毋庸置疑，地方政府创新在当地范围内极大地增强了本地政府的政治合法性，但倘若不能在更大的地域范围乃至全国范围内加以推广，那么它的功效只能局限在当地的范围内。④ 从政府创新的自身规律来说，政府创新是一个累积性的过程，创新经验的学习和总结十分重要。在地方政府面临相似难题的情境下，地方政府更需积极借鉴其他地区的成功经验，结合本地区的实际情况进

---

① 陈雪莲、杨雪冬：《地方政府创新的驱动模式——地方政府干部视角的考察》，《公共管理学报》2009 年第 3 期。

② 韩福国：《中国地方政府创新持续力研究》，《公共行政评论》2009 年第 2 期。

③ Lv, Xiaobo, *Booty Socialism, Bureau-preneurs, and the State in Transition: Organizational Corruption in China*，转引自黄冬娅：《中国政治制度建设的影响因素：文献综述》，载马骏、侯一麟：《公共管理研究（第 4 辑）》，人民出版社，2006 年。

④ 何增科：《政治合法性与中国地方政府创新：一项初步的经验性研究》，《云南行政学院学报》2007 年第 2 期。

行“第二次创新”。同时,从政府创新的目标来说,地方政府创新也是为国家制定正式制度提供可资选择的政策方案,然后将选中的方案普及至全国,甚至上升到法律层面。因此,创新经验的推广是地方政府创新的一项重要功能,“中国地方政府创新奖”也将推广程度作为重要的评选指标之一。目前主要有三种地方政府创新的推广模式:体制型学习、自主型学习和无意识学习。①

（四）公共服务创新研究

按照创新的领域来划分,地方政府创新可分为政府自身管理创新和政府管理与服务创新,后者又可比照政府职能分为经济调控创新、市场监管创新、社会管理创新和公共服务创新。当下的中国正经历着深刻的社会变革,政府传统的管制职能越来越难以有效承担回应社会需求、提升政府的政治合法性的重任。服务型政府是人类所追求的理想政府,是善政发展的终极目标。有效提供公共服务是政府的基本职能之一,也是衡量政府绩效的最重要标杆之一。因此,公共服务创新是地方政府创新的重中之重。

长久以来,由于公共服务供需矛盾的长久存在,倡导公民需求导向成为政府提供公共服务、构建服务型政府的必然要求。这种导向被一些地方政府片面地理解为一种公共服务的回应性供给。毋庸置疑,回应性是现代政府的一个核心理念,政府的政策和行为必须以广大人民的意愿为依归,对人民负责是我国政府工作的基本原则。事实上,公共需求可分为“显性公共需求”和“隐性公共需求”两大类。显性公共需求是民众诉求,政府可通过提供回应性公共服务予以满足,我们把这类公共服务称为“回应性公共服务”。隐性公共需求是指民众客观需要的,但没有表达出来的公共需求。满足隐性公共需求要求政府深入体察民意,主动供给公共服务而不是被动地回应公民诉求。我们把这种公共服务称之为“创新性公共服务”。大量经验表明,政府提供创新性公共服务能获得公民较高的满意度,而且满意度的强度与持续性都比提供回应性公共服务更好。因此,政府提供创新性公共服务是赢得民众支持率和提升执政合法性权威的重要途径。

尽管政府首先要以高度负责的态度回应公民公共需求,有效提供公共

① 杨雪冬:《简论中国地方政府创新研究的十个问题》,《公共管理学报》2008年第1期。

服务，履行好政府职能，但这与政府积极提供创新性公共服务是不矛盾的。回应性公共服务和创新性公共服务之间的差别在于：前者是政府被动地等待回应社会需求，后者则是创造性发现隐性公共需求并主动提供公共服务，它仍然是以公共需求为导向的，两者互为补充，甚至可以进一步认为创新就是对隐性需求的积极回应。当然从我国公共服务供给的现状来看，各级政府供给回应性公共服务的任务还非常繁重，改进和完善回应性公共服务依然十分迫切。但从政府管理有效性的角度来说，提供更多的创新性公共服务，是地方政府在公共资源有限的情况下提高公民满意度、赢得公民支持率的一条重要路径。

中国政府创新研究是政治改革、行政改革研究的发展，研究范式沿袭了政治学和行政学的传统，没有很好地借用管理学科创新管理的理论资源。尽管我国地方政府创新研究自始便具有广泛的全球视野，引介和吸收国外丰富的政府创新理论资源成为学术界的潮流，但理论的中国化问题，特别是建立于中国本土的政府创新管理理论还没有形成成熟的分析框架和理论体系。事实上，中国改革开放三十年来所发生的巨大变迁为政府创新管理研究提供了极为丰富的素材和研究空间，而中国独特的改革模式也迫切需要专家学者们作出理论回应和前瞻指导。中国地方政府创新研究正是在这一背景下兴起来的，经过十余年的发展，这个领域已经成为中国公共管理的学术前沿并且得到专家们的广泛认同。虽然由于研究年限较短，此领域许多重大的理论问题还有待解决，但基于目前的研究趋势，从这里诞生出真正具有中国特色的政府创新管理理论指日可待。

第三节　政府创新管理的杭州经验

创新已经成为新时期党和政府的一项重要任务，中国正从“改革开放时代”走向“改革创新时代”。伴随着这一转变，各级政府都在大力强调和推动政府创新的管理，政府创新管理也顺势成为公共管理学界的热点研究主题。然而，对政府创新的管理不论在理论上还是实践中都没有得到足够的重视。

事实上，缺乏有效的引导和规范严重制约着我国地方政府创新的发展和深化[1]，政府创新本身作为一种组织行为也需要“自觉”地进行管理[2]。因此，本书认为有必要借鉴企业创新管理的相关理论，拓展对政府创新管理的研究，构建政府创新管理的理论体系。有别于已有的大量政府创新的研究，本书的研究对象从针对政府管理进行的创新活动转到针对政府创新实施的管理行为，关注问题也从政府管理如何进行创新转为如何对政府创新加以管理。在这方面，杭州的实践为学界的研究和思考提供了一个极好的样本。

一、杭州政府创新管理的制度建构历程

杭州的政府创新管理是在综合考评中孕育和诞生的，前后经过了十余年的发展历程。[3] 综合考评原本只是针对政府部门工作绩效进行考核评价，从考评的内容来看注重的是结果，主要指向过去一段时间内的绩效。在综合考评中加入政府创新的内容，使得政府管理和服务的改进得到了足够的关注，其背后反映更多的是未来一段时间内能够持续产生的绩效。综合考评为政府创新管理的进行提供了坚实的基础，而政府创新管理的实施也使得综合考评更为全面、科学。杭州政府创新管理的制度建构经历了基础奠定、探索形成、发展完善等几个阶段。在此过程中，组建于 2006 年的杭州市综合考评委员会办公室（以下简称“考评办”）无疑是最重要的制度建构者。

（一）基础奠定阶段（2000—2005 年）

2000 年，杭州开始探索对市直单位的服务质量、办事效率等进行社会评价，据此评选出“满意单位和不满意单位”，并对每个单位的得分和排名情况进行公布。这项评选活动是综合考评的前身，当时在国内产生了较大的影响，也对参与评选的各个市直单位产生了较好的导向和激励作用。然而这项评选在实践中也出现了一些负面效应，评选的科学性和公平性也受到了不少质疑，迫切需要加以调整和完善。为了更加准确和全面地反映和评

---

① 俞可平：《改革开放 30 年政府创新的若干经验教训》，《国家行政学院学报》2008 年第 3 期。

② 乔耀章、芮国强：《政府创新与政府自觉》，《学术界（双月刊）》2002 年第 4 期。

③ 伍彬：《综合考评与绩效管理：杭州的实践和探索》，人民出版社，2012 年。

价市直单位的工作实绩，从2005年开始在原有社会评价的基础上加入了目标考核和领导考评两块内容，形成了综合考评"三位一体"的基本框架（在100分的总分中，三者权重分别为50%、45%和5%）。

（二）探索形成阶段（2006—2012年）

综合考评在很大程度上修正了"满意单位和不满意单位"评选的缺陷，考评的结果更具科学性，也更加容易为被考评单位所接受。但是综合考评的结果（单位得分和排名）更多的是一种"压力机制"，即督促被考评单位及时回应和改进社会公众、上级领导等在考评过程中发现和提出的矛盾和问题。这一压力机制固然对部分"后进"单位改进工作起到很大的推动作用，但对一些"先进"单位来说影响有限。而且，由于信息不对称的存在以及外部评价者关注点的不同，工作应该如何改进和提升更加需要调动被考评单位内在的积极性和主动性。基于上述考虑，考评办于2006年在综合考评中增加了"创新目标"，对各个市直单位探索创新性的发展理念、工作方法、体制机制等情况进行绩效考核，该项得分（满分为3分）作为加分项纳入综合考评的总得分。2007年，考评办进一步将创新与创优结合起来，将那些取得突出业绩、获得国家级、省部级表彰奖励的工作也纳入到加分项目中，实施"创新创优目标绩效考核"。2009年，为了激励各个单位主动破解公众反响强烈的"老大难"问题，以及新形势下面临的热点难点问题，考评办又将"克难攻坚"的工作纳入到加分项目。同年，区、县（市）的综合考评中也增加了"特色创新目标绩效考核"，激励各区、县（市）发挥积极性、主动性和创造性，因地制宜地进行改革和创新。

（三）发展完善阶段（2013年至今）

实践表明，创新创优（特色创新）目标绩效考核对于推动各市直单位和区县创新创优发挥了卓有成效的作用，形成了一大批具有重要实践价值和广泛影响力的创新项目。然而，每年创新项目申报数量的增长和项目整体质量的提升并不能保持平衡，一些单位出现了创新潜力枯竭、"为创新而创新"的现象。不仅如此，由于各个单位对创新加分的重视以及创新加分制度设计的不足，原本期望出现的多单位、跨部门的联合创新、协同创新在实践中较少看到，这对打破行政壁垒，解决一些较为复杂的问题和矛盾十分不利。针对以上问题，考评办于2013年开始探索对创新创优项目实行"竞赛制＋淘汰制”的办法，即根据绩效评估结果，分别按年度创新创优申报项目总数各 15％、不超过 10 项，评出创新奖、创新提名奖和创新鼓励奖项目，在综合考评中分别给予 0.8、0.5、0.3 分的加分激励，而不是对每一个申报项目都给予加分。这就让一些“可报可不报”的单位知难而退，有效避免了“伪创新”的出现。此外，新的考核办法更加注重协同导向，对联合申报项目选自《中共中央关于全面深化改革若干重大问题的决定》或《杭州市政府创新选题目录》的，牵头单位、配合单位均按实际评估结果全额赋分，激励各单位围绕中心工作和难点问题开展联合创新，形成“1＋1＞2”的创新效应。经过十余年的发展历程，目前杭州政府创新管理的制度框架已经比较完善，制度的运行也比较成熟。

二、杭州政府创新管理的制度分析

从杭州的实践来看，政府创新管理就是对政府创新活动的规划、组织、协调、实施、评估、反馈等进行系统管理，以达到营造创新氛围，激发创新动力，引领创新方向，保障创新实施，提高创新绩效的目的。政府各部门在自然状态下自发地进行创新，表现为一种零散无序的组织行为。对政府创新进行管理，就意味着将政府创新这一组织行为变得系统而有序。政府创新管理的实现必须依靠一系列的制度建构，将政府各部门的创新行为置于制度的约束下，从而使得这些创新行为更加符合预期。通过对杭州综合考评中市直单位创新目标绩效考核以及区县特色创新目标绩效考核等制度的分析，可以发现：杭州已经逐步构建起了一个较为完整的政府创新管理的制度框架，形成了明确的管理主体、科学的管理目标、有力的管理手段，取得了显著的管理成效。

（一）政府创新管理的主体：杭州市考评办

杭州市考评办既是政府创新管理的制度建构者，又是政府创新管理的主要实施者。2006 年 8 月，为了更好地推进实施综合考评，杭州市委决定设立考评办，作为杭州市综合考评委员会的常设办事机构，级别为正局级。考评办整合了原先市级机关目标管理办公室、“满意单位不满意单位”评选办公室和机关效能建设工作办公室的相关职能，又于 2012 年增挂了“杭州市绩效管理委员会办公室”的牌子，成为专门对市直单位及下属县（市、区）

进行绩效考核、评价和管理的组织化平台。从组织发展的逻辑来看，考评办在拓展和完善综合考评的过程中自觉不自觉地进行政府创新管理的探索有其必然性。如果没有这样的一种机构设置，各类考评就无法有效地“综合”起来，也就很难出现系统地对政府创新进行考核与管理的尝试。考评办同时成为政府创新管理的制度建构者和实施者，并且持续获得制度收益，制度的建构与实施之间就能形成良性互动，从而使政府创新管理真正运作起来，并不断获得修正完善。

（二）政府创新管理的目标：推动政府真创新、可持续创新

政府创新管理的核心目标在于系统地解决政府创新过程中可能遇到的问题，以此促进政府部门真创新、可持续创新。这一核心目标又可分解为两个直接的管理目标：

第一，为政府创新提供有效激励和正确导向。一般而言，政府部门作为传统的大型科层制组织，特别是在中国的文化背景下，是比较缺乏创新意识和创新动力的。[①] 因而，中国地方政府的许多创新往往产生于危机的压力之下，或是回应某个迫切需要解决的现实问题。[②] 这种压力型的激励固然重要，但对于政府创新管理而言，更需要的是让政府从被动创新调整到主动创新的轨道上来，以更加积极的姿态来应对经济社会发展带来的变化和挑战。同时也要看到，在不合理的激励机制与主政者功利心的双重作用下，实践中大量“伪创新”和“盆景式”创新层出不穷，严重浪费组织资源[③]。因此，政府创新管理的首要目标，即通过建立政府创新的规则体系，引导政府官员树立正确认知意识，既克服创新动力不足的问题，又规避过度追求创新的风险，保证政府创新具有真实的含金量。

第二，为政府创新提供组织保障，培养和提升政府创新的能力。研究表明，组织内外常态化、开放式的信息交流对创新的形成至关重要[④]，这就需

---

① 林冠平：《地方政府创新的现存障碍与推动机制》，《中国行政管理》2014 年第 2 期。

② 杨雪冬：《简论中国地方政府创新研究的十个问题》，《公共管理学报》2008 年第 1 期。

③ 杨雪冬：《简论中国地方政府创新研究的十个问题》，《公共管理学报》2008 年第 1 期。

④ Kanter. R. Moss. When a thousand flowers bloom: Structural, collective, and social conditions for innovation in organizations. *Research in Organizational Behavior*, 1988 (10).

要一种相对灵活的组织形式。对于政府创新而言，往往就需要在一定程度上打破官僚制组织的科层化和封闭性。然而，政府创新实施的过程通常需要协调多种关系和资源，这又要求有序的组织结构作为保障。因此，政府创新管理一方面需要在政府创新过程中实现组织结构的动态匹配，促进组织内外的信息沟通，对创新目标进行充分的知识挖掘，从而达成创新共识；另一方面，需要通过给予创新主体充分的政治支持和组织保障，并在创新实践过程中培养和提升创新主体的创新能力，以此提高政府创新的持续性。

(三)政府创新管理的手段:激励、引导与绩效评估

上述目标的实现必须借助适当而有效的管理手段。杭州在政府创新管理的实践中通过一系列制度安排，在创新激励的设计、创新目标的设定、创新绩效的评估等方面形成了有力的管理手段。

1.创新激励的制度化"嵌入"

杭州的综合考评通过量化打分、分类比较、公布排名等方式为各个政府部门履行职责、提高效率提供了一种较强的激励方式。在综合考评中"嵌入"创新目标绩效考核，其制度逻辑即想要改变传统政府组织的"惰性"，为推动政府创新提供一个"四两拨千斤"的支点。虽然在市直单位和区县(市)的考核中分别只有 3 分和 5 分的加分，但由于相近排名的单位得分往往只有零点几的差距，创新目标绩效考核的得分对于整体排名的影响是十分显著的。这一制度设计看似简单，实则极大地激励了各个部门进行创新。正如当地干部讲的:"哪怕只有 1 分，也会尽 100 分的努力。"

2.创新目标的发现、引导与审核

有了创新的激励，紧接着一个关键的问题就是创新目标如何设定。在杭州的实践中，四个方面的合力共同作用使得政府创新的目标指向"回应真需求、解决真问题、取得真成效"。其一，注重公民导向的综合考评促使政府创新首先需要回应公众需求。在综合考评的实施过程中，每年都有上万名公众被邀请参加对市直单位的社会评价。考评办将那些关注度高、反映集中、影响较大的评价意见整理纳入年度《社会评价意见报告》，并向社会发布。相关责任单位根据评价意见确立整改目标，进行重点整改，并就整改工作做出公开承诺，接受社会各界的监督。这三个环节紧密衔接，为各个部门提供了一个发现和确立创新目标的有效机制。其二，创新选题目录的编制

为各个政府部门设定创新目标提供了指南。考评办在大量调查研究的基础上，于2012年拟定了《杭州市政府创新指南》，编制了《杭州市政府创新选题目录》。该目录涵盖经济建设、政治建设、文化建设、社会建设、生态文明建设、执政能力建设、社会评价意见整改重点跟踪项目等七个方面，从中观层面提出了方向性的创新项目选题，鼓励各部门结合自身实际进行有针对性的选择。其三，在提倡原创性创新的同时高度重视继承性创新，鼓励各部门对原有的创新项目进行深化、完善和提升，取得新的突破和成效，为创新的持续性提供了制度保障。其四，专家对创新目标的事前评审有效地降低了出现无效创新的风险。各个单位申报创新目标时需填写杭州市市直单位创新创优目标申报表，写明项目创新点、预期成本投入、受益群体和预期效益等内容，并附具体的实施方案。考评办组织相关专家对项目申报表进行评审。在综合评审得分和专家不同意进入综合评估得票数（半数以上）的基础上，淘汰不少于20%的申报项目。这在很大程度上保证了各个部门的创新项目具有正确的方向和较高的起点，避免了无效创新的出现。

3.创新绩效的综合评估

创新目标设定之后，各个政府部门负责组织实施，接下来就需要对创新项目的绩效作评估。杭州对创新项目的绩效评估主要由三块内容构成：一是考评办核验。各市直单位在年末提交项目绩效考核申请，由考评办对申报项目的完成程度，材料的真实性、准确性、完整性等情况进行基础性、程序性的审核。二是专家评估。由随机抽取产生的资深专家对每个创新项目的创新程度、组织实施难度、成本收益比、推动发展的直接效益与间接贡献、社会影响力以及推广扩散情况进行综合评估和量化赋分。三是满意度测评。在区县（市）特色创新目标绩效考核中，创新项目不仅要经过考评办核验与专家综合评估，还要进行“受益对象（服务对象）满意度测评”，对创新项目的实际效果和民众感知进行调查。从创新目标的引导审核到创新绩效的综合评估，构成了政府创新管理的“闭环”，在很大程度上保障了创新项目的真实性与有效性。

（四）政府创新管理的绩效：政府创新数量和质量的提升

在考评办的主导下，通过设定科学的管理目标，采取有力的管理手段，杭州的政府创新管理总体上取得了较好的绩效。

第一，各部门创新的积极性显著提升。从综合考评中创新项目申报的情况来看，2006 年到 2012 年，共计产生了 640 个创新项目。其中，各市直单位创新创优项目的年申报量从最初的 40 个增长到 2012 年的 103 个，创新项目的实施主体涵盖了广义政府的各个组成部分，既包括地方权力机关、地方行政机关和地方司法机关，也包括党委机关、群众团体、民主党派和部分承担公共服务职能的国有企业。

第二，创新内容和方式丰富多元。从创新的内容来看，各地各部门在理念思路、管理体制、运行机制、工作方法、政策举措等方面开展了大量创新项目，涉及政治文明、行政改革、经济发展、公共服务、社会管理、文化建设、生态环境等各个领域。从创新的方式来看，有的通过扩大公民参与等方式来实现决策、执行、监督方面的民主化；有的运用现代信息技术手段进行管理流程的再造，以实现政府权力的规范、透明、高效运行；既有基于本地区本部门实际情况的原创型创新，也有学习借鉴其他地区、部门的先进做法和经验并加以改造运用后的学习型创新；既有单个部门针对单一问题进行的创新，也有多个部门针对共同问题进行的联合创新。

第三，创新效益和持续性较为明显。在创新项目数量增加的同时，质量也在不断提升，项目平均考核得分率从 50%左右提高至 70%以上。“开放式决策”“政府管理与公共服务标准化”“公共自行车”“民主民生互动平台”等创新项目先后获得“中国地方政府创新奖”“浙江最具影响力党政工作创新典型”等荣誉，受到了社会各界的广泛好评。虽然有些创新项目由于各种原因没有持续下来，但多数创新项目能够保持常态运行，有不少还在不断完善和深化。比如杭州市纪委监察局围绕权力运行规范化、阳光化进行持续性创新，每年都有新的推进。经过几年的积累，大量点状分布的创新项目逐渐形成了一幅立体创新的图景，对于提高杭州市政府管理的整体绩效发挥了重要作用，产生了显著而持续的政治效益、经济效益和社会效益。

三、杭州政府创新管理的经验启示

杭州的政府创新管理脱胎于综合考评工作，可以说具有非常浓厚的杭州特色，但其中不少制度安排具有普遍的理论意义和实践价值。应该说，杭州的政府创新管理实践是率先“摸着石头过河”，不论是对政府创新管理的理论研究，还是对其他地区和部门探索政府创新管理，都能够带来许多有益的启示。

首先,政府创新是实现国家治理体系和治理能力现代化的重要路径,推进政府创新需要构建有效的政府创新管理模式。如果说政府改革更加侧重体制性、系统性的话,政府创新则更加侧重解决一些中微观层面的机制性问题,更加注重某一点上的突破。从这个意义上来讲,政府创新无法替代改革,却又在边际上推进政府改革,为改革创造有利条件,是实现国家治理体系和治理能力现代化的重要路径。当前,在中国地方政府的创新实践中,往往会遇到创新动力不足、创新目标偏离以及创新绩效不佳的问题。只有解决了这一系列问题,中国地方政府创新才能够有长足的进步。这就需要构建行之有效的政府创新管理模式,在创新的激励设计、目标设定、绩效评估等方面进行系统管理。

其次,政府创新管理的核心在于激励与引导政府创新,而履行这一管理职能需要构建一个专业的组织化平台。经济转型和社会转型不断倒逼着政府转型,不论是基于经济社会发展的压力,还是主政官员主动的政绩追求,各级地方政府和部门都有自发进行创新的愿望与冲动,这是非常值得鼓励和肯定的。然而,仅仅依靠这种自发性来推动政府创新在实践中已经产生了种种负面问题。比如各地区和部门常常基于本位主义各自为政,从而容易导致重复创新和创新的碎片化,浪费宝贵的行政资源,不利于政府绩效的整体改进。有些地方甚至因为政绩驱动单纯“为创新而创新”,出现了许多华而不实、缺乏持续性的“盆景式”创新或“伪创新”。因此,必须将推动政府创新作为一项系统工程,加强对政府自发创新的管理。特别是要从公共利益出发,打破地区和部门利益的藩篱,对政府创新进行战略性的统筹规划,克服本位主义,防止短期行为。履行这样一项全新的管理职能,需要构建一个专业的组织化平台。

再次,政府创新管理需要引入多元的参与主体,形成组织内外切实有效的信息沟通与反馈机制,实现“政府—市场—社会”三者的良性互动。政府创新对内要解决政府自身管理的问题,对外要重新界定政府与市场、社会的关系。前者仅依靠政府自身无法获得足够的创新动力,后者仅依靠政府也很难解决问题。因而,对于政府创新的管理也必然不是政府一元的管理,需要引入市场主体、社会主体的多元参与。杭州市考评办通过专业化的社会调查方式,收集社会各个层面的评价意见,发现政府各项工作中存在的不足和问题，以此为依据形成各个单位的重点整改目标，引领相关部门进行有针对性的创新。各个单位的整改目标、整改结果都通过报纸和网络向全社会公布，并进行满意度测评，形成有效的反馈机制。社会多元主体的参与使得政府组织内外的信息沟通更加顺畅，政府创新的指向更加明确。社会监督的强化以及反馈机制的建立，也有助于提高政府创新的回应性，提升治理绩效。

最后，政府创新管理需要更加注重推进政府创新的持续性和制度化。政府创新是为了提高行政效率、改善公共服务、增进公共福利而进行的创造性变革，不是标新立异，更不是“政绩工程”。每一项创新的实施，都需要耗费一定的行政成本和社会资源，创新失败有时难免，但对创新效益最大化的追求应该是一以贯之的。在以往的政府创新实践中，许多创新或者由于缺乏实质内容而死亡，或者由于领导更替而终止，造成了大量浪费。[①] 因而，政府创新管理需要解决的一个重要问题即怎么让政府创新更具有持续性。杭州的实践显示，一方面要对创新目标进行必要的引导、甄别和筛选，另一方面又要防止创新激励带来的“短期行为”，在项目申报中增加改进性和持续性创新的目标。此外，政府创新虽然是在某一点上的突破，但其更大的意义在于普遍性，能够推广和扩散。政府创新管理需要推动政府创新的制度化，一方面是在本地本部门稳定下来，另一方面是要提炼到更高层次，便于其他地区和部门学习借鉴，也有利于上级政府部门在更大范围内推广运用。当然在上述方面，杭州的实践只是进行了一些初步的探索，政府创新管理本身还需要不断创新。

① 高新军：《地方政府创新缘何难持续——以重庆市开县麻柳乡为例》，《中国改革》2008年第5期。

第三章　地方政府公共服务的改革创新

服务型政府是善政发展的终极目标，公共服务的改革创新直接服务于这一目标，在地方政府转型过程中居于重要地位。推进地方政府公共服务的改革创新，有两个问题值得特别关注：一是公共事业民营化的前提与限度问题。公平与效率的均衡、与民营经济的正和博弈以及与政府治理的良性互动分别是公共事业民营化的政治前提、经济前提和价值前提；而公共事业的亲市场品质和竞争的充分性则是民营化的内外限度。二是显性公共需求和隐性公共需求的区分与满足。政府既要通过满足显性公共需求减少“不满意”，也要注重发现隐性公共需求增加“满意度”。践行群众路线是发现群众真实公共需求的现实基础，也是创新政府公共服务的基本策略，这就要求领导干部必须深入社会进行调查研究，反对形式主义。

第一节　公共事业民营化的前提与限度

公共事业民营化因牵涉面之广泛、利益关系之复杂、核心理念之敏感而引起社会各界的普遍关注。自 1979 年撒切尔夫人主政英国、1980 年里根当选美国总统以来，先是西方发达国家纷纷效仿英美，相继开展了声势浩大的民营化运动；继之，绝大多数发展中国家和转轨中国家（如苏联和东欧国家）也参与到民营化运动中来，由此使得民营化成为一场持久的全球性运动，而且，这场运动依然远未结束。民营化已经成为新公共管理运动的主流，成为实现政府治理的有效策略。公共事业民营化二十多年来的实践证明，从总体上来说，民营化的成果是有目共睹的，虽然有些公共事业民营化的成效并不尽如人意，甚至个别领域民营化出现了适得其反的消极性结果，但是，作为当代公共管理改革的世界性潮流，民营化不会因其隐含局部负面效用风险而遭到毁弃，仍将在政府治理中扮演举足轻重的角色。

一、政治前提：效率与公平的均衡

毫无疑问，自民营化运动发轫至今，其基本的价值诉求一直指向经济、效率和效能，即"3E"(Economy，Efficiency and Effectiveness)目标。一般来说，营利性企业追求利润最大化的内在利益驱动使得实现"3E"目标成为其组织生存和发展的根本需要，即使在营利性的政府企业，这种动机也能够较好地为社会所认同和接受。但是，对现有的公共事业来说，是无法将利润最大化作为组织使命的，它们只能在保障社会利益(即公共利益)最优化的前提下，追求经济利益的较大化。换句话说，利润最大化不是公共事业的优先战略，而只是它们第二位的目标。不过，追求利润从来就不是公共事业的"副产品"，而是内在地包含于公共事业的多元目标之中。

在公共事业的多元目标中，公平与效率是一对主要矛盾。这一主要矛盾不仅贯穿于公共事业发展的始终，而且也贯穿于人类社会发展的始终。从矛盾论的角度来看，公平与效率之间的矛盾是公共事业发展的根本动力。只要公共利益存在，这对矛盾就不会消失。因此，公平与效率的均衡只是一定时期一定程度上对立矛盾的缓和，二者之间的矛盾并没有得到彻底解决，而是在新的发展阶段以更高的矛盾形式表现出来。这种螺旋式上升的矛盾运动决定了公共事业的发展逻辑。换言之，公平的增进和效率的提高统一于公共事业的发展过程中，以效率促公平，以公平带效率，是达成政府治理的出发点和落脚点。从公共事业发展的全过程来看，公平与效率不断获致的均衡应是二者在同向运动中水平和质量的共同提升。

所以，公平与效率在公共事业民营化进程中并不必然是非此即彼的不相容选择，二者之间的矛盾也不必然具有不可调和的对抗性。因此，单纯追求效率至上的"纯粹管理主义"和片面强调公平至上的"纯粹理想主义"，是两种不明智的政策偏好，因为这两种偏好的本质实际上是一样的，即将公平与效率的关系简化为直接的对立。事实上，公平与效率在民营化运动的长流中是应该而且能够达到激励兼容的。在这一点上，詹中原表达了类似的观点，"民营化政策也正如其他的许多公共政策，期望在公平与效率之间需求一个平衡点"，"效率由某些角度言，亦可提升社会之整体公平及正义水准"，"论及'公平'时，应要求民营化政策之推行兼顾'公平及效率'，而非用公平及正义来攻击民营化之效率”。[①] 萨瓦斯也认为民营化政策必须兼顾公平与效率，“一个决定性的挑战是对引进私营部门的过程进行管理，在保证公众利益的前提下，允许私营部门在这些领域的投资有一个合理的回报”[②]。

效率与公平的激励兼容是公共事业民营化的政治前提。因为，提供公共物品是政府的基本职责，民营化将公共物品的供给推向社会，其合理性的前提是这一措施应比传统的政府单一供给模式能够提供更加充分的公共物品。公共物品应具有共享性，但民营化后的公共物品肯定会由于收费而导致排他性，从而削弱政府作为社会公平实现机制的基本功能。所以，政府推行公共事业民营化必须要以坚持公平性为政治前提，合理的制度安排应是实现效率与公平的基础。因此，公共事业民营化政策的价值取向，归根结底要落实到效率与公平的均衡这一根本的政治前提上来。只有更多地满足公共利益的需求，更进一步地实现社会整体公平，公共事业民营化才能在其实施和推行的全过程中获得连续的政治支持。而连续的政治支持程度的高低，直接反映着公共事业民营化政策的政治前景。一个支持度很低的民营化政策，即使民营化后的某一公共事业的实际绩效在一定时期内很好，也无法长期将这一发展势头保持下去。因为在这种情况下，社会整体公平往往遭受到明显威胁甚至是极大危害，企业的个别效率增速越高，其造成的实质性损害越大。如果对社会公平的损害逐步累积，民营化政策的政治支持就会逐渐丧失，当损害累积到严重不公时，民营化政策的政治前提也将不会继续存在。这说明，如果公共事业民营化以效率最大化为首要的或唯一的价值目标，它将会在背离政府赖以存在的根本宗旨和使命的方向上越走越远。

二、经济前提：与民营经济的正和博弈

如果说公平与效率的均衡是民营化的政治前提，那么民营经济的充分发展和比较发达则是民营化的经济前提。在公共事业民营化的前提条件

---

① 詹中原：《民营化政策——公共行政理论与实务分析》，五南图书出版有限公司，1994 年，第 102 页。

② ［美］E. S. 萨瓦斯：《民营化与公私部门的伙伴关系》，周志忍等译，中国人民大学出版社，2002 年，第 161 页、第 342 页。

中，政治前提是根本，经济前提是基础。在公平与效率达成激励兼容的基础上，经济前提的重要作用将会凸现出来。民营化与民营经济之间有着天然的联系：民营化的顺利推进有赖于民营经济的物质支持，而民营经济的发展壮大和跃升离不开民营化。

第一，民营经济的充分发展和初步发达是民营化顺利前行的物质基础和逻辑延伸。一般来说民营经济越发达，民间资本越充裕，则民营化的实践效果就越好。而对公共事业而言，可选择的民营化方式多种多样，政府的无偿赠予或无偿转让也曾在一些国家实践过，这种"无偿式"民营化是可以不需要充裕的民间资本的，当年日本明治政府就是在民间资本比较贫乏的时候，通过"殖产兴业"等示范作用来带动民间资本，并在适当的时候利用无偿转让的方式实现了成功的较大规模的民营化。① 但这种民营化方式会带来严重的不公和腐败问题。事实上，签约外包已经成为理论界和实际部门比较倡导的民营化方式。这种"承包式"民营化暗含着这样一个逻辑前提，即民营经济已经充分发展，民间资本已经比较充足。在中国大陆民营经济最为发达的浙江省，公共事业的民营化运动比较而言也更为有声有色。浙江省统计局公布的数据资料显示，2012 年，浙江省民营经济的增加值占 GDP 的比重达 63.8%。民营经济的快速发展，带来了民间资本的存量和增量的同时提升，从而使其有雄厚的实力介入到公共事业的民营化运动中来，浙江省高速公路的超前发展较好地解释了这一现象。另一方面，民营经济的充分发展必然会延伸到公共事业领域，因为它的示范作用将对公共事业施加强大的外部影响力和推动力，从而使得具有亲市场属性的公共事业在面对巨大的诱惑的同时也面临着空前的压力，在诱惑和压力的共同作用下，公共事业走上民营化的道路是可预见的理性选择。

第二，民营化可以成为民营经济的润滑剂和助推器。不论采用何种形式或哪种方式，如果民营化政策推行得比较顺利和平稳，公共事业民营化将会促进民营经济的成长。也就是说，如果政府的民营化政策很好地符合和顺应了公共事业发展的要求，那么，民营化将有利于民营经济在存量和增量上的快速积累。改革开放三十多年的历史，从某种意义上来说是一部民营

---

① 陈建安编：《日本公有企业的民营化及其问题》（复旦大学日本研究中心第五届国际学术研讨会论文集），上海财经大学出版社，1996 年。

经济发展壮大的历史。但总体而言，我国内地民营经济的发展仍然比较落后。虽然相对发达的东部地区在民营经济的成长上取得了局部的成绩，但是，民营经济的重要性没有真正体现出来。内地民营经济的发展现状不仅与发达国家存在着巨大的反差，而且与我国的香港、台湾地区之间也存在着明显的差距。只有加快弥补与发达国家和地区的差距，民营经济的重要性才能充分显现出来。

就现实情况而论，我国目前公共事业的存量非常庞大。由于多种因素的牵制，公共事业的发展已经遭遇到诸多瓶颈，越来越难以满足日益增长的公共需求，甚至在个别情况下，公共事业还走向了公共利益的对立面。要扭转公共事业发展的不利局面，不仅要在公共事业的体制内引进改革，寻求发展的内源性动力，而且要在公共事业的体制外寻找机会，寻求发展的外源性推力。而公共事业的民营化，既为公共事业的发展提供了良好的机遇，也为民营经济的壮大提供了有力的支持。当庞大的公共事业存量进入民营化轨道后，民营经济就会受益于外生性积累的强大支持而加速发展。

因此，我们不难得出如下结论：民营经济的稳步发展有利于更好地促进公共事业的民营化进程，因为它为民营化提供了充分的物质准备；同时，公共事业民营化的发展有益于进一步促成民营经济的繁荣，这种循环往复的正和博弈，构成了公共事业民营化的经济前提。

三、价值前提：与政府治理的良性互动

民营化作为新公共管理运动的主流，必然会与政府治理有着密不可分的内在逻辑。政府治理为公共事业的民营化指明了前进的价值，即民营化是为了实现有效的政府治理，或者说是为了实现善治；另一方面，民营化为实现政府的有效治理提供了可行的手段。从这个意义上来说，民营化本身不具有价值，它充其量只是实现价值的手段。因此，如果从价值层面上来定位的话，民营化只是政府治理的基本策略而非主要战略。

（一）有效的政府治理是民营化的价值诉求

就公共事业而言，民营化本身不是价值目标，而是实现政府有效治理这一价值目标的基本策略，因而是一种工具性价值。这种工具性价值只有成功地应用于政府治理，才具有意义。因此，能否与政府治理形成良性互动，

决定了公共事业民营化的价值前提。

如果从民营化与政府治理的良性互动出发，有效的政府治理内在地包含了政府为回应公共事业改革的需要，积极主动地制定出切实可行的民营化政策，为公共事业的民营化提供必要的政策支持和科学的路向指导。有研究者指出，政府对民营化企业的多方爱护、有效指导和得力支持，是民营化企业健康成长的重要条件。① 可以说，政府在公共事业上的治理意愿和治理能力构成了民营化的合理性基础和法理来源，而这种意愿和能力实际上成为公共事业在民营化问题上取得合法地位的价值前提。当合法性得到正式确认之后，公共事业民营化在价值实现上就与政府治理形成了共生的良性互动。

（二）民营化是政府治理的基本策略

对公共事业实施民营化，实际上隐含了这样一个前提性假设：公共物品的质与量都存在着重大的缺陷，因而无法满足社会需求，甚至已经严重损害到整体意义上的公共利益，即公共物品供应形式上的机会均等（“形式公平”）对社会整体的真实公平（“实质公平”）造成的损害已经超出了公众的心理容忍限度。简而言之，就是低社会效益（低公平）与低经济效益（低效率）同时并存。这一假设很容易为我国当前公共事业的现实所证明，公共事业的低公平与低效率的同时并存，的确是比较普遍的现象。但是，要对存在下列三种情况的公共事业实行民营化，则需谨慎行事：(1)兼有低公平与高效率的公共事业；(2)兼有低效率与高公平的公共事业；(3)兼有高公平与高效率的公共事业。

1. 兼有低公平与高效率的公共事业

此类公共事业可能本来就应该属于民营的领域，只是由于当时人们认识的局限性、意识形态的影响等原因使得企业的归属被错划。这类企业不仅应该民营化，而且应该彻底民营化。另一方面，我们也不排除这类公共事业是以牺牲社会整体公平为代价，背离自身的宗旨和使命，从而导致以利润最大化的目标驱逐公共利益最大化的目标，进而使得公平与效率严重不相

① 陈建安编：《日本公有企业的民营化及其问题》（复旦大学日本研究中心第五届国际学术研讨会论文集），上海财经大学出版社，1996 年。

容。在这种情况下，要解决公平与效率的矛盾，就需要政府的合理引导和科学指导，使此类公共事业在保证公平最大化的前提下，有自主追求企业利润较大化的空间和能力。虽然这种公共事业有民营化的可能性，因为它们本身具备了可营利性的品质，但始终不能离开政府的积极引导和有效指导。

2.兼有低效率与高公平的公共事业

这类公共事业主要关系到社会稳定与国家安全。如果对这类企业实行民营化，可能会引起社会的重大不公或社会的严重不安，比如社会弱势群体的基本生活保障、社会治安与国防等，我国现有的国情决定了在非常漫长的时期内不适宜对此类企业强行民营化。

3.兼有高公平与高效率的公共事业

对此类公共事业而言，政府是否愿意放弃当前的利益，以便将精力集中在为社会提供更好的服务上，将取决于政府财力、政府治理能力与水平等多种因素的共同博弈。理论上来讲，在这种最有利的情势下，政府在公共事业的运营形式上可以有三种选择，即彻底民营化、公私合营以及继续保持公营。可以推测的结论是，如果公共事业在未进入民营化之前就能够做到高公平与高效率同时并举，那么，这三种选择都是可行的，而到底采用哪种方式，将由政府的政策偏好决定。

通过上述分析，我们可以发现民营化并不是“万能公式”，它自身的限度决定了它在政府治理中的地位。尽管民营化是“新公共管理运动的主流”[①]，但是，因其固有的局限性和可适用范围，它在政府治理中的地位始终都只是策略性的，而不是战略性的。也就是说，民营化自诞生第一天起，就始终是政府治理的一种基本工具，而从来没有被赋予终极价值，它至多仅具备一种实现政府有效治理的工具价值。换言之，民营化只是政府治理的基本策略，而不是也不应是政府治理的主要战略。当民营化与政府治理构成良性互动后，公共事业民营化的价值前提就能够得到保障。

四、公共事业民营化的可行性及其限度

在政治前提、经济前提和价值前提都已具备的基础上，民营化是否切实

---

① ［美］E. S. 萨瓦斯：《民营化与公私部门的伙伴关系》，周志忍等译，中国人民大学出版社，2002年中文版，第161页、第342页。

可行会受到公共事业内外限度的双重制约。就其内在限度而言，只有在民营化能够充分发挥作用的领域内，公共事业改革才能取得成功。在这场持续的改革中，公共事业既是民营化的对象（即客体），又是民营化的主体，也就是说，民营化进程中的主客体是二位一体的。因此，公共事业的基本性质构成了民营化的基本前提，即公共物品（包括有形物品和无形服务）的基本属性构成民营化的主要限度。无须赘言，并非所有公共物品的供给都能够采用民营化的方式，那么究竟具有哪些基本属性的公共物品适宜以民营化的方式来提供呢？可以概括如下：

（一）可竞争性

这是介于竞争性和非竞争性之间的一种过渡性质，它意指这样一种可能性，即某个消费者对某一公共物品的消费可能会妨碍或排斥他人共享，并因此可能减少或降低他人消费这种公共物品的数量或质量；或者某一公共物品在供应的全过程中，其中的某些环节具有竞争性，以及合理的竞标时限的可分割性。前一种情况如城市公交、地铁等公共物品，后一种情况如城市供电、供水和供气中的网电分离、管水分离和管气分离。

（二）可排他性

这是居于排他性和非排他性之间的一种中间状态，它意指将消费某一公共物品的搭便车者排除在外的技术上的可行性和经济上的合理性。可排他性为公共事业民营化的可行性提供了一条重要的参考标准，但不是唯一标准。可排他性的判断不仅应着眼于经济和技术的尺度，还应着眼于公共利益最大化即社会整体公平的尺度。如果同时符合这两个尺度的要求，那么，此类公共事业是适合民营化的，例如公园、高等教育、高速公路等公共物品。这些公共物品在享用上的可排他性，不会引起严重的社会不满，也不会造成严重的社会不公。但是，类似基础教育等公共物品的供应，则不宜大规模民营化。虽然基础教育也具有可排他性，但是，这种公共物品大规模民营化会造成社会的严重不公，因为贫困家庭的孩子将会因享受不到应有的教育而无法获得基本的生存技能。这种向公平要效率的做法是不可取的。因此，在可排他性上应把握好民营化的尺度。

（三）可营利性

这是处于营利性和非营利性之间的一种弹性状态，它意指某一公共物品的供应允许在“全部成本价格”[①]的基础上有一定的营利弹性空间，但是，营利始终不应是第一位的目标。供应公共物品的公共事业必须以公共利益最优化为永恒的价值诉求，在此基础上，公共事业为了自身的生存和发展，可以而且应该自由追求包括营利在内的其他多元目标。这实际上又回到了公平与效率均衡的命题上来。公共事业适度营利空间的存在，既有利于公共事业本身的发展，也有利于维护和扩展公共利益，从而更加充分地促进公平的普遍形成。

（四）弱强制性

这是位于强制性和非强制性之间的一种弱强制状态，它意指某一公共物品的属性中包含了强制性的色彩，但这种强制性既不是该公共物品唯一的属性，甚至也不是该公共物品的主要属性，因此，该种物品可能不需要借助拥有强制权力的公共部门来供应，而且，这种可能性并不会导致公共物品供应的数量和质量的明显下滑，甚至在某种程度上可以促进这种物品质与量的同时提高。例如，关押普通罪犯的监狱、维护城市交通秩序的“路管”、高等院校及其他非保密性国家机关的门卫等，这些都不具有非常鲜明的强制性，因而在事实上具备了亲市场的意向性，这就为可强制性公共物品的民营化提供了充分的依据。

通过对可竞争性、可排他性、可营利性和弱强制性的分析，我们发现，公共物品在兼具这四种性质中的几种或具有其中某一种性质时，如果其他条件比较充分，比如时机成熟、民间资本充足、政策鼓励、法律允许等有利条件已经具备或正在逐渐形成，那么，此时的公共事业不仅可以而且有利于推行民营化。

事实上，公共事业的上述内在属性，只是表明它们本身具备了可民营化的品质，而且，这一品质是决定某一公共事业能否民营化的根本性限度。因此，在民营化政策制定之前，必须慎重地对公共事业的内在品质进行周详的考量，从而避免操之过急或一哄而起而造成适得其反的不良后果，导致民营

① Calvin A. Kent. *Enterpreneurship and the Privatizing of Government*, New York, N. Y.: Ouorum Books, 1987.

化最终可能成为“落在坚硬干燥的土壤上的一粒种子”。[①] 换句话说，公共事业的亲市场品质是决定其民营化的根本依据，民营化必须基于这一内在属性，才能为其成功提供可能性。因此，公共事业的基本属性构成了民营化的内在限度。

但是，民营化要获得真正意义上或最终意义上的成功，必须是内在限度和外在限度共同作用的结果。在公共事业内在限度具备民营化品质的基础上，其外在限度就转化为民营化的主要矛盾。如果说公共事业的内在限度是其民营化的根本动因，那么，公共事业的外在限度则是民营化成效的根本保证。我们认为，这一外在限度主要集中在竞争的充分性这一层面上。

“真实的民营化”实际上与竞争是紧密相连的。如果竞争不充分甚至没有竞争，那么公共事业的民营化则只能是形式上的“假冒的民营化”，其后果可能比公共事业维持原状所带来的情形更为糟糕。因此，偏离了竞争，公共事业的民营化很难获得成长性空间，公共事业的发展也将随之失去生命力。可以说，没有竞争，就没有真正的民营化，竞争是民营化的生命线。正是从这个意义上来说，民营化的本质就是竞争。因此，在公共事业的民营化领域中，竞争的重要性和必要性在理论界达成了相当的共识。迈耶等人认为，“当竞争存在时，民营化就具有减少成本和改善城市服务质量的潜力；如果没有竞争，这种改革就可能没有什么效果，甚至可能导致服务水平的下降”，“建立并维持有效的竞争，可以使取消管制和民营化所取得的效益得到极大的提高”。[②] 研究民营化问题的大师萨瓦斯对此表达了类似的观点，“民营化意味着在公共服务的提供中取消垄断，引进竞争。只要促进竞争的程序健康有效，公众就会从竞争中受益”。[③] 亨利的观点似乎更为直接，“竞争而不是民营化可能是带来更有效率与效能地提供服务的真正原因”。[④] 沃尔

---

① [美]约瑟夫·R.布拉西、玛雅·克罗莫娃、道格拉斯·克鲁斯：《克里姆林宫的经济私有化》，乔宇译，上海远东出版社，1999年，第188页。

② [美]约翰·R.迈耶、约瑟·A.戈曼兹—伊伯尼兹：《走向民营化：交通运输业民营化的国际经验》，曹钟勇译，中国铁道出版社，2000年，第38页、第91页。

③ [美]E.S.萨瓦斯：《民营化与公私部门的伙伴关系》，周志忍等译，中国人民大学出版社，2002年，第161页、第342页。

④ [美]尼古拉斯·亨利：《公共行政与公共事务》（第八版），张昕等译，中国人民大学出版社，2002年，第577页。

斯顿对竞争在民营化中的决定性作用也做出了回应，"一个垄断供应商，不管它是国有还是民营的，与竞争环境中的企业相比，它总是缺乏足够的激励，以提高服务，降低价格"，"竞争才是最有效的改革手段"。①

需要指出的是，民营化后的部分公共事业由于其自身的某些特殊属性，往往可能会从初始的相容性竞争走向排他性垄断，例如供水、供电、供气，由于管网建设成本特别巨大，因此，在有限的同一个地域范围内，很难允许多家企业同时经营，这就很容易导致企业因为没有或者少有竞争对手而走向垄断，而且，即使有少许竞争对手，也难以保证这些企业不会联合共谋以牟取垄断利润。如果公共事业由此演变为追逐垄断利润的企业，那么，它们就动摇了本身得以存在的根基，即以严重损害公共利益为代价来获得企业的经济利益的最大化。这实质上是以损害社会的整体公平为代价来迁就企业的个别效率，因此不仅无助于公平与效率矛盾的解决，反而会使得二者的矛盾尖锐化。所以，公平与效率的兼容，必须满足这样一个条件，即每一公共事业的个别效率都始终以增进社会的整体公平为主要目标，而社会的整体公平有利于促进公共事业整体效率的提高。这样，公平与效率就能够相互促进，而且，每一次的促进都将在一个新的更高的起点上达到均衡。很明显，公共事业民营化如果以损害社会整体公平为代价，依靠垄断而达到个别效率（垄断利润）的增长，那么这种增长越高，社会整体公平受损则越严重。这种建立在社会整体公平严重受损基础上的个别效率的增长，将是无法维持的，而最终也将是不真实的。因此，公共事业的民营化，必须在其全过程中贯穿全方位的有效竞争，才能获得实质意义上的成功。而这种竞争有赖于一种健康的竞争机制的建立和健全，即在公共事业的民营化过程中，民营化的事前、事中和事后都引入了行之有效的竞争机制，从而确保公共事业在民营化的前期有竞争的准备（比如多家企业竞标）、中期有竞争的压力（比如生存与发展的压力）、后期有竞争的渴望（比如在一定年限后有可能重新回到市场上参与竞争）。

总之，公共事业民营化的政治前提、经济前提、价值前提及其内外限度从五个维度上共同作用于民营化的进程。而公共事业民营化的进程始终都

---

① 斯科特·沃尔斯顿：《在规制和民营化之间：改革的顺序选择——以电信行业改革为例》，费丽萍、孙宽平译，《经济社会体制比较》2003 年第 3 期。

围绕着公平与效率均衡的主题而展开，因此，公平与效率同向增进与否，实际上在很大程度上决定着民营化的成败。当公平与效率在公共事业的改革中达致了较好的均衡，那么，政府也实现了有效的治理，并促进政府走向善治。

第二节　以公共需求为导向的公共服务创新

“为人民服务”是中国共产党的根本宗旨，也是“人民政府”的题中之意。建立让人民满意的服务型政府是马克思主义政党的本质要求，也是中国共产党孜孜以求的执政理想。党的十八大明确指出，要建立职能科学、结构优化、廉洁高效、人民满意的服务型政府。人民对政府的满意度，不仅直观地反映着人民对党的执政绩效的评价，也深刻地体现着当前党的执政根基的稳固程度。只有持续地获得人民的满意和支持，中国政府才可能在全球化的大浪潮中毅然前行。

一、显性公共需求与隐性公共需求

公共服务与人民满意的内在关系。一般而言，满意度取决于需求的满足程度，可以表达为“满意度＝满足/需求”。公共服务满意度是公众接受政府所提供公共服务的实际感受与其需求期望之比较的程度。当人民群众的需求得到充分的满足，那么相应的，其满意度往往就会比较高。换句话说，高供给往往能带来高满意度。但问题在于，高供给同时会受到公共资源有限性的约束。当前，我国的公共资源相对还比较匮乏，而广大人民群众的公共需求却日益增长，因而一味追求高供给必然是不可行的。在这样的矛盾背景下，党和政府必须探索如何运用有限的公共资源来获取人民的高满意度的可行路径。事实上，我们发现这样的现象，即有些公共服务在资源支出并不多的情况，也获得了人民群众很高的满意度。仔细分析可以发现，这些公共服务往往针对的是那些人民群众尚未对政府提出明确诉求的公共需求。由此，我们认为，公共服务不仅要在供给层面优化升级，更应该在需求层面努力探索。

公共需求的两种类型。按照人民群众的认知程度，公共需求实际上可以分为两类，即显性公共需求与隐性公共需求。所谓显性公共需求，即那些群众已经认识到，并提出明确诉求的需求。而所谓隐性公共需求，则是指尚未被群众充分认识，但客观上需要，因而没有向政府表达明确诉求的需求。满足显性公共需求是基础，在目前制度和资源的约束下，政府还不能充分予以满足，只能通过不断改革创新，逐步予以解决。但是，满足隐性公共需求，则可以在一定程度上缓解显性公共需求与政府有效供给之间的矛盾，增进人民群众对政府的满意度。即便未能有效提供，人民往往也能予以谅解，表达出“没有满意而非不满意”。

政府创新的目标在于提高人民群众满意度。对于中国政府而言，公共服务供需矛盾的长期存在，使得倡导公民需求导向成为提供公共服务、构建服务型政府的必然要求。但是，在一个社会中，公共服务需求和优先事项安排是由该社会的发展水平决定的。当社会发展水平较低时，人们的公共需求较少，政府通过回应性公共服务能够加以满足；但是当社会进一步发展，人们的生活水平达到较高程度时，公共需求就会处于一个更高的层次，呈现出广泛性、强烈性、多样性和个性化特征，希望政府能有力地、有效地满足他们的需要。[①] 于是，公共需求的多样化和无限扩张与公共资源和政府公共服务能力的有限性之间的矛盾越来越突出，加上现有的回应性公共服务本身具有滞后性，一旦政府不可能有效满足多样化的公共需求时，便会导致公共服务的供需不平衡，进而导致公众对政府的不满意增加、支持率下降，降低政府的合法性权威。

这种现象其实是伴随着当代中国政治文明进程同步出现的，政治越发展，公众对政府的预期越高，一旦公众高预期的需求没有得到及时回应和满足，那么极易导致公众对政府的不满意。这引发我们进一步思考：如果公众对某项公共服务预期较低甚至没有预期，但这项公共服务却“出乎意料”地满足了实际需求，则将极大地提升人民对政府的满意度。这是因为满足显性公共需求不仅需要时间逐步推进，而且往往只能限定在“没有不满意”的范围内，然而倘若政府能够适度满足隐性公共服务，则能有效提升人民群众对政府的满意度，弥补在显性公共需求上的不足。因此，政府在及时回应显

① 赵永建、曹现强：《公共服务：政府发展的一种更高级形态》，《河北学刊》2013年第9期。

性公共需求的同时，适时主动发现隐性公共需求便成为政府创新的突破点，这也成为创建满意政府的必然要求。

二、群众路线、调查研究与公共服务创新

（一）践行群众路线是公共服务创新的基础

脱离群众是导致政绩工程的根本原因。广大人民群众的信任和支持是中国共产党的执政之基，而提供人民满意的公共服务是获取信任和支持的必要条件。中国共产党具有优良的作风和传统，在党和政府的指导下，近年来，各级地方政府在如何有效提供公共服务，建立人民满意型政府方面进行了诸多实践。但是，从实践效果上看，许多以"民心工程""群众性活动"为名的实践，尽管耗费了大量的人力物力，加剧了公共资源的紧张程度，但是却往往难以真正满足人民群众的实际需求，甚至沦落为"政绩工程"。导致这种结果的原因很多，其中政府官员脱离群众，决策中形式主义严重，不了解群众的真实需求，是根本原因之一。政绩的核心是实现人民群众的利益，只有把人民群众"满意度"作为首要绩效评价指标，政府的公共服务才能体现社会需求，才能提升公众对政府的信任、增强政府的合法性、巩固中国共产党执政的基础。

从人民的需求出发提供公共服务，践行群众路线是基础。建设人民满意的服务型政府，其最基本的特征就是根据人民的需求而不是政府自己的需求提供公共服务。毛泽东曾指出："在我党的一切实际工作中，凡属正确的领导，必须是从群众中来，到群众中去。这就是说，将群众的意见（分散的无系统的意见）集中起来（经过研究，化为集中的系统的意见），又到群众中去宣传解释，化为群众的意见，使群众坚持下去，见之于行为，并在群众中考验这些意见是否正确。然后再从群众中集中起来，再到群众中坚持下去。如此无限循环，一次比一次更正确、更生动、更丰富，这就是马克思主义的认识论。"[①]邓小平强调："党的正确的路线、政策是从群众中来的，是反映群众的要求的，是合乎群众的实际的，是实事求是的，是能够为群众所接受、能够

---

① 毛泽东：《毛泽东选集》（第3卷），人民出版社，1991年，第899页。

动员起群众的，同时又是反过来领导群众的，这就叫群众路线。”①江泽民曾高度强调：“我们党的最大政治优势是密切联系群众，党执政后的最大危险是脱离群众。”②胡锦涛也曾指出：“实现群众的愿望，满足群众的需要，维护群众的利益，是一个动态的不断发展的过程。我们要细心体察群众愿望和利益要求的变化，使我们的政策措施更全面、更准确地反映群众利益，使我们的工作更好地、更有力地体现群众的利益。”③习近平在党的十八届二中全会上，也着重指出：“‘知屋漏者在宇下’，为群众办好事、办实事，要从实际出发，尊重群众意愿，量力而行，尽力而为，不要搞那些脱离实际、脱离群众、劳民伤财、吃力不讨好的东西。”④

要提升人民群众对政府公共服务的满意度，公共服务供给必须切实地符合公共需求。不仅如此，政府必须充分认识到公共需求存在两种基本类型，包括显性公共需求和隐性公共需求。对于显性公共需求，政府应当尽可能地予以有效回应，从而保证人民群众不会产生不满意的感受。而对于隐性公共需求，政府应当尽可能地予以发掘，从而主动地提供人民群众所需却未充分认知的需求，这能够有效地提升人民群众对政府的满意度。

杭州市公共自行车项目的落实为我们提供了有益启示。杭州市公共自行车交通服务系统于 2008 年 5 月 1 日试运营，同年 9 月 16 日正式运营，至 2015 年 10 月底，从规模上看，已具有 3504 个服务点，84100 辆公共自行车，日均租用量达到 44.86 万余人次，免费使用率超过 96%。该系统通过了国家住建部市政公用科技示范项目验收并荣获国家华夏二等奖，被英国广播公司(BBC)旅游频道评为“全球 8 个提供最棒的公共自行车服务的城市之一”。在传统的观念中，自行车是一种私人用品，政府没有义务购置。但在现实生活中，自行车是群众普遍需求而又十分烦恼的物品，群众面临停车

---

① 邓小平：《提倡深入细致的工作》，《邓小平文选》(第 1 卷)，人民出版社，1994 年，第 288 页。

② 江泽民：《全面建设小康社会，开创中国特色社会主义事业新局面》，《江泽民文选》(第 3 卷)，人民出版社，2006 年，第 572 页。

③ 胡锦涛：《在全国防治非典工作会议上的讲话》，《十六大以来重要文献选编》(上)，中央文献出版社，2005 年，第 404—405 页。

④ 习近平：《在党的十八届二中全会第二次全体会议上的讲话》，《光明日报》2013 年 3 月 1 日。

难、修车难、失窃多、公交出行“最后一公里”等各种出行难题，杭州市政府敏锐地发现这一公共需求问题，向市民提供公共自行车，在落实公共自行车项目的过程中，比如在服务点设置、服务价格调整、配套设施建设等问题上，政府都广泛地征求人民群众的意见，获得群众一致好评。这一案例充分说明，公共服务的提供应以公众的需求为基础，适应群众需求多样化、多层次的特点，而政府满意度就是在一次次让群众满意的公共服务中获得的。

(二)通过调查研究发掘真实的公共需求

调查研究重在发掘人民群众真实的公共需求。为人民服务是政府部门的工作宗旨，但是由于政府与群众在认识视角上存在差异，因而，二者需要不断地进行交流、互补和融合，调查研究便是党政领导和群众不断进行信息反馈的重要环节。公共服务需要以民众的需求为基础。不过，民意并非单个人的意见，而是在个人意见基础上综合为“公意”的民意。公众的需求也并非个人的需求，而是在个人需求基础上综合起来的公共需求。但是，单个人对公共问题的看法往往带有个人偏见，有些往往是个人问题、个人的需求，因此，政府有责任提供一个合理的民意和公众需求的表达、聚合机制，引导公众去掉个人偏见、个人问题及纯粹的个人需求，从中提炼出公共问题和公共需求，这往往就是公众还没有意识到的隐性公共需求，从而建立集体的共享的公共利益观念，创造共享利益和共同责任。[①] 只有深入社会进行调查研究，才能准确掌握群众的所需所急所盼所忧，才能找到群众最需要解决的利益问题，才能克服政府决策中的形式主义，才能探索政府创新的努力方向。

调查研究应掌握科学方法，拒绝形式主义。在具体的调研当中，政府部门要科学地设计调查方案，明确每一次调查的目的，选择代表性的调查点，通过座谈会、论证会、听证会、公开征求意见、问卷调查研究、个别走访等方法，掌握第一手资料。确定影响公共需求的关键因素，建立改进优先顺序，更有效和合理地利用资源提高政府满意度。只有在广泛收集信息的基础上，才能使公共服务更有针对性，公共需求的满足更加有效。政府要精心设

① 汪来杰：《公共服务中的公民参与问题分析》，《河南师范大学学报(哲学社会科学版)》2008 年第 9 期。

计公共需求调查方案，使广大群众显性的公共需求表达通畅，并深入挖掘公众的隐性公共需求。同时，政府还要有公共服务的引导意识，通过发现“公共性”的需求，克服社会和市场对经济利益的无序的追求，完善立法和对公益的制度和法律保护，形成政府的服务品牌。同时，通过和公众的有效沟通，逐步完善公共服务执行过程中的不足，使政府与广大群众在公共需求的满足中形成良性互动。因此，领导干部应立足基层、深入调研，通过对话主动地去了解公共需求、发现公共需求，解决与民众的沟通难题。

调查研究应创新方式方法，推进制度化、网络化方式进程。从公共服务供给变迁态势看，网络化是实现公共服务供给向更高层次发展不可低估的推动力量，它注重多元主体的参与能力建设，但更需要加强政府的治理建设。因此，政府应建立制度化的学习与培训机制，学习科学的社会调查方法，增强与公众沟通的能力以及发现隐性公共需求的能力，从而解决公共需求矛盾、建立信任关系、共享信息和明晰公共性目标，增强对网络内外个性化公共服务诉求的回应力。① 随着社会的发展，政府将面临愈来愈多的公共问题和日益增长的公共需求，而公民对公共服务政策决策的要求也日益提高。因此，利用互联网信息传递优势，运用先进的技术、科学的统计方法和决策工具以及正当的程序应成为政府的合理选择，真正创新公共服务和赢得人民的满意度。

发掘人民群众的公共需求，切实践行群众路线是根本策略。领导干部必须树立正确的政绩观，深入社会调研，在沟通和交流中了解人民群众的生活境况，从中思考、把握人民群众的显性与隐性需求。在认识群众真实公共需求的基础上，制定合理的政策，提供相应的公共服务，从而在满足显性需求的同时不断提升满足隐性需求的能力。只有这样，政府才能在资源约束下，最大化地提升人民群众对政府的满意度。

---

① 吴春梅、翟军亮：《变迁中的公共服务供给方式与权力结构》，《江汉论坛》2012 年第 12 期。

第四章　地方府际关系与县政的改革创新

近些年，省直管县改革深受学界关注，由于改革涉及范围广，对我国纵向行政体制变革较大，因而引发了学者们的热烈讨论。任何一项政府改革都不能脱离具体现实，省直管县改革成功与否，也取决于它对我国具体国情的适应程度。纵览当今世界各国，不同国家在人口规模、国土面积和历史人文方面呈现出迥然不同的特征，这些最终都反映在各国形式各异的行政区划与府际关系中。我国从秦代开始就确立了以县为地方基本行政单元的格局，历经两千余年，虽有反复但仍得以延续，显示出县一级行政区划的稳定性与生命力。自 20 世纪初叶开始，随着国门被坚船利炮打开，国人在反思中开始了现代化的最初尝试。现代化的核心推动力是工业化，城市化作为工业化的自然衍生，在接下来的一个世纪里也从未停止它的脚步，而“市”作为工商业和人口的集聚中心，也超越了它以往的内涵，以新的形式登上历史舞台，并逐步成为消解县制的一股强劲力量，一直持续到今天。

首先，在现代化的浪潮中，城市的区域扩张导致了县域的收缩。张之洞兴办的近代工业，最终使汉阳这个传统的农业县成为中国近代工业的发祥地，融入了新兴的大武汉之中，成为近代工业化与城市扩张的一个缩影。其次，“市”与“县”两类政府也在地方管理的主导权上展开了持续的争夺。新中国成立以来，“省管县”体制与“市管县”体制在地方上的平行存在和此消彼长就折射出地方权力的持续博弈。

在市管县体制反复变化的背后，是我国制度统一性与各地区发展水平非均衡性之间的张力作用。制度供给的无差别化和制度需求的多元化这对矛盾始终贯穿府际关系的变革历程。在县域经济社会发展比较成熟的东部地区，“市管县”体制的积极作用正不断地被消解，而在县域经济社会发展比较滞后的中西部地区，“市管县”体制的资源整合协调优势尚待挖掘。因此，如何根据各地资源禀赋与发展阶段进行制度供给成为改革成功的关键。

浙江省县域的独特发展历程就是一个例证。20 世纪 80 年代初，中央在全国范围内推行市管县体制，短短几年市管县便成为全国绝大多数省区的基本体制。但对于浙江省来说，这未必是最优的制度安排。浙江的民风偏重实用主义，历史上诞生于浙江的永嘉学派便以提倡“事功”而著称。改革开放前，浙江的地下市场已经反复萌动，而当市场的大门向普通民众敞开的时候，浙江的民营经济短时期内就迸发出巨大的活力，呈现出燎原之势。在这样的大趋势下，更加注重放权让利的省管县体制便显得更合乎时宜。于是，浙江省创造性地将财政省管县与行政市管县两种体制结合，又对各县书记、县长实行省直接领导的体制，为浙江县域经济的腾飞奠定了制度基础。作为民营经济主战场的县域没有因为行政上的市管县而损失发展活力，反而在浙江省的接连放权改革中不断受益。进入 21 世纪，浙江省因地制宜进行制度创新的成功发展经验也促使中央调整思路，开始推动各地的省直管县试点改革。

在浙江省的经验中特别值得一提的是党政主要领导干部由省直管，这在全国的财政省管县改革中具有鲜明特色。这一举措与财权下放相结合，既确保了县域财政的充裕性，也赋予县域更大的自主性。相比之下，许多省份并没有认识到党政领导干部管理体制对于财政省管县改革的重要性，改革举措比较单一，改革欠缺整体协同性。主要表现在四个方面：

第一，对县级领导干部的激励措施单一，除了对财政省直管县的主要领导干部进行高配之外，没有更加全面有效的激励机制。第二，县级党政领导干部管理体制与地方发展畸形关联，只对上级负责和在晋升考核中急功近利的现象普遍存在，县域经济的快速发展与社会领域的风险累积相伴而生。第三，人事权和财权不对等，在地级市主导人事权的县域，县级政府对于财政收入的使用仍然受掣于地级市政府的利益考量，因为地级市可以通过任免、考核、干部交流等方式变相地对县级政府的决策施加影响。第四，干部异地交流制度不健全，当前的干部异地交流既无法真正避免新的裙带关系出现，又成为上级政府强迫下级政府服从其指令的手段。

面对以上问题，如果能够将财政省直管县与县级领导干部管理体制改革协同进行，或许会有更好的实践效果。一个可行的思路是：省直管县委常委，同时建立起县委常委领导下的干部公开竞争机制。

三十多年来，浙江省作为探索省直管县体制的先行者，已经为其他省份提供了相当可观的宝贵经验，干部管理体制只是其中之一，财政省管县体制有力地保障了浙江省县域民营经济的繁荣发展，这也使得众多希望促进县域经济腾飞的省份以浙江为样板。但是，就像硬币有正反两面一样，以县域为主战场的经济发展策略与制度供给也有其软肋，一个典型的例子就是浙江省相对滞后的现代服务业的集聚状况。在当前社会，服务业已成为经济增长的关键产业，但浙江省的服务业明显与整体经济水平不相协调。服务业发展依赖产业集聚效率，统计数据显示，浙江省服务业的非集聚化特征显著。浙江省的服务业非集聚化与浙江独特的县政体制有着密切相关性，浙江省管县财政体制与县域工业化路径给浙江县域经济带来活力的同时，对服务业的集聚产生了负面影响。

基于这种经济条件，探索如何形成一套地级市和县域协调发展互利互强的机制，已经成为眼下急需攻克的一个难题，可能的一个解决路径是省、市、县三级政府加强协作，推动高端服务业向中心城区集聚，加快县域制造业转型升级，以中心城市的生产性服务业集聚促进县域制造业转型升级，以县域的制造业发展为中心城市的高端服务业提供市场，从而形成市县互惠共生的发展模式。

上面的例子告诉我们，借鉴一个省份经验中成功的部分是明智的，但忽视各省省情而照搬照抄则是不理性的。当我们在全国的层面审视市管县体制与省管县体制利弊的时候，区域差异性就显得尤为明显，因而无法统一地提供一个整体方案。我们的研究分析发现，“促进市县经济共同发展”作为市管县体制在全国推行的初衷，在不同区域的实践效果有很大不同。这具体表现为：第一，“市辖区越发达，市县差距越大”这一现象在中部、西部和东北地区较为明显，东部地区则不显著；第二，中部、西部和东北各省区整体市县差距高于东部省区；第三，部分中心城市为资源型的地级市市县差距较大；第四，部分地级市中心城市发展落后于县域平均水平。

基于这种现状我们认为可以从建立市县分工合理、互惠共生的区域治理体系的总体目标出发，根据区域差异性，实行分类改革。对于市强县强型，可根据中心城市发展程度有所区别，即可实行撤县设区的市县一体化模式或省直管县下的区域合作治理模式；对于市强县弱型，同样根据中心城市辐射能力和县域整体情况，选择市管县、部分省直管县或全部省直管县模式；市弱县强型比较特殊，可考虑行政中心转换或强县省直管与区域合作治理;而市弱县弱型则需要通过省级规划协调培育潜在增长点,在市县分治的背景下发挥地区比较优势,形成分工合理的城市体系,结合内源机制与外力作用促进市县发展。

省直管县改革是县政改革中重要的一环,省直管县试点面临的种种问题也是县政改革所面临问题的缩影。县级政府行政改革的成功除了需要在实践层面因地制宜协同推进,还必须有清晰的改革战略。改革战略的正确选择是县级政府行政改革实现历史性突破的前提。因此,未来的县级政府行政改革必须走出纯粹的组织变革层面,进入组织变革、职能变革与政治变革三重良性互动的全面变革时代。基于全国省直管县改革的经验得失,我们认为,在中央与地方、政府与党委的纵横关系中,增加县级政府在行政改革中的自主性和县域公共利益的代表性,依据县域特殊性寻求政府职能与机构的合理性,变革权力结构,形成政府与社会良好合作的善治格局,应成为新时期县级政府改革与发展的战略选择。

第一节　省直管县体制与强县发展

“浙江现象”或者说“浙江模式”,是中国改革开放过程中形成的以市场化为取向、以民营经济为主体的经济社会发展模式。浙江省循着这一发展模式成功实现了经济社会高速发展,成为中国内地居民收入增长最快的地区。根据浙江省统计局发布的统计数据,浙江省 2008 年城镇居民人均可支配收入接近 23000 元,连续 8 年居全国各省区第一;农村居民人均纯收入高达 9258 元,自 1985 年以来连续 24 年居全国各省区第一。“浙江现象”是中国从计划经济向市场经济转型的一个成功典范,其中令人瞩目的亮点是县域经济社会的快速发展,近 50%的县进入全国百强县,并占了全国百强县的近三分之一。对浙江省县域经济社会的考察发现,浙江各级政府为推动县域经济社会的快速发展进行了深入且持久的政府创新,两者具有显著的正相关性。浙江地方政府的创新促进了县域经济的繁荣,形成了普遍的强县发展格局。

一、强县发展："浙江现象"的重要特征

经过改革开放三十多年的快速发展，浙江县域经济不断发展壮大，强县发展成为"浙江现象"的鲜明特色和重要经验。浙江县域经济在劣势中起步，在改革中赶超，在发展中领跑。为了更直观地了解浙江县域经济发展的现状，本书选取人均GDP、城镇居民人均可支配收入、农村居民人均纯收入等主要指标作为比较内容，并选择江苏、广东、山东、福建等东部经济强省以及全国平均水平作为比较对象，从而制成若干表格以供比照。表4-1的数据显示，在改革开放之初的1978年，浙江人均GDP及收入指标的绝对量和相对量全面落后于广东；人均GDP低于江苏、广东和全国平均水平，高于福建和山东，且与山东相当接近；城镇居民人均可支配收入只比江苏稍有优势；农村居民人均纯收入在相对量上仅次于广东，绝对量相较于收入最低的山东多了50元。可见，在改革开放之初，浙江经济在总体上是没有优势的，即使有相对优势，差距也不大，且这种微弱优势的地位也不稳固，每一项对应的指标至少被一个省超过，甚至在选取的三个主要指标中有两项被全国平均水平超越。也就是说，改革开放初期浙江经济至少有两个基本指标落后于全国平均水平，尽管落后幅度不明显，正如它的领先优势也非常脆弱一样。但经过30年的迅速发展，浙江的经济建设取得了引人瞩目的巨大成就，而取得巨大成就的最主要原因，就是县域经济的发展壮大和农村居民的普遍富裕。

表4-1　1978年浙江等五省和全国人均GDP及收入指标

地区	人均GDP/元	与浙江的比值	城镇居民人均可支配收入/元	与浙江的比值	农村居民人均纯收入/元	与浙江的比值
浙江	331	1.00	332	1.00	165	1.00
江苏	430	1.30	288	0.87	155	0.94
广东	370	1.12	412	1.24	193	1.17
山东	316	0.95	391	1.18	115	0.70
福建	273	0.82	371	1.12	138	0.84
全国	379	1.15	343	1.03	133	0.81

数据来源：根据国家统计局及五省统计局出版的统计年鉴整理而成。

根据表 4-2 的数据，浙江的主要经济指标，不论是绝对量还是相对量，每一项都全面领先江苏、广东、山东、福建以及全国平均水平。从人均 GDP 来看，1978 年浙江高于山东和福建，绝对值分别多 15 元和 58 元，落后于江苏 99 元、广东 39 元和全国平均水平 48 元；而 2008 年浙江全面超越东部各省和全国平均水平，人均 GDP 分别超出江苏 2214 元、广东 4626 元、山东 9131 元、福建 12091 元，并大幅超过全国平均水平 19574 元。这也表明，在人均 GDP 指标方面，原来占据优势地位的江苏和广东被浙江赶超，全国平均水平则更是被远远抛在后面，而当初落后于浙江的山东和福建，差距仍然在扩大。从城镇居民人均可支配收入来看，浙江大幅领先每一个比较对象。1978 年，浙江城镇居民人均可支配收入只高于江苏，且只多 44 元，分别落后广东 80 元、山东 59 元、福建 39 元和全国平均水平 11 元；而 2008 年浙江城镇居民人均可支配收入相较于江苏、广东、山东、福建和全国平均水平，分别超出 4047 元、2994 元、6422 元、4766 元和 6946 元。从农村居民人均纯收入来看，浙江不但赶超了广东，而且具有明显优势；同时，浙江巩固了对江苏的相对优势，扩大了对山东、福建和全国平均水平的绝对优势。1978 年，浙江农村居民人均纯收入比广东低 28 元，2008 年，浙江则超出广东 2858 元；1978 年，浙江农村居民人均纯收入与江苏、山东、福建和全国平均水平相比稍有优势，而到 2008 年，浙江的优势地位得到显著强化，分别领先江苏 1901 元、山东 3617 元、福建 3062 元以及全国平均水平 4497 元。

表 4-2　2008 年浙江等五省和全国人均 GDP 及收入指标

地区	人均GDP/元	与浙江的比值	城镇居民人均可支配收入/元	与浙江的比值	农村居民人均纯收入/元	与浙江的比值
浙江	42214	1.00	22727	1.00	9258	1.00
江苏	40000	0.95	18680	0.82	7357	0.79
广东	37588	0.89	19733	0.87	6400	0.69
山东	33083	0.78	16305	0.72	5641	0.61
福建	30123	0.71	17961	0.79	6196	0.67
全国	22640	0.54	15781	0.69	4761	0.51

数据来源：根据国家统计局网站和五省统计局网站发布的 2008 年统计公报整理而成。

表 4-3　2007 年浙江等五省农村居民人均纯收入达到 6000 元与 10000 元的县数

地　区	总县数/个	6000 元县数/个	占总县数百分比/%	10000 元县数/个	占总县数百分比/%
浙　江	61	44	72.1	14	23.0
江　苏	52	36	69.2	6	11.5
广　东	67	10	14.9	2	3.0
山　东	91	28	30.8	0	0
福　建	59	9	15.3	1	1.7

注:(1)本表系根据国家统计局农村社会经济调查司编《中国县(市)社会经济统计年鉴2008》(中国统计出版社 2008 年版)整理而成。(2)县数是县级行政区划数的简称;县级行政区划主要包括县及县级市,但也包括晚近才并入中心城市的市辖区,如浙江的萧山、余杭和鄞州三个县级市辖区,江苏的六合、武进、盐都和丹徒四个县级市辖区,广东的七个县级市辖区以及山东的长清县级市辖区。

表 4-3 的资料表明,2007 年浙江农村居民人均纯收入达到 6000 元的县数高达 44 个,占全省总县数的 72.1%,达到 10000 元的县数共计 14 个,占全省总县数的 23.0%;无论是绝对量,还是百分比,浙江都超过江苏,其中浙江 10000 元县数更是比江苏多一倍以上;而与广东、山东和福建相比,浙江的优势更是显而易见。从某种意义上说,农村居民人均纯收入的高低是衡量县域经济是否发达的关键标尺。因此,农村居民人均纯收入越高,其所在地的县域经济就相应地越发达;反之,农村居民人均纯收入越低,其所在地的县域经济越落后。百强县(市)是指县域经济综合发展水平在全国处于前 100 位的县(市)。为了行文简便起见,本书将百强县(市)统一简称为百强县。一省百强县上榜总数是衡量该省县域经济发展程度的重要指标。由表 4-4 可知,浙江百强县县数连续六届蝉联全国第一,在 2003—2005 年的三届百强县评比中,均有 30 县进入百强县,占全国总数的近三分之一,居各省区百强县榜首。浙江县域经济发展壮大的事实已经为国家统计局的相关资料所证实。

表 4-4　国家统计局六届综合百强县(市)在浙江等五省的分布情况

单位:个

地　区	2000 年	2001 年	2002 年	2003 年	2004 年	2005 年
浙　江	22	26	26	30	30	30
江　苏	14	15	15	16	18	17

续表

地　区	2000 年	2001 年	2002 年	2003 年	2004 年	2005 年
广　东	10	10	11	10	10	8
山　东	13	14	15	16	20	22
福　建	8	7	6	5	5	4

数据来源：根据国家统计局公布的六届百强县名单汇总而成。

需要特别指出的是，由于中国各省区域面积与人口数量等指标差距巨大，经济总量的比较难以准确反映经济发展水平，因而本书选取的主要经济指标都采用人均的数据，而弃用总量指标。其次，我们选定的比较对象集中在东南沿海经济强省，但没有包括经济同样比较发达的直辖市和更加富裕的港澳台地区，其中的原因很简单，即浙江与直辖市和港澳台之间的可比性不高，而与东南沿海经济强省的可比性较高。此外，个别数据是估计值，而不是精确值，例如江苏的人均 GDP 数据就是估计值；另有部分数据是运算的结果，因此在终值上进行了相应的取舍，但这些数据总体上接近精确值。经过主要经济指标的比较和分析，本书得出如下结论：浙江县域经济的发展取得了巨大成就，相较于江苏、广东、山东和福建等沿海经济强省，浙江县域经济的发展水平更高，也更加均衡。那么，究竟是哪些因素或力量推动着浙江县域经济的迅速发展？笔者在考察中发现，浙江县域经济的迅速发展是多种因素和各种推力综合作用的结果，其中浙江各级政府的创新能力、创新智慧、创新勇气、创新意志和创新愿望是推动县域经济迅速发展非常重要的因素。

二、地方政府创新与强县发展的相关分析

国家的存在对于经济增长来说是必不可少的，但国家又是经济衰退的人为根源。① “诺斯悖论”中的“国家”其实与“政府”几乎是同义的，因此，诺斯的“国家悖论”也可称为“政府悖论”。世界银行的研究结论与“诺斯悖论”基本一致：“政府对一国的经济和社会发展以及这种发展能否持续下去有举足轻重的作用。在追求集体目标上，政府在对变革的影响、推动和调节方面

① ［美］道格拉斯·诺斯：《经济史中的结构与变迁》，厉以平译，商务印书馆，2005 年，第 25 页。

的潜力是无可比拟的。当这种能力得到良好发挥,该国经济便蒸蒸日上。若是情况相反,则经济发展便会停滞不前。"[①]依据"诺斯悖论"和世界银行的结论,我们还可以得出进一步的推论,即地方政府是当地经济发展的关键,然而地方政府又是经济落后的人为根源。地方政府推动当地经济发展的关键作用如何发挥?它人为造成经济落后的风险如何规避?浙江的发展经验表明,在社会转型期,政府创新是摆脱"政府悖论"的重要途径,政府只有不断地创新,才能适应迅速变化的社会环境,正是地方政府持续的创新推动了浙江县域经济的不断发展。本书选取浙江若干典型案例,剖析浙江地方政府创新与县域发展的互动关系。

义乌市是浙江的一个县级市。义乌小商品市场的发展是政府与市场互强关系的真实写照。浙江人多地少、山多田少的矛盾在义乌表现得尤为尖锐。1982年,农民的吃饭问题突出地摆在义乌县领导面前。为了摸清真实情况,当时的义乌县委进行了大量的调查,从而既证实了确已存在的吃饭问题,也发现了义乌的经商优势,于是果断决策,开放该县的湖清门小商品市场,湖清门市场由此成为义乌第一代小商品市场的雏形,而义乌的经济也从此插上了腾飞的翅膀。经过多年的发展,义乌从一个名不见经传的小县跃升为全国闻名的百强县,并一举成为享誉世界的国际小商品市场。义乌小商品市场因政府的持续投入而全速发展,义乌政府则因小商品市场的高度繁荣而驰名中外。在义乌,政府与市场的互强关系得到了精彩的演绎和诠释。在计划经济的四面包围中,义乌县委、县政府冒着巨大的政治风险,创造性地利用市场为本地的经济建设服务,形成了政府和市场互强的最佳组合。义乌的早期实践在性质上属于生存型地方政府创新。这一类型的政府创新是为了解决基本的生存问题,或者说是生存危机。这是一种被生存问题所逼而引发的创新。众所周知,中国面临的一个巨大挑战,就是十亿人民的吃饭问题。对人多地少、山多田少的浙江来说,温饱问题相对其他省份而言显得更为重要,而义乌和温州的生存危机尤其如此。浙江各级政府为解决吃饭问题而进行的创新实践,如义乌小商品市场的诞生,温州选择性作为的治理方式,都可视为生存型政府创新的典范。财政省管县和行政市管县

---

① 世界银行:《1997年世界发展报告:变革世界中的政府》,蔡秋生等译,中国财政经济出版社,1997年,第155页。

的体制兼容，集中体现了政府创新的能力和勇气，是浙江地方政府创新方面的成功典范。财政省管县的要义是还权于县，核心是藏富于民。财政省管县意味着县的发展享有相对独立的财权，而不需依附于地级市，从而有效降低了市剥夺县的发展资源和发展权利的可能性，也有利于增强县的自主发展能力，并拓展县域的发展空间，进而为县域经济的发展和繁荣创造有利条件。行政市管县是对占主导地位的市管县体制的理性妥协。20 世纪 80 年代初，中央大力推行市管县体制，在很短的时间里，市管县便成为全国绝大多数省区的基本体制，浙江也不能自行其是，于是创造性地将这两个体制结合起来，即财政省管县与行政市管县的兼容体制。财政省管县，既增强了县域经济的独立性和相对利益，又激发了县域发展经济的活力；行政市管县，既维护了中央的权威和尊严，又有利于实现和保障社会稳定。实际上，在市管县体制推行初期，反其道而行的财政省管县一直受到中央的批评和市政府的责难，但浙江依然坚持着财政省管县的体制不动摇、不退却。这种坚守不仅需要创新能力、创新智慧和创新愿望，更需要创新勇气和创新意志。实践证明，财政省管县体制是一种合理且有效的体制，这一体制最终也得到了中央的认同。国家财政部于 2009 年 6 月颁布《关于推进省直接管理县财政改革的意见》，在全国推行省管县财政体制。意见指出，到 2012 年底前，力争全国除民族自治地区外全面推进省直接管理县财政的改革。这一文件的颁布充分肯定了浙江省管县财政体制，而浙江省在这方面的实践已比国内其他省区提前二十多年，充分收获了制度优势所带来的社会发展。

省直管县委书记与县长也是“浙江现象”的一大特色。我国地方党政人事管理模式是下管一级，即省管市的领导干部，市管县的领导干部，但浙江省的县委书记与县长是由省委直管的。这种管理模式对期待晋升为县委书记与县长的领导来说具有重大的影响。由于我国领导干部晋升的关键还是取决于上级领导部门及领导的态度，地方领导出于晋升的理性期待也会相应地对上级领导部门及领导负责。上级领导部门从市委变更为省委，促使县的主要领导从对市负责转化为对省负责。由于省政府不像市政府那样关注城区建设的局部利益，对县的利益剥夺就会大大减少，县的主要领导为了县的发展会敢于抵制市的剥夺，从而保护了县的利益。因此，这种人事管理权限下沉到县级党政首长的制度安排，既有效保证了省统筹发展县域经济的权力，又有力保证了县的自主发展权利，从而在政治上消除了县对市的依附关系，在经济上确立了县与市竞争和合作的平等关系。县委书记和县长由省委管理，其他县级领导班子成员由市委管理，这是人事管理的半省管县模式。人事管理适度下沉的制度安排，有利于增强省的调控能力，也有利于保证县的自主发展，同时还有利于调动和激发县的积极性。浙江的省管县主要领导的人事管理实践，相对于其他省份而言，较早地实现了适度下沉，为全省县域经济的自主发展提供了适宜的制度安排。

县政扩权是“浙江现象”的又一大特点，也是浙江县域经济高速发展的体制保障。从1992年开始至今，浙江开始了持续十多年的五轮扩权改革，经历了从强县扩权到扩权强县的发展。第一次扩权改革于1992年正式启动，由省政府向萧山、余杭、鄞县等13个强县（市）下放部分经济管理权限，这些县（市）由此迎来了重大的发展契机。第二次扩权改革始于1997年，扩权事项进一步增加，但扩权对象局限于萧山、余杭。第三次扩权改革选择在2002年进行，不仅扩权事项大幅度增加，而且扩权对象也增至17个县（市）。第四次扩权改革于2006年开始，由省政府直接向义乌全面扩权，从而使义乌成为全国权力最大的县级市。第五轮扩权改革与义乌全面扩权改革只相距两年，这一轮改革标志着浙江的扩权改革从“强县扩权”全面过渡到“扩权强县”的发展阶段，在义乌全面扩权改革的基础上，通过总结经验，由省政府面向全省所有县（市）全面扩权。在财权、事权及人事权越来越多地下放之后，县的自主发展权力越来越大。尽管早先的扩权改革比较谨慎，但后来的事实证明，扩权改革极大地促进了县域经济又好又快地健康发展，萧山、余杭、鄞县、义乌等经济强县借扩权改革加速发展，为后来的全面扩权改革提供了来自实践层面的有力支持。浙江省经过五轮扩权后在省管县体制改革方面有了实质性的突破，经历了从政策性激励到体制性创新的发展。[①] 2009年6月，浙江省人民政府颁布的《浙江省加强县级人民政府行政管理职能若干规定》（以下简称《规定》）明确规定：“依法由省人民政府或者其工作部门审批的有关事项，县级人民政府或者其工作部门可以直接报省人民政府或者其工作部门审批。”同时明确规定：“依法由上级人民政府或者其工作部门管理的有关事项，上级人民政府或者其工作部门可以通过法定

① 何显明：《从“强县扩权”到“扩权强县”——浙江“省管县”改革的演进逻辑》，《中共浙江省委党校学报》2009年第4期。

委托、授权等形式交由县级人民政府或者其工作部门办理,县级人民政府或者其工作部门应当依法予以办理。”该《规定》还进一步明确指出:“省人民政府将按照上述原则和方式,制订和公布县级人民政府或者其工作部门管理的具体事项目录。”

《规定》的颁布是浙江省长期以来“强县扩权”与“扩权强县”改革的总结,是向省直管县体制改革的又一重大发展。随着《规定》的颁布实施,浙江的县级政府可以进一步摆脱市级政府的束缚,更加自主地发展县域经济,更加充分地利用县域资源,按照县域比较优势因地制宜地走差异化、特色化的发展道路。

浙江省财政省管县与行政市管县的体制兼容,省管县党政首长的制度安排以及持续的扩权改革,在性质上属于发展型政府创新。发展型政府创新的鲜明特征是,此时的政府已经化解了生存危机的挑战,政府创新的主要目标已经发生了转移,即转移到推动地方经济社会快速发展的新任务上来。需要指出的是,尽管生存型政府创新解决了温饱问题,但并不等于已经富裕起来了,尤其是农村普遍贫穷落后的面貌并没有得到根本改变,浙江的情况也不例外。为了彻底改变农村普遍贫穷落后的面貌,推动地方经济社会的快速发展,实现社会主义共同富裕的宏伟目标,浙江进行了一系列的发展型政府创新,从而有力地推动了当地经济尤其是县域经济的蓬勃发展。

事实上,义乌小商品市场的形成和发展,财政省管县和行政市管县的体制兼容,省管县党政首长的制度安排,以及五轮扩权改革,都只是浙江地方政府创新的典型案例。浙江地方政府创新的努力,还可以透过中央编译局等三家单位联合举办的“中国地方政府创新奖”评选活动得到体现。在“中国地方政府创新奖”的评选活动中,浙江的入围奖总量稳居全国第一(见表4-5)。尤其值得注意的是,浙江的地方政府创新更多地成就了其县域经济的辉煌。从这个意义上来讲,我们可以更好地理解江泽民同志关于创新的精辟论断——“创新是一个民族进步的灵魂,是一个国家兴旺发达的不竭动力,也是一个政党永葆生机的源泉”①。进而我们可以得出一个合乎逻辑的结论,即浙江的地方政府创新是其县域经济兴旺发达的不竭动力。

① 江泽民:《全面建设小康社会,开创中国特色社会主义事业新局面(2002年11月8日)》,《江泽民文选》(第3卷),人民出版社,2006年,第537—538页。

表 4-5　八届“中国地方政府创新奖”入围者省别分布情况

入围个数/个	地　区
25	浙江
18	广东
17	四川
12	江苏
9	山东
8	上海
7	河北、北京、福建
6	广西、重庆
5	湖北、河南、陕西
4	江西、海南、辽宁
3	新疆、湖南、安徽、黑龙江、贵州
2	天津、吉林、云南

注：资料来源于中国政府创新网，http://www.chinainnovations.org/cx03.html。截至2016 年，已进行八届“中国地方政府创新奖”评选，共奖励 176 个项目(鼓励奖除外)。

三、地方政府创新激发县域活力：浙江强县发展的启示

地方政府创新推动了浙江县域经济的迅速发展，浙江县域经济的兴旺繁荣为地方政府创新提供了物质基础，浙江的地方政府创新与县域经济之间形成了互强互动的格局。但地方政府创新与县域经济发展之间不是高度的正相关关系，更不是直接的因果关系，两者之间至少有四种典型的关系，如图 4-1 所示。

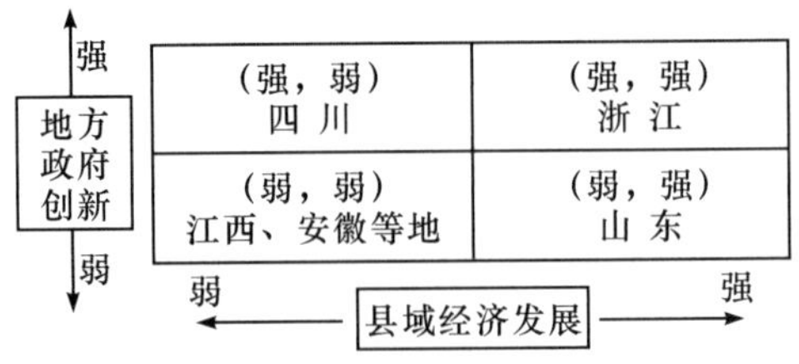

图 1　地方政府创新和县域经济发展的典型关系

第一种组合：地方政府创新和县域经济发展的强强组合，即两者共同发展的互强格局，这种互强发展的关系在浙江表现得特别明显。第二种组合：地方政府创新和县域经济发展的强弱组合，即地方政府创新的努力和实践名列前茅，但与之对应的县域经济发展却并不发达，甚至还比较落后，由此形成一种非对称的强弱发展格局，这种强弱分明的情况当属四川为最。第三种组合：地方政府创新和县域经济发展的弱强组合，即地方政府创新并不显著，但县域经济发展却有良好的业绩，于是形成了另一种意义上的不对称弱强发展形态，这种弱强显见的情形集中在山东。第四种组合：地方政府创新和县域经济发展的弱弱组合，即地方政府创新处于下游水平，与其对应的县域经济也不发达，由此产生一种双弱的情形，这种双弱的发展格局见于全国许多省区，例如江西、安徽、河南、宁夏等地。

由此可见，地方政府创新与强县发展之间至少存在四种典型的关系组合，而浙江的现象则是其中最优的强强组合。在地方政府创新和强县发展的互强关系中，"浙江现象"提供了诸多启示：

首先，政府制度创新要为经济社会发展创造良好的制度环境。社会发展的经验表明，良好的制度环境能够从根本上推动生产力的发展和人类文明的进步。如果地方政府创新能为经济社会发展提供良好的制度环境，那么当地的经济社会发展就能获得制度保障。浙江财政省管县与行政市管县的体制兼容，是政府创新的经典案例。财政省管县体制有效保证了县级财权的相对独立性，巧妙规避了市对县发展资源和发展权利的限制甚至剥夺；行政市管县体制与国家宏观体制保持一致，切实保障了国家权力的顺利运行。兼容式制度创新为浙江的强县发展提供了长效的制度保证。从这个意义上来说，浙江的地方政府创新不但解放了生产力，而且极大地发展了生产力，从而促进了县域经济的发展。

其次，政府管理创新要为经济社会发展提供发展动力。管理创新主要包括管理方法、管理内容、管理手段的创新。就管理方法的创新而言，浙江的地方政府将自上而下和自下而上的管理方法创造性地结合起来，从两个方向合力推动政府创新。义乌小商品市场的形成和发展，是管理创新的范例，也是当时义乌县委、县政府和群众合力促成的结果。从管理内容的创新来看，最具有标志意义的创新是浙江的五轮扩权改革。区域经济关系的密切、行政隶属关系的淡化，为强县扩权、省直管县提供了内在动力。[1] 扩权改革增强了县的自主发展能力，扩展了县的自我发展空间，增加了县的独立发展机会，为县域经济的蓬勃发展输入了强大的动力。此外，从管理手段方面来看，最为世人所津津乐道的政府创新则是所谓的“无为而治”。事实上，浙江的地方政府从来没有实行过真正意义上的“无为而治”，更加准确的概括应该是“选择性作为的有效治理”。虽然这个表述不那么简洁，但却能更真实地反映浙江在管理手段上的创新原貌。选择性作为是这样一种政府创新，即政府在治理过程中保持适度超脱的立场，做到“政府的归政府，市场的归市场”，从而在政府与市场之间形成一种科学合理的分工。温州的发展是当地政府在管理手段上进行创新的重要成果。

再次，浙江的县域发展为地方政府创新提供了经济基础和物质保障。地方政府创新必须支付创新的经济成本，而在绝大多数情况下，创新成本非常高昂，这就需要经济的迅速发展来提供相应的物质支持和保障。另一方面，地方政府创新还必须承担创新的政治成本，这主要是指由政府创新而引发的政治风险，而化解政治风险最终还要落实到经济发展上来。强县发展既可以直接支付地方政府创新所需的经济成本，又可以依此提升政府创新的政治合法性，从而有效地化解政治风险，降低甚至转移政治成本。

最后，浙江的县域发展激励地方政府的创新精神和创新实践。浙江的县域发展为县域居民带来了巨大的致富机会和广阔的发展空间，而地方政府的财政收入也随着居民收入的迅速提高而大量增加，进而带动地方的经济建设和基础设施建设快速发展。浙江的强县发展实现了藏富于民的战略目标，不但有利于县域居民过上幸福康乐的生活，而且最终也有利于政府自身财政收入的持续增长，甚至还有利于当地官员的政治发展，从而激励地方政府的创新精神和实践。

通过上述分析，我们可以得出的基本结论是：浙江的地方政府创新与强县发展基本上形成了互强的共同发展格局。浙江强县发展的实践表明，只有当地方政府具备创新能力、创新勇气和创新愿望时，地方政府的创新才可能取得真正意义上的成功，强县发展才能获得真正的动力支持；只有县域经济完全发展壮大起来，地方政府创新的持续性才能获得永续的经济支持和物质保障。

---

① 孙学玉：《强县扩权与省直管县（市）的可行性分析》，《中国行政管理》2007 年第 6 期。

第二节　县政体制与服务业发展：基于浙江的分析

服务业是现代经济的主要增长点，纵览世界上主要的发达国家，服务业对于经济总量和经济增长的贡献均超过50%。改革开放进入新时期，加快服务业发展也成为我国传统制造业转型升级的重要目标。浙江省自改革开放以来凭借率先走上市场化改革的相对制度优势，制造业较为发达，但产业结构调整仍然是长期以来面临的发展难题。2010年，浙江省人均国内生产总值(以下简称人均GDP)达到51711元，①按照1∶6.3的美元对人民币汇率计算，人均GDP已经突破8200美元，基本达到中等发达国家水平。但与此同时，浙江省的产业结构现状却仍旧不够合理，第三产业增加值占GPD的比重只有43.5%，远低于世界发达国家的一般水平，在国内的省份中略高于43.1%的平均水平。② 为什么浙江发达的制造业基础和相对完善的市场经济没有带来服务业的同步发展？我们的研究表明，浙江省过度分散的县域工业化路径与偏重县域激励的政策环境对于中心城市的要素集聚产生了负面影响，进而导致服务业集聚发展效率的下降。

一、浙江省产业结构现状的国际比较

从世界范围来看，发达国家从工业化初期到当代普遍经历了第三产业占国民经济比重由低到高的过程，而且第三产业的比重已经超越了一、二产业，成为经济总量的构成主体。表4-6显示了1994—2004年间一些主要发达国家第三产业(以下称服务业)增加值占GDP比重的变化情况，不难发现，表中所列国家的服务业增加值占GDP的比重，早在1994年就已经达到60%以上，并且这个数字在持续增大，到2004年几乎达到70%以上。

---

① 浙江省统计局、国家统计局浙江调查总队编：《浙江统计年鉴2011》，中国统计出版社，2011年。

② 中华人民共和国国家统计局编：《中国统计年鉴2011》，中国统计出版社，2011年。

表 4-6　代表性发达国家服务业增加值占 GDP 的比重

单位：%

国　家	服务业增加值占 GDP 的比重	
	1994 年	2004 年
美　国	71.7	76.7
英　国	67.7	74.7
法　国	73.1	76.3
德　国	65.9	69.8
意大利	66.6	70.2
日　本	64.0	69.4
希　腊	66.3	73.1
荷　兰	69.7	74.0
丹　麦	72.2	74.0
瑞　典	68.7	70.5
比利时	70.5	74.2
卢森堡	76.7	82.7
葡萄牙	66.3	71.7
墨西哥	68.4	70.2

资料来源：包晓雯：《大都市现代服务业集聚区理论与实践——以上海为例》，中国建筑工业出版社，2011 年，第 61 页。

相比之下，浙江省 2010 年服务业增加值占 GDP 的比重大致上相当于发达国家 2004 年水平的 50%至 60%，与经济欠发达国家处于同一水平，见表 4-7。

表 4-7　浙江省地级市服务业增加值占 GDP 的比重

单位：%

地级市	2010 年服务业增加值占 GDP 的比重
杭　州	48.7
宁　波	40.2
温　州	44.4
嘉　兴	36.2
湖　州	37.1

续表

地级市	2010 年服务业增加值占 GDP 的比重
绍　兴	38.6
金　华	42.8
衢　州	36.6
舟　山	44.9
台　州	41.7
丽　水	39.0
浙江省	43.5

资料来源：浙江省统计局、国家统计局浙江调查总队编：《浙江统计年鉴 2011》，中国统计出版社，2011 年。各市数据为计算所得。

服务业不但在各国国民经济结构中占有日趋重要的地位，而且在对经济增长的拉动上，也越来越明显地成为主要力量。表 4-8 列出的是主要发达国家服务业对国内生产总值增长的贡献率（美国资料缺失）。数据显示，各国经济增长一半以上的贡献都来自服务业的增长，有些国家服务业的拉动作用超过了 100%，这表示服务业产值的增长超过了国内生产总值的增长，在工业或农业产值倒退的情况下，服务业的增长填补了工农业衰退带来的缺口。

表 4-8　代表性发达国家服务业对 GDP 增长的贡献率

单位：%

国　家	服务业对 GDP 增长的贡献率	
	2000 年	2009 年
日　本	69.4	73.0
德　国	63.6	78.9
法　国	74.2	164.5
英　国	89.0	184.6
西班牙	66.6	173.7
荷　兰	68.2	68.2
澳大利亚	69.0	69.2
韩　国	48.3	58.9

资料来源：中华人民共和国国家统计局编：《中国统计年鉴 2011》，中国统计出版社，2011 年。

与中国发展阶段相近的主要国家里，除巴西等个别国家外，服务业对经济增长的拉动也基本超出了农业和工业，见表4-9。

表4-9 代表性发展中国家服务业对GDP增长的贡献率

单位：%

国　家	服务业对GDP增长的贡献率	
	2000年	2009年
印　度	64.5	64.6
俄罗斯	46.4	71.4
巴　西	81.2	−6.7
南　非	76.4	60.5
印度尼西亚	40.0	65.1
马来西亚	23.4	72.8
菲律宾	33.6	105.9
越　南	32.8	51.2
墨西哥	67.7	70.6
阿根廷	−52.4	83.9

资料来源：中华人民共和国国家统计局编：《中国统计年鉴2011》，中国统计出版社，2011年。

根据浙江统计年鉴数据进行计算，浙江省2010年服务业对GDP增长的贡献率为45.3%，①不但远落后于发达国家的总体水平，与中国发展阶段相近的国家进行比较，也处于最低水平。

通过国际国内比较不难得出这样一个结论：在服务业对经济运行和增长的作用日趋重要的今天，浙江省的产业结构调整明显滞后了。

产业结构滞后的产生原因和机制非常复杂，难以通过简单的因果逻辑进行表述，需要从政策、制度和文化等多个层面进行系统分析。本书仅希望从一个比较直观的角度，即浙江省服务业的集聚程度不足以及背后中心城市要素集聚能力欠佳的这个角度来探讨浙江省产业结构调整滞后的原因，并以此为基础，对如何调整中心城市与县域的经济发展的关系进行探索。

① 浙江省统计局、国家统计局浙江调查总队编：《浙江统计年鉴2011》，中国统计出版社，2011年。

二、浙江省生产性服务业集聚程度的国际比较

产业集聚可以产生规模效益并降低风险和不确定性，这一结论在实践经验和理论分析中已经得到了广泛的论证，[①]并且成为指导新兴经济体经济发展的有效政策工具。服务业通过产业集聚产生规模效益的一个典型案例发生在美国硅谷，即使在西方经济普遍滞胀的20世纪70年代，硅谷的高新技术产业仍然保持了良好的增长态势，服务业的产业集聚现象也开始受到普遍关注。基于这一判断，我们认为，浙江省服务业的空间集聚不足严重制约了浙江省产业结构调整，通过下文的比较我们能够了解到浙江省各个城市与世界先进城市之间的差距。

在比较之前有必要进行一些概念上的界定。相对于农业和工业而言，服务业所包含的产业细分类别更为庞杂。按照浙江统计年鉴的产业划分，农业大类包括农、林、牧、渔四个门类，工业包括采矿业、制造业、电力煤气及水的生产和供应、建筑业四大门类，而除此之外的行业都可以划入服务业。服务业共可细分为14个类别，分别是：交通运输仓储及邮电通信业、信息传输计算机服务和软件业、批发和零售贸易、住宿餐饮业、金融业、房地产业、租赁和商业服务、科学研究技术服务和地质勘查、水利环境和公共设施管理业、居民服务和其他服务业、教育业、卫生社会保障和社会福利业、文化体育和娱乐业、公共管理和社会组织。服务业虽门类诸多，但对于当前形势下经济增长与产业结构优化而言，不同门类的服务业重要程度是不同的。国际上一般将服务业划分为“生产性服务业”和“生活性服务业”两大类，有研究发现生产性服务业在服务业中增长速度更快，对于经济的拉动作用更大。[②]一般公认的生产性服务业包括金融保险业、房地产业、信息咨询服务业、计算机应用服务业、科学研究与综合技术服务业。[③] 我国在党的十五大报告中也提出了近似的概念，指出要发展现代服务业，改组和改造传统服务业，而所谓现代服务业就是指在工业化比较发达的阶段产生的、主要依托信息

---

① ［英］马歇尔：《经济学原理：上卷》，朱志泰译，商务印书馆，1983年，第280—290页。

② 钟韵：《区域中心城市与生产性服务业发展》，商务印书馆，2007年，第2页。

③ 钟韵：《区域中心城市与生产性服务业发展》，商务印书馆，2007年，第12页。

技术和现代化管理理念发展起来的、信息和知识相对密集的服务业。[①] 由于“现代服务业”这一概念是一个我国专用的概念，国际上尚未通用，为了便于比较和突出重点，我们的数据采集主要按照“生产性服务业”的几大门类划分进行。由于各国的统计口径有所不同，一些分类在名称上会有一定差别。

为了便于对浙江省的生产性服务业的集聚程度进行评价，我们选取了比较有代表性的两大国际性城市——纽约和东京作为比较样本。纽约的生产性服务业主要集聚在中心城区曼哈顿一带，按照行业雇员人数占全市该行业雇员总数的比重来分析，曼哈顿金融保险房地产业的集聚程度为86％。[②]

东京的生产性服务业主要集中于市中心的23个区，其集聚程度从就业人口的角度来看，金融保险业、房地产业以及信息和通信业都超过85％，科研机构工作人员的集中程度超过60％，见表4-10。

表4-10　东京生产性服务业中心城市从业人口贡献率

产　业	2006年东京23区从业人口/人	2006年东京都从业人口/人	中心城市从业人口贡献率/％
金融保险	323736	357847	90.5
不动产	214760	248743	86.3
科研机构（包含在其他服务业大类中的小类）	27989	44177	63.4
信息和通信	713153	759290	93.9

资料来源：事业所、企业统计调查[2012-06-05]http://www.toukei.metro.tokyo.jp/jigyou/jg06v20100.htm。

表4-11为浙江省各地级市生产性服务业的中心城市从业人口贡献率，相比之下，杭州、宁波和舟山各方面的集聚程度较高，湖州部分行业的集聚程度较高。但是，舟山的集聚程度高很大程度上由海岛的分布状况所决定，其中心城市所在的海岛面积与人口远大于县域岛屿。而温州、嘉兴、绍兴、金华、衢州、台州和丽水的产业集聚程度都比较低。从整体来看，浙江省多

① 包晓雯：《大都市现代服务业集聚区理论与实践——以上海为例》，中国建筑工业出版社，2011年，第5页。

② 陈晖：《全球性国际城市的服务业及其发展历程（1）：纽约》，2009-07-14 http://www.istis.sh.cn/list/list.aspx? id=5358

数地级市的生产性服务业的集聚还远未成型。

表 4-11　浙江省地级市生产性服务业中心城市从业人口贡献率

单位：%

地级市	2010 中心城市从业人口贡献率			
	信息传输、计算机服务和软件业	金融业	房地产业	科学研究、技术服务和地质勘查
杭　州	86.95	83.13	68.36	90.52
宁　波	76.09	84.00	89.30	81.95
温　州	59.26	68.97	63.40	67.16
嘉　兴	84.44	45.88	58.21	57.53
湖　州	96.55	86.15	57.50	73.68
绍　兴	59.18	39.49	35.29	55.36
金　华	59.68	36.32	34.04	39.13
衢　州	76.19	63.49	44.44	52.63
舟　山	95.65	94.12	86.00	88.00
台　州	75.00	70.00	47.37	47.69
丽　水	64.52	54.55	27.27	57.69

注：杭州中心城市没有包括萧山区和余杭区。

资料来源：浙江省统计局、国家统计局浙江调查总队编：《浙江统计年鉴 2011》，中国统计出版社，2011 年。各市数据为计算所得。

三、浙江省生产性服务业集聚不足的县域因素

对于生产性服务业在中心城市集聚不足这种现象的成因分析，我们认为要从改革开放以来浙江的城市化基础、经济发展路径和体制环境入手。

从城市化基础来看，浙江省的中心城市发育存在先天劣势。改革开放之初，浙江省有建制的地级市城市仅有三座，分别是杭州、宁波和温州，其他地区尚不存在中心城市。① 在地区改地级市过程中原先的县或县级市被升格为地级市中心城市，带领地区范围内的其他县。这种改革所确立的中心城市本身经济发展水平与周边县域相近，②不容易形成明显的要素集聚优

① 史晋川、钱陈：《空间转型——浙江的城市化进程》，浙江大学出版社，2008 年，第 7 页。

② 史卫东、贺曲夫、范今朝：《地级政区的现实反思与问题分析》，张占斌：《中国省直管县改革研究》，国家行政学院出版社，2011 年，第 113—116 页。

势。例如，嘉兴、绍兴、金华、衢州、丽水、舟山都将原先地区行署所在地的县（县级市）的县城改为地级市中心城市；台州改变了地区行署所在地，又通过合并县域形成了一个新的地级市中心城市；而湖州则是从嘉兴地区分出的几个县形成的一个新的地级市。

从发展的路径来看，浙江省走的主要是一条乡村工业化和乡村城镇化道路。“以农村工业为发展主体的工业化道路选择，决定了以小城镇发展为重点的分散型城市化道路的形成……作为工业化的一种变形，浙江各地普遍存在工业乡土化现象。2000 年农村个体工业单位有 47.5 万个，从业人员 210 万人（相当部分亦工亦农），工业总产值 3872 亿元，占全省全部工业总产值的比重高达 36%，比全国平均水平高出近一倍。”①而长期以来省政府对于乡镇民营企业一以贯之的政策激励，有利于主要分布在县域的乡镇民营企业发展壮大，最终形成具有县域特色的块状经济。相比之下，一些省份民营经济长期滞后以及县域经济薄弱的局面，则与省政府在政策上摇摆不定有很大关系。安徽省与浙江省相邻，乡镇企业虽然有一定的发展，但与浙江省相比，仍有不小的差距。安徽省政府在关于乡镇企业发展的回顾中是这样反思的：

> 比如 60 年代初，国民经济调整时期，安徽社队企业几乎全部下马；割资本主义尾巴时，社队企业首当其冲；打击经济领域的犯罪活动，纠正不正之风时，不少地方又出现界限不清，把正常的经济活动与违法犯罪混淆起来，造成打击面过大，影响了乡镇企业的发展。安徽省造成这种现象，关键是舆论上的时褒时贬，环境上时紧时松，政策缺乏稳定性。正常情况下，它的环境比较宽松，一遇各种政治运动又常常是运动的对象。不是具体问题具体分析，有什么问题解决什么问题，而是不适当地渲染了它的问题。……1989 年，国家紧缩银根，受此影响，安徽当年就有 17.6 万联户、个体企业下马。②

浙江省虽然在历史上也面临同样问题，但省政府对于县域民营企业更多扮演了保护者的角色，“省委、省政府把发展乡镇企业作为长期战略，进一

---

① 史晋川、钱陈：《空间转型——浙江的城市化进程》，浙江大学出版社，2008 年，第 13 页。

② 时思玉：《安徽省志：乡镇企业志》，方志出版社，1999 年。

步采取支持发展乡镇企业的政策措施，促使乡镇企业迈上新台阶。1984—1991年，农村工业总产值从119.21亿元增加到870.74亿元，对全省工业增长的贡献率达53%；农村工业总产值占全省工业总产值的比重从1978年的16%上升至1991年的48.3%，接近'半壁江山'。"①浙江民营企业在长期稳定的政策环境中，获得了极大的发展空间，也带动了县域经济的腾飞，使浙江历年全国百强县数量位居各省之首。

但是，在县域发展的同时，浙江省各种生产要素和人口也趋向于在县域的分散化分布，不利于中心城市规模效应的发挥，而人口、资金、信息与人才的集聚对于服务业，尤其是生产性服务业的发展是不可或缺的。

从体制环境来看，浙江省自1952年以来就实行财政省管县的体制，并在改革开放以后顶住了中央和地级市的压力，延续了这一体制，随着县域经济的起飞，又进一步推行了强县扩权和扩权强县的战略，县域不但拥有了较为独立的财权，而且在事权上也越来越自主。对此，郑吉昌的分析是较为中肯的："改革开放以来，浙江由于'强县战略'的实施，使得农村工业化和农村城镇化成为现代化的主要推动力量，涌现了一大批乡镇企业和个私经济迅猛发展、专业市场比较发达的强县。浙江经济发展的主战场事实上在农村，而中心城市发展则相对较为缓慢，城市化进程在总体上相对滞后于工业化进程，这使得浙江省服务业的发展落后于全国平均水平。"②

强县战略下，市县之间的发展路径逐渐趋同，往往是一个地级市里所有的县都在发展各自的城市，而每一个城市又都达不到大城市的规模，并且县域与中心城市在工业与服务业上没有明确的分工，导致对各种资源的竞争大于合作，这种体制环境对于县域加速发展是有利的，③但有可能使得要素流动更为分散化。④

---

① 史晋川、钱陈：《空间转型——浙江的城市化进程》，浙江大学出版社，2008年，第37页。

② 郑吉昌、夏晴：《服务业、服务贸易与区域竞争力》，浙江大学出版社，2004年，第157页。

③ 陈国权、李院林：《地方政府创新与强县发展：基于"浙江现象"的研究》，《浙江大学学报（人文社会科学版）》2009年第6期。

④ 李金珊、叶托：《县域经济发展的激励结构及其代价——透视浙江县政扩权的新视角》，《浙江大学学报（人文社会科学版）》2010年第3期。

统计数据显示，浙江省从1991年到2010年的20年间，除宁波外的各个地级市内强县的发展速度都超过中心城市；而宁波作为计划单列市，在财政管理体制上恰恰与浙江其他设区市不同，是实行市管县的。我们认为这一现象与上述分析中浙江省省管县背景下的城市化基础、经济发展路径和体制环境是密切关系的，见表4-12。

表4-12　浙江省地级市县域经济增长超越中心城市情况

市　区	2010年与1991年GDP比值	县　域	2010年与1991年GDP比值
杭州市区	29.82	富阳市	34.48
温州市区	35.34	乐清市	39.83
嘉兴市区	24.15	平湖市	28.83
		海宁市	25.14
		嘉善县	28.62
湖州市区	20.26	德清县	22.64
		长兴县	21.40
		安吉县	26.38
绍兴市区	28.86	诸暨市	37.73
金华市区	21.86	东阳市	23.02
		义乌市	48.08
		永康市	37.79
		武义县	25.57
		浦江县	25.20
衢州市区	20.09	龙游县	20.68
舟山市区	22.29	岱山县	24.08
台州市区	29.63	温岭市	32.46
		玉环县	36.20
丽水市区	19.16	青田县	29.35
		缙云县	30.64

注：按当时价格。

资料来源：浙江省统计局、国家统计局浙江调查总队编：《浙江统计年鉴2011》，中国统计出版社，2011年；浙江省统计局、国家统计局浙江调查总队编：《浙江统计年鉴1992》，中国统计出版社，1992年。各市县数据为计算所得。

浙江省中心城市对地级市的人口贡献率也反映出在这种发展态势下中心城市对人口的集聚能力不足，除舟山、湖州外其他地级市中心城市人口占地级市总人口的比重都在40%以下，温州、绍兴、金华和丽水不足20%。舟山由于海岛分布的特殊地理环境人口集聚程度较高，整体上中心城市的“中心”程度不高，见表4-13。

表4-13 浙江省地级市中心城市人口贡献率

单位：%

地级市	2010中心城市人口贡献率
杭　州	32.90
宁　波	38.91
温　州	18.53
嘉　兴	24.52
湖　州	41.89
绍　兴	14.82
金　华	19.97
衢　州	32.92
舟　山	72.05
台　州	26.56
丽　水	14.89

注：杭州中心城市没有包括萧山区和余杭区。

资料来源：浙江省统计局、国家统计局浙江调查总队编：《浙江统计年鉴2011》，中国统计出版社，2011年；杭州市统计局、国家统计局杭州调查队、杭州市社会经济调查局编：《杭州统计年鉴2011》，中国统计出版社，2011年。各市数据为计算所得。

对于具体县域与中心城市的对比将会使中心城市相对县域发展滞后的现状表现得更为直观。金华地级市范围内义乌市在GDP总量、人均GDP和人均收入等指标上超越了中心城市，绍兴地级市内也有同样情况，见图4-2、图4-3。

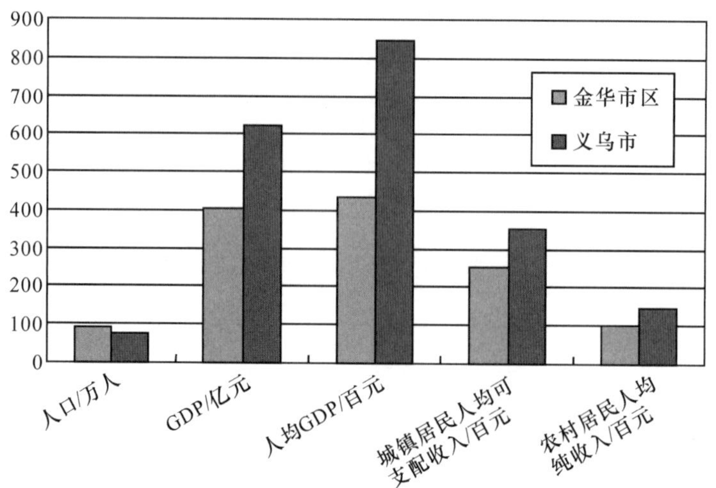

图 4-2 2010 金华市区与义乌市经济指标对比

注:义乌市为金华市所辖县级市。

资料来源:浙江省统计局、国家统计局浙江调查总队编:《浙江统计年鉴 2011》,中国统计出版社,2011 年。

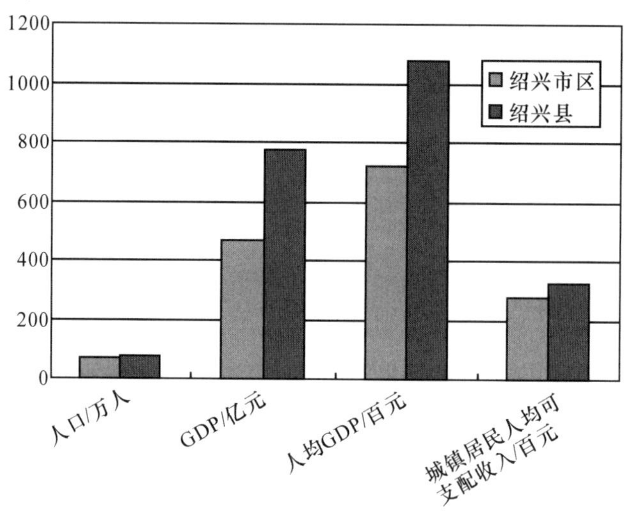

图 4-3 2010 绍兴市区与绍兴县经济指标对比

注:绍兴县为绍兴市所辖县。

资料来源:浙江省统计局、国家统计局浙江调查总队编:《浙江统计年鉴 2011》,中国统计出版社,2011 年。

而在嘉兴、湖州和台州几个地级市，强县虽然人口和GDP总量不及中心城市，但人均GDP和人均收入等代表人均经济发展水平的几个指标都超过了中心城市，见图4-4、图4-5、图4-6。

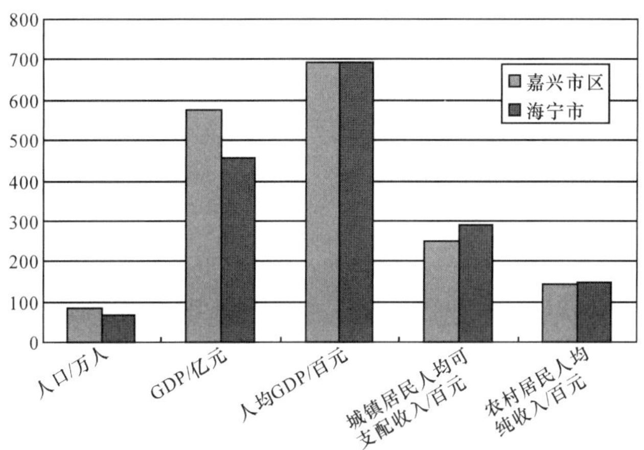

图4-4 2010嘉兴市区与海宁市经济指标对比

注：海宁市为嘉兴市所辖县级市。

资料来源：浙江省统计局、国家统计局浙江调查总队编：《浙江统计年鉴2011》，中国统计出版社，2011年。

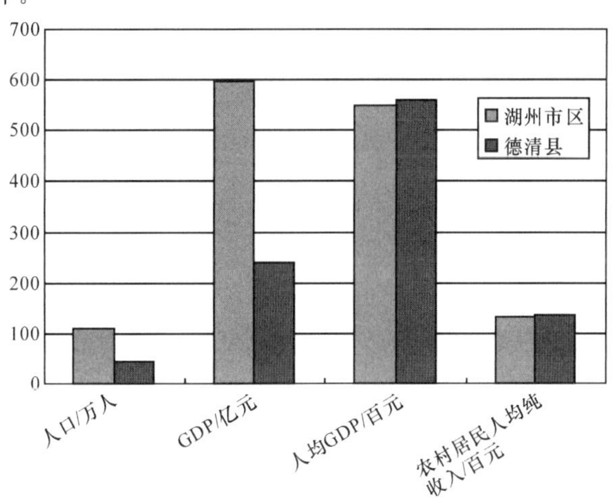

图4-5 2010湖州市区与德清县经济指标对比

注：德清县为湖州市所辖县。

资料来源：浙江省统计局、国家统计局浙江调查总队编：《浙江统计年鉴2011》，中国统计出版社，2011年。

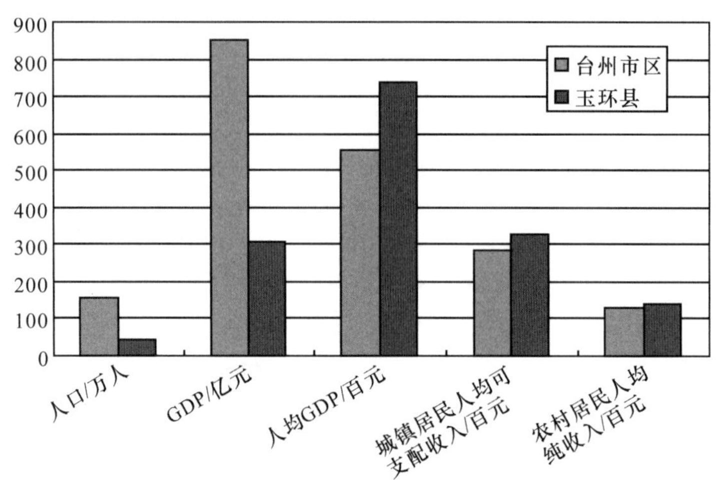

图 4-6　2010 台州市区与玉环县经济指标对比

注：玉环县为台州市所辖县。

资料来源：浙江省统计局、国家统计局浙江调查总队编：《浙江统计年鉴 2011》，中国统计出版社，2011 年。

四、中心城市与县域互惠共生发展的路径分析

我们通过对浙江省的城市化基础、经济发展路径与政策体制环境的分析，提出了浙江省生产性服务业集聚程度不足的原因，即在城市化基础欠佳的背景下，过度分散的县域工业化路径与偏重县域激励的政策环境对于中心城市的要素集聚产生了负面影响，而前面提到以生产性服务业为代表的整个服务业集聚程度不足则是影响浙江省产业结构调整的重要方面。于是我们最终要探讨的问题是，如何通过协调好中心城市与县域的发展来促进浙江省经济结构向更有利于服务业发展的方向转型。

在目前浙江县域经济已经成为浙江省经济发展主力的背景下，不能简单地通过彻底改变乡村工业化道路和强县战略来促进中心城市发展，那样的改革代价同样是巨大的，但至少在当前时期，在大都市已经成为全球化进程中国内国际竞争的主要力量的形势下，仅仅侧重强县是不够的，一定要在强县的同时加速发展中心城市，使得县域发展和中心城市发展呈现出相辅相成互为推动的趋势，这就对探索市县互惠共生发展的路径提出了要求。

立足于浙江省的现实环境，我们认为，高端服务业向中心城区集聚，县

域加强制造业转型升级，以中心城市的生产性服务业集聚促进县域制造业转型升级，以县域的制造业发展为中心城市的生产性服务业提供市场，就是一种可行的市县互惠共生模式。

（一）中心城市以生产性服务业集聚为重点

世界上最有代表性的大都市，例如纽约、东京和伦敦，都实现了生产性服务业在中心城市的高度集聚。不论是纽约的中心膨胀模式、伦敦的多点发展模式还是东京的多样化、多层次、网络化集聚模式，集聚产生的规模效益都增强了城市整体的国际竞争力。[①] 与此同时，国内以上海为代表的大都市，也在加速形成现代服务业的产业集聚区，外滩—陆家嘴金融贸易区、人民广场现代商务区等近二十个现代服务业集聚区正在快速崛起。[②] 因此，浙江省面对日益激烈的国际国内竞争，不能止步于传统制造业大省的地位，而应积极提升以生产性服务业为代表的高端服务业实力，通过产业集聚增强整体竞争力。目前，浙江省已经规划在建的服务业产业集聚区，以杭州城西科创产业集聚区、嘉兴现代服务业集聚区和义乌商贸服务业集聚区为代表，发展呈现出良好势头，[③]但是，产业园区的数量和规模与浙江省经济大省的地位仍不匹配，中心城市要素集聚能力仍然不足，因此，全省进一步扩权强县的同时，在生产性服务业要素集聚和产业园区规划方面，需要增强地级市政府的统筹能力，把县域发展当作实现中心城市产业高端化的一个契机，合理安排市县之间的管理权划分。

（二）县域以制造业集聚为重点

浙江县域历来以一县一品的块状经济著称，从全国范围来看，这种块状经济产业集聚程度较高，在国内市场上具有很强的竞争优势。但是，集聚程度这一概念具有相对性，如果将关注点聚焦于具体的县域，那么浙江省许多地区的制造业产业集聚又是不够的。由于浙江省县域经济走的是一条乡村工业化道路，所以村村有工厂的现象在县域比较多见，尤其以杭州湾两岸和

---

① 杨亚琴、王丹：《国际大都市现代服务业集群发展的比较研究——以纽约、伦敦、东京为例的分析》，《世界经济研究》2005 年第 1 期。

② 包晓雯：《大都市现代服务业集聚区理论与实践——以上海为例》，中国建筑工业出版社，2011 年，第 101 页。

③ 张妍婷：《建设十记——大平台》，《钱江晚报》2012 年 5 月 16 日。

台州、温州沿海更为普遍，这就导致一方面制造业发展所需的硬件环境难以有效提升，另一方面农村地区的发展付出了环境被严重污染的代价。因此，在实现了县域块状经济优势的同时，浙江省还应进一步加强县域制造业产业集聚，使分散在乡村的制造业企业向县域标准化产业园区集聚，在全球经济低迷的国际环境下，这也是优化制造业发展平台，增强产业与国际接轨能力的题中之意。除了硬件提升之外，县域还应着重改善法制环境与金融服务，许多制造业企业不敢创新，资金向虚拟经济溢出，很重要的原因在于新产品新技术的专利保护不足，行业内仿冒、抄袭现象得不到控制，因此在传统制造业转型过程中，完善的保护知识产权的法律环境不可或缺。在金融领域，当前县域制造业最需要的改革，则是银行金融机构对民营中小企业和国有企业一视同仁，消除差别化待遇。

(三)以生产性服务业促制造业转型升级

制造业的技术和产品创新需要有完善的金融体系做保障，中心城市通过增强金融业产业集聚，提升金融业服务的质量，一方面可以为民间过剩的资金提供多元化的投资渠道，引导浙江资本在本地集聚，抑制各种炒作式的非理性投资和资金外溢；另一方面也可以为众多资金紧张的中小微企业提供更为优质便利的信贷服务，这方面温州的金融试点改革已经迈出了第一步。

房地产行业对于制造业发展的促进作用除了带动建材、家居用品等上下游产业外，还体现在中心商务区，即 CBD 的商业地产建设方面，中心商务区的建设为各种企业提供了接近中心城市各种要素资源的便利办公条件，因此，国际大都市的中心商务区往往成为企业总部的集聚区。浙江省中心城市也应积极发展与城市整体实力相匹配的中心商务区，以总部经济带动中心城市品味提升，为县域制造业企业提供更加完善的办公平台。

信息咨询业对于企业管理方面的转型升级有着重要作用，浙江省许多中小企业仍然处于家族式管理向现代管理模式转型的过程中，企业规模一旦做大，就对高水平的现代管理模式提出了要求，信息咨询业则着重解决企业发展过程中遇到的管理瓶颈，如企业架构设计、人力资源管理、生产流程管理等影响企业绩效的关键领域，同时还为企业提供服务外包业务，有助于增强企业的专业化与经营效率，也符合浙江省培育大企业的战略要求。

科研机构的产业集聚在浙江已经初见端倪，但主要集中在省会杭州，比较有代表性的有两类，一类是以科技产业园区为依托的科研机构与高端制造企业的集聚，以“浙江硅谷”——杭州城西科创产业集聚区为代表[①]；另一类是以高校为依托的科研机构的集聚，以浙江大学为代表。相比之下，浙江其他地级市科研机构规模与集聚不足，这可能需要从两个层面进行调整，既要增强地级市中心城市在科学技术领域的统筹管理能力，又要加强杭州与各个地级市的科技产业园区共建与人才共享。

（四）制造业为服务业提供发展支撑

尽管服务业已经成为发达国家带动就业和经济增长最主要的力量，但是，一个国家的服务业如果没有同步发展的制造业的支撑，其发展仍然是缺乏基础的。日本的经济经历高速发展之后出现倒退，最重要的原因就是其房地产市场的增长速度远远高于经济发展速度，导致市场泡沫出现。东南亚金融危机的出现也与房地产市场泡沫有关。而最近的全球金融危机中，服务经济脱离制造业支撑的国家往往受影响最大，冰岛与爱尔兰由于过度发展金融业而缺少制造业支撑，面对危机整个国家陷于破产边缘，而西班牙近些年来以房地产和金融为主导的经济发展结构，也使全国陷入债务危机中，反观欧洲抵御风险能力最强的德国，恰恰是欧洲制造业实力最强劲的国家。因此，制造业虽然在促进经济增长和就业方面已经退居次席，但是其保持国民经济稳定，抵御全球风险的作用仍不可忽视。而衡量制造业发展的标准并不是制造业在国民经济中的比重，而是制造业的先进程度，从国际经验来看，知识含量高的先进制造业往往扮演着国民经济中流砥柱的角色。

从浙江的角度来看，县域制造业的整体规模较大，但生产技术和产品层次仍有很大提升空间，制造业本身抵御国际金融危机能力不强，也难以为服务业提供有效支撑。当前，通过省级规划，浙江省已经初步形成了十六个产值过百亿元的省级高新技术产业基地，其中一半以上分布在县域，[②]再加上已经开始建设的现代服务业产业集聚区，生产性服务业与制造业良性互动的局面已经初步形成，制造业的下一步发展任务将是通过走高端路线，即做

---

① 张妍婷：《建设十记——大平台》，《钱江晚报》2012 年 5 月 16 日。

② 王燕平：《建设十记——大产业》，《钱江晚报》2012 年 5 月 17 日。

大做强战略性新兴产业,来保障浙江省包括服务业在内的整个国民经济的稳定与发展。

第三节 省管县改革中的干部管理体制创新

省管县体制改革的核心问题是党政领导干部制度改革。截止到2009年12月,我国有23个省份进行了各种形式的省管县体制改革的试点。各地改革的侧重点和步骤不尽相同:大部分省份选择了财政体制省管县改革,也有部分地区进行了"强县扩权"的试点,还有个别省份率先全面实行了省管县体制改革。但值得注意的是,经过多年的改革试点,各省在省管县体制下如何改进党政领导干部制度方面还缺乏统一的认识和系统的实践,也鲜有这方面的理论探讨。在当前省管县改革的背景下,不仅要重视财政体制的改革,而且要适时推进党政领导干部制度改革,因为它是完全释放省管县体制改革能量的关键环节,同时还是促进区域竞争、适应社会发展规律的必要前提,对地方行政体制改革具有特殊的意义。

一、省管县体制下县级党政领导干部管理制度

本书所论的"党政领导干部制度",是有关"党政领导干部"的管理体系、管理制度及其工作机制的总称。按照《党政领导干部选拔任用工作条例》的有关说明,"党政领导干部"可以被界定为在县级以上公共部门任职,具有一定领导职务,拥有一定权力并担当相应责任的党和国家机关公职人员。一直以来,党政领导干部制度改革都是行政体制改革的难点,由于其涉及利益复杂、影响深远而推进起来较为困难。值得庆幸的是,在省管县体制改革的背景下,各省目前都在积极探索县级党政领导干部制度的新模式。这些探索大多是根据本省经济社会发展的实际,紧扣本省省管县改革不同阶段的特点而进行的,简单来说,现有省管县体制下的党政领导干部制度有如下三种模式:

一是市直管县的党政领导干部。目前施行省管县改革的大部分地区,在党政领导干部制度上仍沿用了市直管县体制。对他们而言,扩权改革只涉及财权和部分行政审批权的下放,在财政和部分经济社会事务上实行省

级直接对县的管理体制，而在干部人事管理上没有实行省级直接对县的管理体制，县级干部的人事权仍然掌握在地市政府手中。

随着各省县域经济的逐步壮大，为表彰对当地经济发展做出重大贡献的党政正职，也为保持县级领导班子和干部队伍的相对稳定，一些省份开始尝试在保持原有“市直管县”的党政领导干部制度不变的情况下，对一些环节进行改进，原职提级是较为普遍的做法。比如广东省提拔50岁以上、担任现职满5年以上的优秀县委书记享受副厅级待遇；还有些省份则采取了将县(市)党委书记选为省委委员、省委候补委员的办法，比如江苏。这些措施在客观上为推进财政省管县和强县扩权改革扫清了障碍，但其在本质上更多彰显的是一种与升迁关系密切的激励机制，而非党政领导干部制度的变革。因为作为行政权力的核心，县级党政领导干部的人事任免权仍旧牢固地掌握在所属市里。

二是省直管县的主要党政领导干部。在实践中，这是当下省管县改革的一大亮点和突破。这方面较为典型的例子是浙江、吉林、湖南、云南和河北。浙江是全国少数几个实行省直管县(市)党政正职体制的省份之一。省委对县市党政一把手的培养、选拔、任用、管理和监督实行统一规划部署。从实践来看，这一管理体制提高了县(市)党政一把手的管理层次，实现了与省管县财政体制的配套，为下一步省管县改革向行政领域全面推进创造了有利的条件。吉林省在2005年就实施了“省管县财政体制”。之后为适应扩权后县域经济社会发展需要，省委、省政府提出将县(市)党政正职列入省委管理，在全省范围内好中选优、优中选强配备县(市)党政主要领导干部。另外，吉林省还有选派省里的副厅级干部担任县委书记的政策措施。云南、河北、湖南等省份则相继规定县委书记的选拔任用需按程序报经省委常委会议审议。这是自1983年实行干部“分级管理、下管一级”管理体制后的一项重大调整，从此这些省份县委书记的推举任用将从县级组织部开始，由地市级呈报省委组织部，部委会讨论后呈报省委常委会，最终通过票决制任用，省委也将在更大范围内调配县委书记。

三是省全面直管县的党政领导干部。这种类型的典型代表是海南省。2008年7月，海南省委五届三次全体(扩大)会议通过《中共海南省委关于进一步完善省直管市县管理体制的意见》，决定将177项行政管理权直接下放到县(市)和地级市。在党政领导干部制度方面，则进一步明确了省直管县(市)党政领导干部的管理体制。对全省经济社会发展战略中地位突出、发展较快、综合实力较强的区域性中心城市,要适当提升发展地位,适度高配领导班子。海南的省管县党政领导干部制度改革走在全国前列,很多经验值得借鉴。但其措施能否推广仍值得商榷,一方面,海南区域面积相对较小,管理幅度较小,海南省下辖2个地级市、16个县(市),这给省直管县(市)的党政领导干部提供了便利;另一方面,海南的党政领导干部制度改革很好地利用了行政管理体制调整的契机,借着改变过去行政区划架构和实施扁平化管理模式的机会,一步到位,阻力较小。这些与当前大部分省份的实际情况是有所区别的。

二、省管县体制下党政领导干部制度的困境

从上述的实践来看,目前各省对于省管县体制下进行党政领导干部制度改革的重要性和必要性的认识还不统一,很多省份将党政领导干部制度改革定位为财政省管县改革的配套措施;对改革的风险估计过高,改革原地不动或者举措单一。这些都使得我国现有的县级党政领导干部制度中诸多不合理之处得以保留,并成为省管县改革进一步推进的障碍。

第一,党政领导干部制度中的激励措施单一。当前,省管县体制下的党政领导干部制度在全国还没有统一的模式,先行的做法是将党政一把手予以高配,这是提升行政级别的措施。在传统的干部体制下,官员的行政级别决定了其政治、生活、工资、医疗等各种待遇。县一级在我国非常重要,但县级的行政级别比较低,最高为正处级。从这个角度讲,从行政级别入手,施行原职提级是一种思路,将这部分县委书记提拔为副厅级干部后,有利于他们在这一重要位置上稳定、长期工作。但这种方式也有弊端,它无疑放大了干部对于级别和提拔的关注。因此,要真正完善省管县体制下的党政领导干部制度和提高县级党政领导干部的工作积极性,还需跳出行政级别的圈子,更好地实施以任期制、任期目标承诺制、引咎辞职制等为主体的激励约束机制,有效解决县级党政领导干部"能上亦能下"的问题。

第二,县级党政领导干部与地方发展的畸形关联。长久以来,县级党政领导干部对县域经济社会发展缺乏全面的关怀。"晋升锦标赛模式"的存在,使得县级党政领导干部有强烈的动机去推动地方经济的发展,但同时在客观上也强化了领导们"对上负责"而不是"对下负责"的政绩导向。特别是

在“集权体制尚未根本变革的背景下，尽管纵向层级之间实际监管能力大幅下降，但中央政府或上级政府依然在很大程度上掌握着重要资源的分配权与下级官员的仕途命运，只对上负责的现象没有根本改变”①。不少县级党政领导干部的工作指导思想主要是为了让上级领导满意，而不在乎群众的意愿，所以才会不顾广大民众的实际需要大兴土木，搞各种“政绩工程”“形象工程”。官员们普遍更关心可测度的经济绩效，为了彰显政绩、提升自身形象，而忽视与人民群众息息相关的公共服务的供给。同时，县级党政机关尤其是主要党政领导干部还会在发展县域经济时存在短视行为，对县域经济社会的长远发展缺乏真切的关怀，急功近利，人为设置贸易壁垒，阻碍区域经济的交流和发展。

第三，人权、事权、财权不对等。人权、事权、财权相统一是有效政府管理的一项基本原则。有事权必须有财权，没有财权只有事权是无法完成任务的。而地方财权的大小，也表现在事权的划分上，反映在各项支出的支配权上。人权则是对上述两种权力进行合理调整和匹配的保障力量。在我国现行的行政管理体制中，三种权力被人为地强行分割，直接造成了人权在上、事权在下、人权制约事权、事权拖累财权的后果。省管县财政体制改革和各省对经济社会管理权限的下放，在一定程度上缓解了县级政府事权、财权不对称配套的矛盾。但因为党政领导干部制度改革迟迟没有推行，使得省管县改革的政策效应受到极大削弱。市级政府仍旧可以依靠手握的人事权，通过任免、考核、干部交流等方式变相地对县级政府的决策施加影响，进而回收由于财权和事权下放所带来的利益损失。由此，县级政府的行政效率无法得到质的提升，县域经济发展的独立性也无法得到完全巩固。可以说，在人事权配置格局未变的情况下，“省—市—县”政府之间财权与事权的重新配置，并没有从根本上改变我国县级政府“权小、责大、能弱”的困境。

第四，干部异地交流制度不健全。干部异地交流是我国干部人事管理体系的重要组成部分，也是干部管理工作的一项常规性任务。干部异地交流有避籍交流、培养交流、轮岗交流、提拔交流、调整性交流等五种形式，其对象主要是县（市、区）以上党委、政府领导班子成员，法院、检察院和部分职能部门的主要负责人。随着2008年《党政领导干部交流工作规定》的颁布，

---

① 陈国权：《责任政府：从权力本位到责任本位》，浙江大学出版社，2009年，第185页。

干部交流工作得以更加制度化和规范化。干部交流的实践结果在总体上也确实有利于培养锻炼干部，提高干部的管理素质和工作能力，在一定程度上也可以起到防止不正之风和腐败现象的作用。但我们通过访谈发现，干部交流在县级政府层次的弊端也逐渐显现，现有干部交流制度与干部、群众的期望还存在一些差距：首先是交流对于腐败的防治效果极为有限，一般新交流的干部只需短短几个月时间便可将关系网重新建立，临近地区干部交流的作用更低；其次是由干部交流派生的公车接送、异地购房、公款吃喝等公务消费浪费惊人；最后，个别地区的干部交流还成为上级政府强迫下级政府服从其指令的一个手段。

三、省管县体制下党政领导干部制度的改革

各地省管县改革的经验表明，不管是财政权的下放，还是经济与社会管理权限的下放，都并不必然引发县域经济的增长效应。发展县域经济、提升行政效率，关键要看县(市)党政领导干部的管理水平。因此，深化省管县体制下党政领导干部制度改革意义重大。积极稳妥地推进省管县体制下党政领导干部制度改革，应该和地方行政体制改革相配合，从干部任免、干部考核、干部监督和干部交流等方面入手，多管齐下，寻求县级党政领导干部制度改革的突破，具体改革方案见表 4-14。

表 4-14　省管县体制下党政领导干部制度改革方案

党政领导干部制度	改革前	改革后
干部任免	市委任免县委常委	省直管县委常委，省委职能部门协助管理
		县委常委领导下的干部公开竞争机制
干部考核	市委组织部考核	省委组织部考核和民主评议相结合
干部监督	自上而下的监督	自上而下的监督和自下而上的监督相结合
干部交流	干部异地交流，轮岗锻炼	干部任免、管理的法制化和本地化

第一，推行省直管县委常委与省委职能部门协助管理相结合的试点工作。目前浙江、吉林等几个省份迈出了省管县体制下党政领导干部制度改革的第一步。从实践来看，这种制度安排提高了县(市)党政一把手的地位，客观上有利于实现县域发展的自主性。然而，作为一种不彻底的改革，这种模式的弊端也不言而喻：首先是协调问题，县(市)党政一把手归省里管，其

他县级干部则由市里管，把本来紧密联系的干部人事管理体系拆分，大大提高了县级党政机关与省、市协调的工作量。“扩权后，县（市）普遍感到有了‘两个婆婆’，造成办公成本增大……由原来的‘一头协调’变为‘两头协调’，事反而更难办了。”①其次是监督问题，权力过分集中是当前我国干部人事管理中的一大弊端，因为“在加强党的一元化领导的口号下，不适当地、不加分析地把一切权力集中于党委，党委的权力又往往集中于几个书记，特别是集中于第一书记，什么事都要第一书记挂帅、拍板。党的一元化领导，往往因此变成了个人领导”②。而将党政一把手高配的做法，无疑将更加凸显一把手在决策和执行中的重要地位，从而使得权力的监督更为困难。

我们认为，当下有条件的地区可试行“省直管县委常委，县委常委管理其他县级干部”。此方案较之“省直管县的党政一把手”具有三个方面的优势：首先，彻底实现了人事权的下放，市不再对县的干部拥有任免和管理的权力，解决了“两个婆婆”之间难以协调的问题，加大了县（市）的自主权；其次，将全体“县委常委”予以高配，相较“省直管县的党政一把手”，更有利于对一把手进行监督，避免一把手一人说了算的局面；最后，这个方案更加有利于增强省委的权威及其对县（市）工作的通盘指导，对于促进全省县域经济的协调发展，避免地方之间的恶性竞争具有重要意义。

现行县委常委会一般由书记、副书记（县长兼）、专职副书记、宣传部长、组织部长、纪委书记、政法委书记、人武部长、副县长等人组成，省直管县委常委的方案是在不改变管理权限的基础上，扩大了省委对县级党政领导干部的管理幅度，因此必然会增加省委干部管理的工作量。为此，可行的配套方案是省委的纪委、宣传、统战等职能部门协助省委组织部管理县委常委班子，实现省委职能部门管事与管人相连接（见表4-14）。这样一来，不仅减轻了省委对县级党政领导干部进行管理的工作量，同时还有助于选拔优秀人才，提高县级党政领导干部的专业化水平。省委职能部门协助管理的模式，可以是推荐、联合考核考察、协商决定干部人选等。

---

① 张占斌：《省直管县体制改革的实践创新》，国家行政学院出版社，2009年，第132页。

② 邓小平：《邓小平文选（第二卷）》，人民出版社1994年版，第328—329页。

第二，建立县委常委领导下的干部公开竞争机制。完善县级党政干部管理制度，需要“自上而下”和“自下而上”两种变革相结合。县级政府是直接进行社会管理和公共服务的政府，县级政府的行为与人民群众的利益息息相关，因此，群众满意是县级政府工作考量的最终标准，对县级党政领导干部的管理必须重视对群众意见的吸纳。然而，因为特有的干部晋升和“异地为官”制度使然，当前县级干部的个人利益与当地发展关联度不够，县级干部增强对县域发展缺乏持久、全面的关怀。因此，可以建立县委常委领导下的干部公开竞争机制，对县委常委之外的县级干部通过公开竞争的方式进行选拔，通过加强群众对选人用人机制的参与和监督，激励干部对县域社会经济发展的责任感与对当地民众诉求的回应性。建立县委常委领导下的干部公开竞争机制，就是要祛除干部任命中的“神秘化”现象，通过公开标准和程序，提高干部推荐、选拔、任用、监督工作的透明度和群众参与度，使得大批年富力强、与群众关系密切的优秀人才脱颖而出，通过平等竞争进入县级党政领导班子。

第三，改革干部异地交流制度。干部异地交流制度的推行，是我国干部人事管理制度在新时期的一项极其重要的改革举措。干部异地交流的一个主要目的，是克服领导干部在一地任职时间过长而带来的拉帮结派和裙带主义问题。此外，从领导干部的个人层面上看，干部异地交流可以丰富干部的阅历，积累经验，尤其是从落后地区到发达地区的交流，可以更新领导干部的施政观念和知识储备，大大开阔施政思路和视野。同时，干部定期异地交流还可以减弱地方官员因为晋升博弈的零和性而从事恶性竞争的程度。但正如上文所分析的，干部异地交流的局限性也毋庸置疑。

县级政府是直接进行社会管理和提供公共服务的政府，其直接面对的是广大群众。相对于避免裙带关系和培养干部来说，是否有利于县级政府工作的开展，更应该成为县级党政领导干部制度改革的基本目标。因而，打造一支真正对县域经济社会长期发展与人民群众负责的党政领导班子显得十分重要，而党政领导干部的稳定性是其前提条件。只有对当地的具体情况和发展特点足够了解，才能真正有效提升管理县域的能力，摆脱执行性行政的弊端，因地制宜地发展地方经济；也只有提高县级党政领导干部与当地发展的利益相关度，才能有效促进领导干部对县域发展的全面关怀，提升公共服务供给的质量和效率。为此，省管县体制下的党政领导干部制度改革，必须在干部异地交流制度改革方面迈出新的步伐，干部管理的本地化和法制化是其基本趋势。可在县级政府层次积极推行干部任免和管理的本地化，淡化干部异地交流制度，通过完善相关法律、法规和民主监督渠道，避免裙带关系所带来的负面影响，同时增加领导干部工作的稳定性，使其更好地在当地开展工作。

省管县改革作为一项系统工程，是地方政府层面的重大改革创新，其重要意义不言而喻。财权省管县、经济和社会管理权限的下放、干部人事制度改革是推动省管县改革不断深化的不可或缺的三个环节。党政领导干部制度改革是人事制度改革的核心，是人事制度改革的难点，同时也是下一步省管县改革的重点。如果县级党政领导干部制度最终因省管县改革而变得更为科学合理，既体现民主精神，又保障行政效率，还能满足群众的公共需求，那将是一项意义非凡的政府管理创新。

第四节　市县互惠共生与协调发展

实行“省管县”还是“市管县”体制，是我国当前行政体制改革争议最大的问题之一。综观这场争论，我们发现，主张“省管县”的观点多数基于对实行“省管县”改革地区所取得绩效的肯定，如从浙江“省管县”改革带来县域迅速发展，推导出的对“省管县”体制的肯定。而反对“省管县”的主张也往往来自实践，如认为西部省份县域对中心城市依赖度高，如果实行“省管县”体制，经济落后的县将会面临更大的困难。分析这场争论不难发现一个问题，即双方都是从局部得出结论并试图将适用性扩展到全国，从而忽视了地区的差异性。我国是一个区域差异性显著的国家，各个地区的自然条件、经济基础和社会文化条件差异明显，因此，同一种体制未必在全国各地有同样的适用性，地方行政管理体制也是如此。这就有必要对三十多年来在全国大部分地区实行的市管县体制的实践效果进行检验。在此基础上，判断是否需要基于区域的差异性和市管县体制的实践效果进行市县府际关系的分类式改革。

鉴于市管县体制的主要初衷是促进区域经济共同发展，也就是地级市范围内的市县经济共同发展，本研究在检验市管县体制效果时主要从经济发展这一关键变量进行考察，暂不考虑区域社会、文化、地缘等变量的差异性影响。① 本书将利用统计数据对全国各地级市内市县发展水平进行分析，从而检验“地改市”后普遍实行的“市管县”体制有没有实现“市县经济共同发展”的初衷。在此基础上，结合市县府际关系调整的目标选择，给出具体的改革建议。

一、全国地级市市县经济发展差异性分析

“市县经济共同发展”可以分解为两层含义来理解：首先在绝对值上，市县经济都要有发展；第二在相对比较上，市县的发展应具有同步性，市县差距不能过大。经过三十多年的改革开放，前者的实现是有目共睹的，而后者是否成立尚需论证。我们依据 2010 年统计年鉴数据②，对 2009 年全国各地级市内人均 GDP 进行了统计和比较。地级市中心城市直接采用“市辖区人均 GDP”这个指标。为了能反映每个地级市所辖各县经济发展的平均水平，我们取各县人均 GDP 的平均数，最后，用前者与后者的比值来反映市县之间经济实力的差异程度。

截至 2010 年，全国辖县的地级市共有 269 个，辖县 1554 个③，其中 6 个地级市市辖区资料缺失（宁波、铜陵、梅州、云浮、拉萨、柳州），实际参与统计的地级市共 263 个，辖县 1524 个。统计结果显示，全国各地级市市辖区人均 GDP 均值为 36779 元，市辖区人均 GDP 与所辖各县人均 GDP 平均数之比（以下简称市县差距），全国平均为 1.965。也就是说，平均每个地级市内的市县差距差不多为两倍。这个数字反映了市县之间的经济实力差距总体上还较大，缩小市县差距，实现市县经济的互惠性发展仍然任重道远。

对市辖区人均 GDP 与市县差距通过 SPSS 统计软件进行相关分析，结果为显著相关（见表 4-15）。这个结果说明在全国总体上市辖区人均 GDP 越高的地方，市县差距拉得越大。也就是说，各个地级市市区经济发展很快的地方，各县经济没有同步跟进，市县发展缺乏协调性。

---

① 李猛：《中国区域非均衡发展的政治学分析》，《政治学研究》2011 年第 3 期。

② 本节统计数据均来自《2010 中国区域经济统计年鉴》和《2010 中国城市统计年鉴》。

③ 包括县与县级市。

表 4-15　全国市辖区人均 GDP 与市县差距的相关分析结果

		市辖区人均 GDP	市县差距
市辖区人均 GDP	皮尔逊相关	1	0.406*
	显著性(双侧检验)		0.000
	总　数	263	263

注：* 表示在 0.01 的水平上显著相关(双侧检验)。

虽然全国范围内的数据表明市县差距随着中心城市人均 GDP 增大而扩大，但各个区域内部是否都遵循这样的规律仍需检验。我们按照通用的区域划分方法，将我国分为东部、中部、西部和东北，分别对区域内的地级市进行统计检验，结果显示：中部、西部和东北三个区域符合这个规律，东北尤为明显，而东部地区则完全不显著(见表 4-16、表 4-17、表 4-18、表 4-19)。也就是说，如果把全国分为四大区域，那么“中心城市越发达市县差距越大”这个论断适用于全国除东部以外的区域，而在东部地区则不适用。

表 4-16　东部市辖区人均 GDP 与市县差距的相关分析结果

		市辖区人均 GDP	市县差距
市辖区人均 GDP	皮尔逊相关	1	0.028*
	显著性(双侧检验)		0.815
	总　数	72	72

注：* 表示在 0.01 的水平上显著相关(双侧检验)。

表 4-17　中部市辖区人均 GDP 与市县差距的相关分析结果

		市辖区人均 GDP	市县差距
市辖区人均 GDP	皮尔逊相关	1	0.604 *
	显著性(双侧检验)		0.000
	总　数	78	78

注：* 表示在 0.01 的水平上显著相关(双侧检验)。

表 4-18　西部市辖区人均 GDP 与市县差距的相关分析结果

		市辖区人均 GDP	市县差距
市辖区人均 GDP	皮尔孙相关	1	0.404*
	显著性(双侧检验)		0.000
	总　数	79	79

注：* 表示在 0.01 的水平上显著相关(双侧检验)。

表 4-19　东北市辖区人均 GDP 与市县差距的相关分析结果

		市辖区人均 GDP	市县差距
市辖区人均 GDP	皮尔孙相关	1	0.775 *
	显著性(双侧检验)		0.000
	总　数	34	34

注：* 表示在 0.01 的水平上显著相关(双侧检验)。

四个区域省会城市市县差距的比较也能从一个侧面印证上述结论。东北的省会城市市县差距均值为 2.610 倍，中部和西部分别为 2.484 倍、2.325 倍，相比之下东部地区省会城市市县差距小一些，均值为 1.725 倍(见图 4-7)。

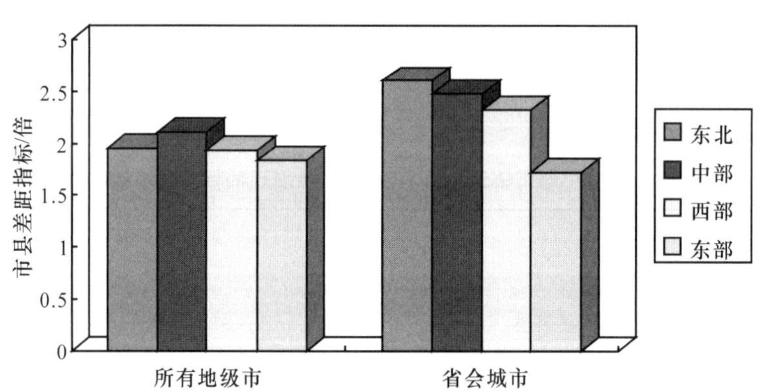

图 4-7　四个区域省会城市和所有地级市的市县差距比较

东部各省份中，浙江的市县差距最小，为 1.528 倍，市县在控制两极分化方面协调程度较高。浙江之后依次是山东 1.588 倍，江苏 1.677 倍，福建 1.858 倍。广东省各地级市市县差距较大，达到 2.327 倍，其后是河北 2.084 倍(见图 4-8)。

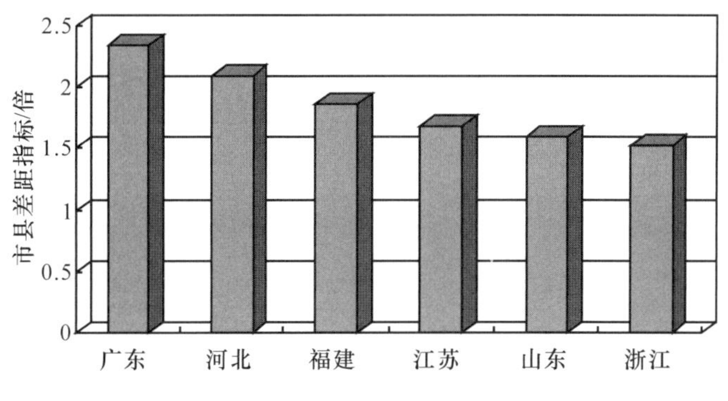

图 4-8　东部省区市县差距

中部各省区除河南的市县差距控制在 1.444 倍之外，其余五个省区的市县差距均高于 2 倍，由高到低分别是：湖北 2.604 倍，湖南 2.371 倍，江西 2.288 倍，山西 2.245 倍，安徽 2.075 倍（见图 4-9）。

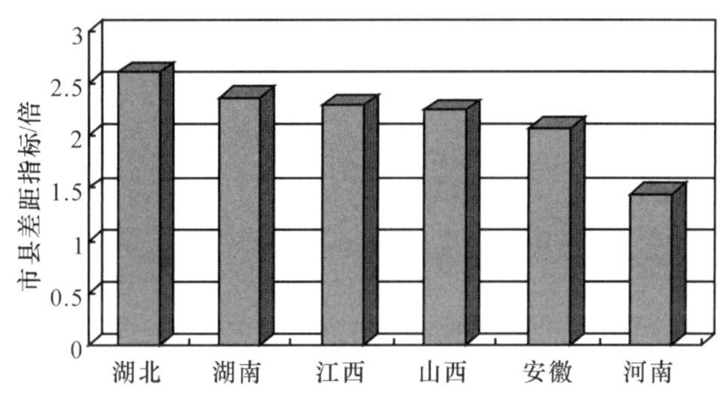

图 4-9　中部省区市县差距

西部市县差距较大的几个省区依次是贵州 2.853 倍，云南 2.605 倍，青海 2.390 倍，新疆 2.390 倍，甘肃 2.219 倍，广西 2.166 倍。相比之下较为协调的几个省区是内蒙古 1.376 倍，宁夏 1.444 倍，陕西 1.462 倍，四川 1.692 倍（见图 4-10）。

东北三省黑龙江的市县差距相比之下最大，为 2.331 倍，其次为辽宁 1.789 倍，吉林 1.709 倍（见图 4-11）。

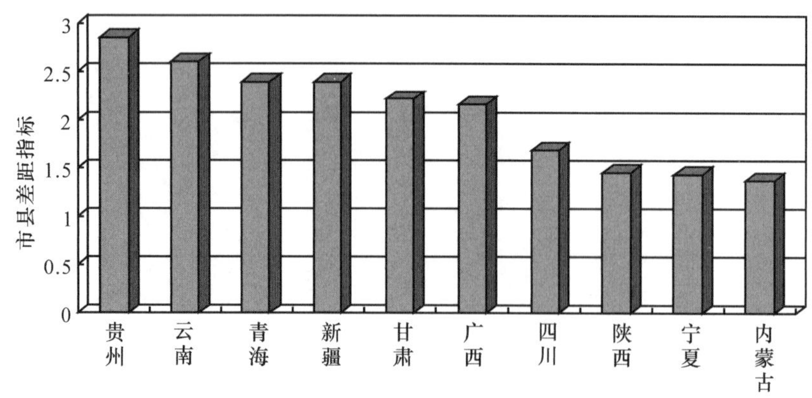

图 4-10　西部省区市县差距

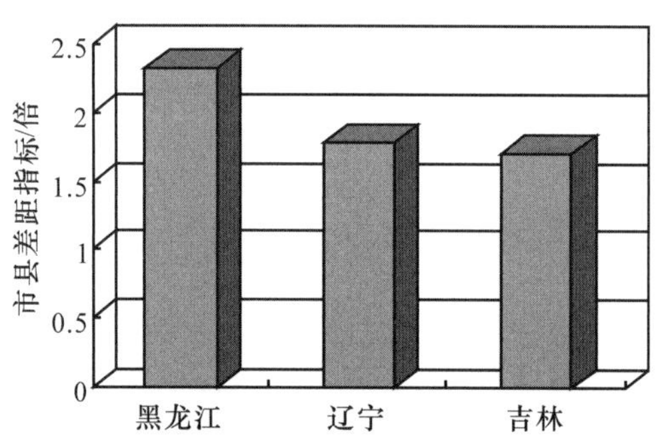

图 4-11　东北省区市县差距

资源型城市是因自然资源的开采而兴起或发展壮大，且资源性产业在工业中占有较大份额的城市。① 在市县差距较大的地级市中，中心城市为资源型城市的情况较多，例如大庆市，市县差距达到了 11.33 倍。类似的，金昌为 5.62 倍，大同为 5.18 倍，等等(见表 4-20)。

表 4-20　中心城市为资源型城市的部分地级市的市县差距

地级市名称	市县差距
大　庆	11.33
金　昌	5.62

① 划分标准参见：国家计委宏观经济研究院课题组：《我国资源型城市的界定与分类》，《宏观经济研究》2002 年第 11 期。

续表

地级市名称	市县差距
大　同	5.18
朔　州	4.68
白　银	4.35
马鞍山	3.55
葫芦岛	3.06
淮　北	3.06

有部分地级市呈现出另一种形式的非同步发展，即中心城市的人均GDP落后于县域平均水平，表现在指标上市县差距小于1。这样的地级市，浙江有4个，占全省的36.4%，比例在全国最高。其次为内蒙古33.3%，陕西30.0%，黑龙江25.0%。浙江县域经济实力雄厚，相比之下中心城市发展不足。内蒙古西部有众多以能源、矿产为发展推动力的强县，这些县域地区凭借资源优势超越了中心城市。黑龙江虽强县不多，但中心城市实力较弱。这些省区的问题是大都市经济的作用没有发挥出来，经济强势的县域在府际关系中处于从属地位，不易形成有效的经济分工与互惠机制（见表4-21）。

表4-21　市县差距小于1的地级市比重较高的省区

省　份	数　量	比　重
浙　江	4	36.4%
内蒙古	3	33.3%
陕　西	3	30.0%
黑龙江	3	25.0%

全国有几个地区的市县发展水平高且均匀，东部主要是苏南、浙北、山东半岛、唐山和廊坊附近，中部主要在郑州附近。这些地区市县都以外向型经济为主，同时唐山、廊坊受京津经济辐射优势明显，苏南浙北受上海经济辐射优势明显。

市县经济发展水平的现状显示，“市管县”体制促进市县经济共同发展的初衷在不同地区乃至不同类型的地级市范围内实现的程度都有所不同。中部、西部和东北地区市县差距较东部大一些，而且呈现出中心城市越发达的地级市市县差距越大这一趋势，相比之下，东部地区总体上市县差距小一些，市县之间生产力水平两极分化的问题并不显著。具体到地级市范围，有部分中心城市为资源型城市的地级市呈现出较大市县差距；浙江、黑龙江等省不少地级市内县域整体生产力水平超出中心城市；苏南、浙北和山东半岛等地区的地级市多呈现出市县差距小，生产力水平高的特点。

针对这种现状，地方府际关系改革也应具体问题具体分析，从而在最大程度上适应区域的经济发展环境。因此我们认为，应将府际关系改革的总体目标与具体方案相结合，根据不同地区的不同经济发展环境，提出实现总体目标的具体路径。

二、市县府际关系分类改革的目标选择

根据新古典经济学的城市化理论，大中小城市的分工格局或每个城市的地位和作用取决于其分工网络的大小或分工水平的高低。随着分工专业化的发展，市场会逐渐形成合理的城市体系，这一体系是对集中交易带来的效率和费用进行折中的结果。[①] 因此在空间开发中，既不能只强调大城市，也不能只强调小城市，大中小城市协调发展是符合市场化的选择。2005年，建设部出台的《全国城镇体系规划纲要(2005—2020)》提出，要重点建设京津冀、长三角、珠三角三大重点城镇群和武汉、成渝、辽中、关中、山东半岛、郑州、长株潭、海峡西岸城镇群。[②] 城镇群的概念强调的是分工合理的城镇空间结构体系，对于地级市区域内的城市布局也有重要的借鉴意义。

借鉴新古典经济学的理论，我们可以把一个地级市区域看成一个城市体系，中心城市往往城区规模大，相比之下，县级市、县的城区规模小，府际关系的调整则应该能够促进中心城市与县域的协调发展，从而建立一个符合市场规律的、大中小城市分工合理的城市体系。

从地级市中心城市与县域的利益关系来看，很多地区中心城市发达，为

① 杨小凯、黄有光:《专业化与经济组织——一种新兴古典微观经济学框架》，经济科学出版社，1999 年。转引自王凯:《国家空间规划论》，中国建筑工业出版社，2010 年，第 53 页。

② 王凯:《国家空间规划论》，中国建筑工业出版社，2010 年，第 98 页。

县域经济发展带来了实惠。[①] 依据经济学中的“增长极”理论来解释，即空间经济的极化发展有利于集聚效益出现，继而通过经济辐射使临近地区收益。在这样的地级市里，县域地区在市管县体制下是受益较多的，财政省管之后得到地级市一级的财政支持反而少了，一旦全面省管，县域得到的经济上的实惠未必比以前多。也有一些地区地级市内部市县差距非常大，而中心城市又没有足够的经济辐射能力与财政支持，县域更倾向于省管县。还有些地方中心城市发展滞后，不但市里对县里没有足够的经济支持，而且存在着突出的“市卡县”“市刮县”的现象，县域的离心倾向更强。因此在选择府际关系改革目标时，需要权衡市县之间的利益关系，倡导市县之间经济利益上的互惠性。借用生物学上的共生概念来理解，应把府际关系改革的目标定位在促进市县互惠共生经济关系的形成上。[②]

近些年，治理理论的研究框架也越来越多地被引入府际关系研究中来。在强县扩权与扩权强县的背景下，省以下的地方政府也存在陷入无序竞争的风险。因此，加强地方上政府与政府之间的横向协商与合作[③]，以及引入私营部门与第三部门共同参与管理[④]，也成为府际关系改革的需要和趋势。

综合以上分析，我们认为市县府际关系改革应符合市场经济规律、市县双方利益以及新形势下的区域治理需要，因此，可以将目标设定为“建立市县分工合理、互惠共生的区域治理体系”。

三、市县府际关系分类改革的路径选择

省市县府际关系调整不可简单地理解为“省直管县”还是“市管县”非此即彼的体制选择。由市县经济发展水平的现状评价可知，各个地区乃至各个地级市市管县体制运行的效果都有所不同，因此，需要对历史背景和现状

---

① 刘尚希：《改革成果存续时间是否太短——对“省直管县”欢呼背后的冷思考》，《人民论坛》2009 年第 2 期。

② 杨玲丽：《共生理论在社会科学领域的应用》，《社会科学论坛》2010 年第 16 期。

③ 赵峰、姜德波：《长三角区域合作机制的经验借鉴与进一步发展思路》，《中国行政管理》2011 年第 2 期。

④ 于刚强、蔡立辉：《中国都市群网络化治理模式研究》，《中国行政管理》2011 年第 6 期。

有清楚认识，根据各地不同情况分类推进市县府际关系改革。[①]

我们的研究把全国269个辖县的地级市的统计数据进行了梳理，在有数据可查的263个地级市中，市辖区人均GDP的均值为36779元。为了方便分类，我们将市辖区人均GDP高于这个值的地级市中心城市定义为“市强型”，反之则为“市弱型”；把人均GDP高于这个值的县定义为“县强型”，反之则为“县弱型”。这样每个地级市的中心城市与所辖各县可以形成不同组合，总共为四大类，即市强县强型、市强县弱型、市弱县强型和市弱县弱型。例如，广州市市辖区人均GDP为94173元，高于36779元；所辖增城市人均GDP为69193元，高于36779元；所辖从化市为29930元，低于36779元，则广州市范围内包括了两种类型的市县关系：广州市市辖区与增城市为市强县强型组合，广州市市辖区与从化市为市强县弱型组合。

有了强弱类型的划分，还有必要对强弱成因进行分析。改革开放之初，几乎所有市县的经济都停滞在“文革”时期濒于崩溃的水平。但是三十多年来，有些地区实现了经济腾飞，成就了强市、强县，有些地区仍旧发展滞后，这个过程中必然有某些要素促成了经济发展，而缺少这些要素的地区则经济难于发展。

就中心城市而言，市辖区人均GDP高于36779元的强市共有101个，可以大致分为四类，分别是沿海型、三线型[②]、资源型[③]和省会型。沿海型指的是沿海省区的强市，改革开放以来凭靠优越的区位与有利的政策，招商引资发展外向型经济，如南通、烟台等。三线型则是代指一部分中西部强市。新中国成立后到改革开放之前国家出于战略考虑在中西部地区重点发展了一批工业城市，这些城市在改革开放之后的强市地位得益于当年较好的工业基础，如金昌市、遵义市、十堰市等。资源型强市的雄厚实力来源于丰富的能源、矿藏等资源，如大庆市、东营市、马鞍山市、鄂尔多斯市等。省会型则受益于政治中心地位带来的经济发展，如合肥、济南。一个城市可以是多

① 吴金群：《省管县的条件及对我国26个省区的聚类研究》，《浙江大学学报(人文社会科学版)》2010年第4期。

② 分类标准参见：王凯：《国家空间规划论》，中国建筑工业出版社，2010年，第68—71页。

③ 分类标准参见：国家计委宏观经济研究院课题组：《我国资源型城市的界定与分类》，《宏观经济研究》2002年第11期。

种类型的组合，如杭州市既是省会型又是沿海型，攀枝花市既是资源型又是三线型。强县共164个，主要有三类：沿海型、资源型和辐射型。[①] 沿海型指的是沿海省区的强县，得益于沿海或近海的区位条件，主要发展外向型经济，如昆山、晋江、义乌等。资源型强县倚靠资源禀赋发展能源、冶金工业，如招远市、霍林郭勒市分别依靠黄金和煤炭资源提升县域经济实力。辐射型强县离不开强市的支撑，典型如成都的双流县和长沙的长沙县。一个强县亦可是几种类型的组合。至于弱市弱县，则主要是不具备上述优势条件，导致经济难以实现快速提升。

基于以上分类，我们来考察四大类市县组合的改革路径。

（一）市强县强型的改革路径

共50个地级市中存在市强县强型市县关系，占地级市总数的19.0%。如果再细分，还可以把县域人均GDP大于等于市辖区的组合定义为市强县超强型，把县域人均GDP小于市辖区的组合定义为市强县较强型，前者存在于21个地级市中，典型如苏州市辖区与昆山市、泉州市辖区与石狮市、烟台市辖区与龙口市。后者存在于41个地级市中，典型如杭州市辖区与富阳市，无锡市辖区与宜兴市。

市强县强型组合绝大部分位于东部省区和内蒙古自治区，少数点状分布于中西部省区，如长沙、成都、朔州等。东部省区的市县依靠优越的区位条件，共同参与国际产业分工，积极吸引外资，大力发展出口加工业，形成了长三角、辽宁半岛、山东半岛、京津周边和福建沿海的市强县强密集区，同时东部强市对所辖县也有较好的经济辐射。而中西部市县一部分为省会型强市带动县域做强，如成都、长沙，一部分为市县同时依靠丰富的能源矿产各自做强，如东营、鄂尔多斯、朔州等。

省市县府际关系调整的目标在于建立市县分工合理、互惠共生的区域治理体系，而市强县强型本身距离这个目标已经不远，接下来的改革应着力通过市县联动做强城市体系的核心区域，使这个城市体系在空间和规模上不断扩展。在府际关系调整方面，可以考虑强县改区，与中心城市统一规

---

① 20世纪80年代以后，三线建设时期分布在县域的单位基本已回迁至东部沿海或就近迁入大城市，对县域的发展没有显著影响。参见王凯：《国家空间规划论》，中国建筑工业出版社，2010年，第71页。

划，逐步融合，但前提最好具备两个条件：一、中心城市有足够强的融合能力；二、市县之间的空间距离接近便于融合。对于中心城市实力尚不足以很好地融合新区，例如财政实力难于应对基础设施、公共服务一体化建设的中心城市，或者市县距离较远，一体化成本过高的地方，可以实施省直管县，中心城市专注于自身发展，同时借鉴新区域主义的方法进行横向合作治理。相比较而言省会型和部分沿海型强市更适合走撤县改区一体化发展的道路，而新兴的资源型强市强县尚需等待时机成熟。

（二）市强县弱型的改革路径

共86个地级市中存在市强县弱型组合，占总数的32.7%，沿海型城市中，京津周边如唐山市，苏南如镇江市，浙北如杭州市，山东半岛如烟台市，珠三角如广州市，这些地区的整体发展水平较高，各地级市所辖县中强县居多，弱县较少，且中心城市实力强，有足够的辐射能力，应考虑在现有市管县体制下加快强市与弱县之间基础设施建设的均等化，加快产业分工与转移力度，将弱县逐步做活。而中西部三线型地区和省会城市，强市之下尽为弱县，如十堰、遵义、南宁、南昌、合肥等，强市的辐射能力不足，弱县又过多，可考虑仅保留一至二个市辖县，其余实行省管。而资源型强市大多数对弱县的辐射带动不足，大庆的市县差距达到11.33倍，金昌为5.62倍，大同为5.18倍，马鞍山为3.55倍，可考虑实行省直管县与多中心的区域合作治理模式，通过成立区域协调机构、定期召开区域会议与订立合作协议开展治理。

（三）市弱县强型的改革路径

共28个地级市中存在市弱县强型组合，占总数的10.6%。山西、陕西、河南三省最多，共有13个，多为非资源型中心城市与资源型强县的组合。其他省份的市弱县强型地区，资源型强县的比重也很大。但也有例外，如牡丹江市的绥芬河市为中俄边贸口岸；金华市的义乌市为全国乃至全世界的小商品交易中心；潍坊市的寿光市则是全国蔬菜供应基地。

市弱县强型组合，着力点应为提升中心城市实力，但现实中，借助于行政隶属关系，中心城市常通过集中县域资源为市所用来提升自身实力，反而打击了县域积极性，增加了离心倾向。[①] 有些地区通过改变行政中心，强县升格为地级市，弱市降格为县级市，以强县带动弱市，也是一种可行路径。也可实行强县省直管，培育新的地区中心，避免“市刮县”“市卡县”等市县不协调关系。

（四）市弱县弱型的改革路径

市弱县弱型依旧是全国最多的类型，存在于161个地级市中，占总数的61.2%，分布于全国各地。由于此类地区设有一个地区增长极，可通过省直管县下的市县分治增强县域活力，也使中心城市专注于自身发展。有必要在省政府的统一规划指导下集中资源，培育潜在的地区中心，也通过省统一规划与协调避免各市县之间的重复建设与无序竞争。沿海发达省区可在省内建立发达地区支援落后地区建设的长期制度，如山东省施行的“突破菏泽”战略。中西部省区的落后市县则可在中央的协调下与东部发达市县建立长期对口支援机制，与此同时各地应根据自身区位发挥比较优势。工业基础薄弱的地区往往具有丰富的少数民族文化资源、红色旅游资源、自然风光资源和历史古迹资源，在传统的工业化道路之外，通过旅游业与服务业提升第三产业比重，也是一条市县协调共荣之路。

我们的研究分析发现，“促进市县经济共同发展”作为市管县体制在全国推行的初衷，在不同区域的实践效果有很大不同。具体表现为：(1)“市辖区越发达，市县差距越大”这一现象在中部、西部和东北地区较为明显，东部地区则不显著；(2)西部、中部和东北各省区整体市县差距高于东部省区；(3)部分中心城市为资源型城市的地级市市县差距较大；(4)部分地级市中心城市发展落后于县域平均水平。

对于不同现状进行的府际关系改革可以从建立市县分工合理、互惠共生的区域治理体系的总体目标出发，根据区域差异性，实行分类改革（见表4-22）。对于市强县强型，可根据中心城市发展程度有所区别，即可实行撤县设区的市县一体化模式或省直管县下的区域合作治理模式；对于市强县弱型，同样根据中心城市辐射能力和县域整体情况，选择市管县、部分省直管县和全部省直管县；市弱县强型比较特殊，可考虑行政中心转换或强县

① 庞明礼：《“省管县”：我国地方行政体制改革的趋势？》，《中国行政管理》2007年第6期。

表 4-22　市县关系类型与分类改革方案

市县关系类型	分类改革方案
市强县强型	撤县设区或省直管县
市强县弱型	市管县、部分省直管县和全部省直管县
市弱县强型	行政中心转换或强县省直管
市弱县弱型	省直管县、市县分治

省直管与区域合作治理；而市弱县弱型则需要通过省级规划协调培育潜在增长极，在市县分治的背景下发挥地区比较优势形成分工合理的城市体系，结合内源机制与外力作用促进市县发展。

第五节　县级政府改革创新下一步

形成于计划经济时期的我国县级行政管理体制虽然历经多次改革，但与我国迅速发展的工业化、市场化、城市化和全球化经济社会仍然存在诸多矛盾。城市快速发展而乡村相对滞后导致城乡差别的日益扩大，以农民群体上访为主要表现的社会矛盾呈现日益严重的态势。越来越多的事实表明，县级政府行政体制改革已经成为当前我国改革发展的关键领域，市场经济体制的完善、和谐社会的建设、科学发展观的落实在很大程度上取决于县级行政改革的深入推进。“郡县治、天下安”，鉴于县级政府在国家权力架构与发展战略中的极端重要性，县级政府行政改革业已成为当前理论研究与政策辩论的焦点之一。在研究与辩论中，论者多取问题——对策式的研究路径，以提供政策性建议为依归。诚然，建设性的对策研究颇助益于改革的实践，然此一取向的研究也易被传统思路或现实境遇所囿而缺乏批判的视角与战略的考量。本书试以县级政府行政改革的困境为反思基点，重构改革的战略导向，对行政改革不曾触及的前提性问题进行系统的研究。

一、县级政府行政改革的困境与反思

县级政府行政改革缺乏自主创新机制或许是我国过去历次改革成效不大的主要原因。我国的县域社会经济状况差异极大，但县级政府的行政改

革方案却基本雷同。改革的集中领导方式使处于较低层级的县级政府在历次改革中承受着上级政府规定的制度框约和指标化压力，指导行政改革的政策性文件往往明确规定了县级政府改革的方案，包括机构设置和精简比例。规制的统一性与县域经济社会发展的不平衡性，一方面造成一些县级政府管理资源的严重浪费，另一方面又导致一些县级政府管理资源的严重不足。由于自上而下的统一性的改革往往很难真正解决县域实践中各地不同的问题，同时改革又往往触及地方政府的自身利益，因此，县级政府对改革常常持消极的态度，不少县级政府行政改革成了一场“雷声大、雨点小”的形式主义运动，巧妙的周旋消解或抵挡了层层加码的压力，“拆拆分分”的障眼法成了应付行政改革的主要策略之一。比如，为了完成精简指标，将行政编制人员分流到事业单位、将几个机构象征性地合并到一个机构，等改革风头一过，人员、机构又复归原位，甚至变本加厉。外在的表现即行政改革在组织变革层面陷入了精简—膨胀—再精简—再膨胀的怪圈。

撇开外部环境变化等因素，就改革本身而言，历次县级政府行政改革之所以没有取得预期的成效，关键的原因在于，没有形成清晰的、综合的改革战略。回顾当代中国行政历次改革，在市场化改革之前，行政改革主要停留在以精简为目标的人员、机构撤并上。随着商品经济的发展，市场化改革趋势明朗，1988 年的行政改革正式提出转变政府职能。政府职能的转变成为行政改革的核心问题，并明确将定职能、定机构、定编制的“三定”原则规定为行政改革的重要指导原则。1992 年及其以后的改革主要伴随市场经济体制建设进程展开，改革的方向是建立适应社会主义市场经济的行政管理体制，并继续将转变政府职能作为行政改革的核心和根本途径。

诚然，转变政府职能是行政改革的重要环节，没有职能的切实转变，所谓的机构精简就不会彻底，就像一个包揽全部社会事务的政府不可能成为真正的有限政府一样，这已为历次改革实践所证实。因此，1988 年提出转变政府职能标志着对行政改革内在规律认识的深化。然而，同时也必须认识到，转变政府职能并不是行政改革的灵丹妙药，因为政府职能背后实有更为深层的制约因素，或者说，只有在突破深层的制约因素之后，强调转变职能在行政改革中的核心作用才具有实质意义。否则，所谓的“转变职能”往往会流于口号或成为遮掩实质矛盾的借口。概言之，所谓的深层制约因素主要包括权力结构与行政生态。从权力结构层面而言，职能的确定、划分、配置、履行都由权力主导或需权力参与的，政府职能的转变往往是在既定的权力结构与权力博弈中寻求突破。如果权力结构没有发生重大的调整，政府的职能转变就往往很难取得实质性的成效。当前县级政府行政改革面临困境的一大根源就是没有触动计划经济时代遗留下来的行政管理体制，从更深层次上说，也就是没有调整和改革传统的权力结构。自上而下的改革路线图表明了这一点，改革实践中来自上级政府种种干预和压力表明了这一点，“上下对口”的机构设置规则以及“上下一般粗”的行政组织结构的顽强延续则更鲜明地体现了这一点。从行政生态层面而言，政府的职能与行政生态有着极为密切的关联。政府组织与宏观、微观的行政生态发生着信息和资源的交换和互动。不同的发展道路和发展阶段对政府的职能有不同的要求，不同的经济社会发展水平对政府的职能有不同的要求，不同的地域文化、风土人情，特别是被管理者的素质也会深刻影响政府职能及其行使方式。也就是说，政府职能实际上不是一个抽象的概念，而是一个需要放置到历史的、具体的行政生态中才能确定与理解的概念，相同的政府职能与不同的行政生态环境相配合，会产生不同的行政效果。相同的职能配置却产生不同的行政效果，除了行政主体本身的原因外，有差异的行政生态也是重要的影响因素。行政生态分析对于行政改革的意义在于，自上而下、统一规划的改革方案在丰富多样的行政生态中必然会遭遇尴尬，成功的行政改革必然是对地方传统、习俗、需求、期望乃至历史记忆的适应与回应。

从根本上说，行政改革是社会经济发展推动的结果，任何成功的改革总是不能超越社会的经济结构以及由经济结构所限制的文化发展。在一定的框架与范围内改良革新以适应社会经济的发展是行政改革的重要目标。但是，另一方面，上层建筑领域的调适并不是消极被动的。在一个“反省”与“再造”相互激荡的时代，成功的行政改革必须跳出狭隘的视域和私利的纠缠，须以宽广的视野、可嘉的勇气进行战略性的思考与规划。正如美国公共管理学者包兹曼和斯特劳斯曼曾经提出的：“公共管理者总是忙着进行昨日就需要的行动，以至于无法从事明日所需要的规划”。成功的公共管理“必然需要战略意识[①]”，因此，面向未来的县级政府行政改革须走出“摸着石头

---

① Bozeman, B. & J. D. Straussman. *Public Management Strategies*. Jossey-Bass Publishers, 1990.

过河”的试错式发展阶段，综合考量政治、经济、社会等多重因素，形成清晰的战略性思维与改革路线。

二、县级政府行政改革新战略的理论框架与现实分析

中央与地方关系、政府与社会关系是规划行政改革战略的坐标系。根据弗朗西斯科·契伦伯格的理论，中央与地方关系可以有两种分析视角，即自治模型和整合模型。在自治模型中，地方政府被定义为依赖某一特定地方政府系统的政治自主域，中央政府仅局限于监管地方政府的活动，中央政府与地方政府是两个不同的领域。根据整合模型，地方政府是拥有或大或小政治行动能力的半自治性政治机构，是中央政府的“主要代理人”或“合伙人”，中央与地方关系被当成一个功能性的问题而非两个分离的政治领域来处理，地方政府参与整个社会过程，但是具体事务与责任的分担则须基于务实和灵活的考虑。

对政府与社会关系的争论形成了不同的理论，分别为社群主义、功能主义和治理理论。社群主义建立在共同的道德标准和市民美德基础之上，政治领导的核心是通过展示政治决策的适当制定方式来寻求一致性同意，象征性行为、神话、仪式和支持行动是创造和维持政治合法性的重要组成元素。功能主义认为公民是公共服务最重要的消费者和使用者，提供服务的效率构成政府合法性的最重要基础。地方政府应该调整国家政策以更好地适应地方的特殊环境和特定需求。公共物品提供的方式可以多样性，地方政府、私人企业、志愿团体均可参与，但是这些活动都必须建立在明确的权威结构之上，当选的政治人物须指引和控制整个过程，以提高公共服务的公平公正性。治理理论认为单一的社会成员或团体没有足够的知识、资源容量或者权威去处理复杂的经济社会事务，良好的治理是政府、非政府组织以及其他社会团体之间良好合作的结果。国家成了一个由政府与社会共同参与构成的权力分散的组织网络集合，社会治理网络的建设和管理成为公共管理的核心职能。从经验的角度看，在西方发达国家，中央与地方之间的关系既不是完全自治的也不是完全整合的，社群主义、功能主义与治理理论之间的界限也并非泾渭分明。特别是 20 世纪 70 年代以来，福利国家建设在很大程度上冲淡了意识形态的争论，地方政府、社会力量更多地参与了国家政策的制定过程，中央政府也有更多更有效的途径和手段监督甚至控制地

方政府行为。但总体而言,西方发达国家地方政府的显著特征是,地方政府享有程度不等的自治权,同时又在一个更大的政治秩序即民族国家范围内被整合。①

西方发达国家的改革理论与实践为当代中国的行政改革提供了重要的参照与借鉴,在一定意义上,昭示了未来中国行政改革的理想图景。诚然,中西政治传统与文化背景存在深刻差异,但是,就反思中国行政改革的战略导向而言,西方的概念框架或许更能提供一种批判的视角和前瞻的思考。在很大程度上可以说,合理定位县级政府在上述理论框架中的位置,是重构行政改革战略导向的前提性工作。在中国的宪法文本中,县是地方行政层级的第二级,居于省与乡之间。但是,20 世纪 90 年代,随着"市管县"体制的全面展开,事实上确立了省、地级市、县、乡镇四级地方行政组织体制。在单一制的政治架构中,县级政府的消极被动性是十分明显的,这在改革前的全能型体制中表现尤甚。在这一体制下,作为中央政府的行政末梢,县是上级行政命令的被动接受者和执行者。现实中,职责与权力、权力与责任的严重分离更是扭曲了县级政府官员的激励机制。因此,当时的县级政府既缺乏发展本地社会经济的自主权,也缺乏相应的动力源。以"分权让利"为特征的改革赋予县级政府发展本地社会经济的重任以及相应的权力。特别是分税制推行以来,地方政府获得了一定的剩余索取权,加之政绩考核体系的激励,大力发展经济兼具经济政治双重收益,县级政府获得了发展地方社会经济的动力源泉。然而,"放权让利"是在现存的政治体制内以行政放权的形式实现的,中央与地方的分权不是法律意义上的分权。也就是说,当前地方政府获得的权力并没有制度上的确认和法律上的保障。究竟是扮演上级命令的执行者还是地方利益的代表者,这一问题常常使县级政府陷于左右为难的尴尬境地。比如,《地方各级人民代表大会和地方各级人民政府组织法》规定,本级人民政府除了执行本级人民代表大会及其常务委员会的决议之外,还要执行上级国家行政机关的决定和命令。加之我国现行的组织法笼统含糊,没有就各级地方政府分别立法,而是在法律文本中规定了"县级以上的各级人民政府",这就形成纵向政府间职责同构问题,县政府能管的

① [瑞典]埃里克·阿姆纳、斯蒂格·蒙丁:《趋向地方自治的新理念》,杨立华、张菡、吴瑕译,北京大学出版社,2005 年,第 8—12 页。

事，上级政府也能管，只是地域不同而已，事实上损害了县政府的自主权。正如有研究者所指出的："县级政府不仅是一级国家行政机关，它还是地方权力机关的执行机关，而现行的立法只反映了它作为一级地方行政机关对上级政府的服从性，而没有体现它作为地方国家权力机关的执行机关的特性。"①

如果说，中央与地方关系的关注焦点在于县级政府在国家权力架构中的定位的话，那么在中国的语境下，政府与社会关系主要侧重政府职能的配置及其实现方式问题。后一问题的尴尬在于，一方面，作为直接面对基层的县级政府在社会转型过程中承担了越来越多的经济、社会、政治、文化等职能，在加强社会管理、提供公共服务、维护社会秩序、建设和谐社会的战略部署下被摆到了更为突出的位置。层层加码的指标化的任务分解机制、与奖惩紧密挂钩的政绩考核体系、越来越流行的"一票否决"的责任追究机制使县级政府及其领导承受着自上而下的体制性压力。另一方面，与事权重心下移形成鲜明对照的是财权重心却在上移。事权与财权的不对称，加之转移支付制度的不完善严重影响了县级政府社会管理与公共服务职能的履行。

垂直半垂直机构的过多增长则支离了县级政府的权力体系，影响了政府职权的完整性，以致在具体管理中出现大量"看得见，管不着"的无奈现象。更为本质的问题在于，县级政府在社会管理和公共服务中的超负荷状态更突显了全能型政府的弊端。官僚机构膨胀、效率低下、回应性差、财政负担加重是政府包揽社会经济事务的严重后遗症。尽管受财政压力或西方新公共管理等思潮的影响，县级政府开始不同程度地在社会管理尤其是公共服务提供方面引入治理机制或市场机制，进行了地方治理实践或公共事业民营化的探索。在实践与探索中，最突出的问题还不是政府规制理念与手段的局限或评估监督体系的不完善，而是在于发育滞后的社会未能充分发挥自身功能，既不能有效承接从政府部门剥离出来的一些职能，也不能形成基于自身逻辑的自组织系统，在调节冲突、整合利益、培养道德、醇化习俗等方面发挥重要作用。正因为社会发育不良、建设滞后，从而不能起到整合

---

①　赵奇、刘太刚：《中国县级行政组织立法研究》，中国人民公安大学出版社，2001 年，第 23 页。

平衡的重要作用，政府的职能转变才一直在缺乏有效整合的民间社会与集权的政府两极之间震荡与徘徊，没有形成真正适应现代市场经济的政府职能体系。

三、组织、职能、政治三重互动改革战略

政府在政治系统中主要发挥执行功能，因此效率就成为行政改革的核心目标之一。改革战略的制定与设计归根到底旨在提高行政效率。尽管影响效率的因素很多，但是总体而言，政府的合法性权威、政府职能的科学定位和政府组织的合理设置共同决定了行政效率。政府的合法性权威是政府有效行政的政治基础。民众只有认同政府的合法性，才会支持政府的公共政策、服从政府的公共管理。地方政府合法性强化需要处理好纵横两个关系。对于纵向关系而言，中央政府与地方政府应该有一个合理的制度化的分权体制，使地方政府逐渐从中央政府的“代理机构”转化为地方公共利益的“合法代理者”，发展和维护地方公共利益。对于横向关系而言，政府要处理好与党委的关系，同时也要与立法机关、司法机关有一个合理的分工，三个机关形成支持、合作、监督的良好关系，在制度上维护地方的公共性。政府职能的科学定位要求政府必须复归公共性，形成政府与社会、市场、企业的合作伙伴关系。政府组织的合理设置要求政府形成完整的决策、执行、监督组织结构，形成决策系统、执行系统与监督系统的合作与制衡格局。

因此，政府效率的推进是一个系统工程，完整的地方政府行政改革大致应该包括三个层面的变革：(1)政治变革，着眼于权力关系的变革和调整，处理上下级政府之间的关系，地方政府与同级党委、人大、司法的关系，政府与民众的关系，等等；(2)职能变革，着眼于政府职能转变和调整，处理政府与企业、政府与市场、政府与社会等关系；(3)组织变革，着眼于机构变革和人员调整。诚然，因发展阶段或行政生态的差异，行政改革的战略选择会在三个层面的变革中有所侧重，但是，完整的行政改革必须包含三个层面变革，并按照改革的内在逻辑，形成三者之间的良性互动。

中国的县级政府行政改革必须走出纯粹的组织变革层面，进入组织变革、职能变革与政治变革良性互动的全面变革时代。在行政改革新战略视域中，基于权力结构与行政生态的分析，大体可以确定县级政府改革的两大核心问题：(1)在统一的政治法律框架内，增强县级政府的自主权，确立其法

人地位，开展良性的府际竞争与合作，实现纵向的府际权力结构的合理化及制度化；(2)政府职能在纵向维度与横向维度得到合理有效配置，加强社会建设，充分发挥社会的调节整合功能，变革传统的职能方式，适当引入治理机制和市场机制，努力形成善治格局。从这一角度视之，职能配置与权力结构的双重变革共同构成了新战略框架内县级政府行政改革的主旋律。

县级政府职能的配置涉及纵向与横向两个维度。纵向维度上的职能配置主要涉及县级政府与上下政府间职能的分工问题，关键要确定哪一级政府能够最有效地承担哪些政府职能，明确不同层级政府的职能分工与职能重点。横向维度则聚焦于县级政府的职能应当如何在各部门分配才能最有效地被执行。按照奥茨"分权定理"，对于某种公共产品来说……让地方政府将一个帕累托有效的产出量提供给他们各自的选民，则总是要比中央政府向全体选民提供任何特定的且一致的产出量有效得多。分散化决策将使社会福利最大化，而集中决策则降低社会福利。奥茨的分权定理实际上给出了政府间分权的一个关键原则：如果低层级政府能够和上级政府提供同样的公共产品，那么由低层级政府来供给更好。正如施蒂格勒认为的，地方政府与中央政府相比，更接近自己的公众，从而对所管辖地区的居民的效用函数和公共产品需求比较了解。① 西方地方治理实践的经验是，中央政府主要承担国防、立法、外交等职能，地方政府如郡、县、市镇则承担五类公共服务职能，包括保护性职能，如治安、消防、消费者保护；环境管理职能，如公共设施建设与维护、环境卫生、土地规划、生态保护；对公民个人的服务性职能，如教育、住房、失业、社会福利；提供社会文化和娱乐服务，如运动设施、博物馆、文化馆、电影院、美术馆、图书馆、剧院；商业规制管理功能，如市场规范、交通运输、资产出租等。一般而言，只有当低一层级政府在人口和经济方面不足以承担某一职能时，上一级政府才会承担。二战以来，除了全国性公共产品或具有大范围规模经济的公共服务外，西方国家提供公共产品和服务的职能大部分已经下放给地方政府，因此，有人认为西方的"福利国家"已经变成了"福利市镇"。②

① 平新乔：《财政原理与比较财政制度》，上海人民出版社，1995 年，第 338—339 页。

② [瑞典]埃里克·阿姆纳、斯蒂格·蒙丁：《趋向地方自治的新理念》，杨立华、张菡、吴瑕译，北京大学出版社，2005 年，第 35 页。

县级政府作为直接面对群众的低层级政府，应当强化社会管理和公共服务职能。社会管理职能包括如下重点领域：规范社会组织或团体，培育社会治理的多元主体；创设完整的社会规制体系，推行社会安全系统工程；实施配套的社会政策，维护社会公正；树立科学的发展观，培育健康的市民社会；调整社会管理执行机构，健全政府社会管理体制。政府公共服务领域应集中选择如下重点领域：提高政府公共教育服务的水平，普及义务教育；提高政府社会保障公共服务水平；提升政府公共医疗服务水平；提高政府科技服务的公共服务水平等。①

在理顺纵向维度的职能基础上，县级政府要充分考虑当地公共问题的特殊性和公共管理的目标，建立基于地方公共管理需要的政府职能体系与机构设置，克服过分强调与上级政府机构对应的机构设置模式。应当按照职能本身的特点与管理的有效性与便利性，科学合理地划分各项职能。通过整合职能，拓宽一些职能部门的职能范围，向大经济、大农业、大交通、大文化、大环保等大职能部门过渡，向"宽职能、少机构"方向发展。同时要将原先由政府承担的一些竞争性、赢利性职能从政府的职能体系中剥离出来，交给市场或社会中介组织去做。政府在公共物品提供上要走出单一的"生产型供给"模式，通过购买、外包、合同出租、公私合营等方式实现公共物品的"采购型供给"。政府机构的设置要根据公共物品供给模式的变化进行相应的调整。

职能变革必然要求权力结构的调整与革新，这不仅是因为没有相应的事权和财权，职能难以履行，更为重要的是，改革是在一定的权力结构与权力博弈中进行的，权力本身主导或参与了职能的划分、配置以及履行。从这一角度来讲，没有权力结构的变革，就无法推进和实现职能的变革，这也正体现了行政改革新战略视野中三个层面变革良性互动的必然要求。权力变革也涉及横向与纵向两个维度的问题。横向维度的核心问题在于在一级政府内建立决策、执行、监督的合作制衡格局。改变封闭的决策模式，重视人大、政协参与决策、辅助决策的功能，畅通公民参与渠道，维护和实现公民基本的政治权利，重视和汇聚民间智慧，增强政府决策的回应性。规范决策程

① 中国行政管理学会课题组：《加快我国社会管理和公共服务改革的研究报告》，《中国行政管理》2005年第2期。

序，健全咨询、执行、监督、反馈等决策机制，加强常规决策的制度化，减少领导人决策的随意性，同时重视建设完善非常规决策的机制，增强突发事件的应对能力。决策的有效执行依赖于政府职权的完整性，需要建立政令畅通、执行有力、各职能部门分工合作的良好关系。整合优化部门机构，避免职能交叉重叠，将同类性质或性质相近的行政管理事务并入一个部门或机构进行系统性综合管理。加强和完善监督体系，强化对行政主体的监督，进一步增强监察、审计机构的独立性。进一步发挥人大、政协的监督功能，形成适度的权力制衡体系和机制。除了政府系统内部的监督之外，更重要的是引入民主机制，畅通民主监督渠道，加强新闻媒体、社会舆论的监督力度。

权力变革的纵向维度主要涉及府际权力合理配置问题。增强县级政府的自主权，确立县级政府的法人主体地位是理顺纵向关系的重要原则和目标，要转变行政性分权的方式，通过法律形式，具体规范纵向层级之间的职责权限，并运用合法程序处理纵向争执，切实维护县政府的自主权。但是，县级政府的自主权必须建立在法治之上，也就是说，县级政府享有自主权，但权力的行使受到严格的监督，上级政府、同级党委、人大和司法机关等构成制度监督，控制政府权力的行使。县级政府作为直接面向民众的基层政府，一定要建立有效机制保障民众对政府的民主监督，促使政府为公共利益服务。在维护县级政府自主权的同时，中央政府要强化在全局性公共事务方面的制度化权威，通过法律规范、行政监督、财政控制等手段维护中央的权威和政令的统一和畅行。即使在西方国家，对地方政府自主决定其事务的权力的限制也是一直存在的，地方自治政府通常一直受到中央政府的指导与控制。主要表现为，由国家制定的地方政府行为法案、国家对地方政府安排的监督以及规定市政委员会享有特殊职能的特别法案和实施这些职能的特定方式等。①

权力结构的纵向变革涉及府际关系的改革。改革市管县体制，实行市县分治是当前可供选择的改革路径与方向。建立市管县体制的初衷在于推动中心城市的发展，并充分发挥大中城市的辐射带动作用，解决城乡分割问题，促进城市行政区与城市经济区基本重合，协调经济管理与政治管理之间

---

①　[瑞典]埃里克·阿姆纳、斯蒂格·蒙丁：《趋向地方自治的新理念》，杨立华、张菡、吴瑕译，北京大学出版社，2005年，第3页。

的关系。市管县体制实行二十多年来，尽管在推动城市化进程和发挥大中城市中心作用等方面起到了一些积极作用，但是随着环境的变化，这一体制的负面影响逐渐显现。如增加了地方政府层级，提高了政府运行成本，加剧了市县利益冲突，不利于县域经济的发展。在工业化社会，集聚工业经济的城市向农村转移支付是解决城乡差别扩大的主要途径。但在市管县体制下，城市是经济中心与政治中心的统一体，城乡利益分配向政治中心转移，从而出现农村向城市“反哺”的不正常现象。因此，我国农村发展的相对滞后有着体制性原因，解决城乡差距要从行政体制改革入手。市县分治模式将城市型行政建制与广域型行政建制区分开来，依据不同行政建制的特点与性质进行治理，有利于推进我国政府管理的专业化与科学化，同时弱化了地方政府之间纵向的行政隶属关系，赋予了县级政府更大的自主性、能动性，并充分保护县域公共利益。这或许也是我国新农村建设从被动依赖的“输血型”模式向自主发展的“内生型”模式转变的制度基础。

改革开放以来，我国历届政府都重视行政体制改革，县级政府行政改革的成就也是有目共睹的，但是我国的经济体制改革更彻底，市场经济发展更快，国际化进程更迅速，从而使县级政府现行行政体制改革处于相对滞后的不适应状态。总体来说，我国地方政府行政体制还较多地保留着封建专制传统和计划经济时期形成的集权体制，因此，未来的地方政府行政改革应该是以下放权力和扩大地方政府自主权为主要特征的改革，从而形成与市场经济相适应、与国际管理惯例相接轨、能充分发挥地方政府积极性并惠及广大农村和农民利益的行政体制。这不仅是县级政府改革的战略方向，也是我国地方治理的大趋势。

第五章　地方政府绩效管理的改革创新

地方政府改革创新的一个重要目标就是提升政府管理和服务的绩效，而绩效管理本身也是政府改革创新的一个重要领域。绩效管理，包含两个基本问题：一是政府绩效评估体系的构建，这是绩效管理的一个基础性问题。政府绩效评估对政府行为具有显著的引导、激励、监督和咨询功能，绩效评估的指标体系和运作方式直接影响政府的行为目标及其对公共资源提取和分配的模式，对社会发展具有重要的导向作用。二是绩效评估激励作用的发挥。有效的绩效评估制度通过绩效目标的导向、排序竞争的刺激、奖惩措施的强化以及问题诊断的推动，把政府公职人员的绩效与责任履行、奖惩、晋升、培训等相联系，激励公职人员努力工作、积极进取，进而为政府激励约束机制的建立和完善构建平台。

第一节　基于和谐社会构建的政府绩效评估

和谐社会是人类发展的理想，我国在经历了二十多年的经济高速增长之后，社会的价值追求发生了深刻的变化，社会的矛盾也日益凸显，因此构建和谐社会成为当今中国重大的战略选择。和谐社会以现代化发展和现代市场经济转型为立足点，谋求在冲突的、不和谐的社会中建立一种化解矛盾、调节失衡的和谐机制。不和谐现象对社会进步的阻碍是建构和谐社会的动因，消减不和谐现象是构建和谐社会的目标。社会不和谐，有些是现代化发展的阶段性使然，但更多的则与我国政府行为的错误导向密不可分，发展观和政绩观的偏差导致或者加剧了社会矛盾和问题。在我国政府主导的现代化发展战略之下，政府行为左右社会发展的方向，决定社会发展的进程。而政府行为的价值取向受绩效评估的影响，绩效评估的价值选择和模式安排深刻地影响一定时期政府的行为目标及其对公共资源提取、分配的模式。因此,社会不和谐与政府绩效评估的错误导向密切相关,建构基于和谐社会导向的政府绩效评估制度迫在眉睫。

一、政府绩效评估的导向功能

随着社会化程度的不断提高,各国政府普遍发挥着社会发展控制中枢的作用,政府管理的科学化和有效性维系着国家的发展和民族的昌盛,政府能力是一个国家核心竞争力的综合体现。经验表明,有良好的公共管理,才有繁荣的经济和和谐的社会,否则就会带来动荡、腐败和黑暗。正如 1997 年世界银行发布的发展报告中指出的,没有有效的政府,经济、社会的可持续发展是不可能的,有效的政府是经济和社会发展的关键。① 而中国具有强烈的国家主义倾向,权力高度集中的政治经济体制赋予了政府全能主义的职能和社会经济发展主导性的地位。作为现代化后发国家,政府是我国社会发展的推动者和组织者,政府行为的价值取向直接主导社会发展的方向。政府转型是建构和谐社会的关键。

绩效评估是推动政府转型的一个重要管理工具,它通过对政府业绩的测评监督政府的作为,以价值的判断引导政府的行为,并以结果的运用(奖惩、晋升等)最终实现对政府的管理。绩效评估过程涉及人事的变动、政府职能的转变、组织文化的变迁,它是政府行为的诱导机制和动力机制,是推动政府革新的力量。绩效评估对政府行为具有显著的引导、激励、监督和咨询功能,评估的价值选择直接决定一定时期政府行为的目的和分配社会公共利益的模式,对社会发展具有显著的导向作用。

绩效评估是一个价值和事实统一的过程,良好的价值导向有助于实现政府提高业绩、达到善治的目标;扭曲的价值导向则会导致政府职能错位和越位,政府在社会发展中越俎代庖。从这个意义上说,由于导向性的客观存在,任何评估制度都有激励功能,但不同的评估制度产生的激励效应不一样,并深刻影响公职人员的价值观念、工作积极性和创造性。以科学的发展观和正确的政绩观为指导的政府绩效评估,依托全面的指标体系、多元的评

① 世界银行:《1997 年世界发展报告:变革世界中的政府》,中国财政经济出版社,1997 年,第 17 页。

估主体、准确的评估方法、科学的评估程序，能有效引导和激励政府公职人员敬职敬业，追求善治，促进社会的和谐发展。

评估结果的运用是绩效评估制度中一个重要的组成部分，也是发挥评估导向作用、实现评估目的的关键环节，其中包括依据业绩实行奖惩及干部晋升制度，即根据客观、公正的测量结果，提拔和使用那些政绩突出的干部。评估是干部晋升任用的重要依据，这种与公职人员的切身利益密切相关的方式迫使其重视评估，提高他们对评估制度的认可度，增强实施和创新评估制度的主动性和自觉性，从而推动政府绩效评估制度的建设和完善，使其更有效地发挥引导、激励、监督和咨询作用。

绩效评估与政府干部任用制度的密切相关性造就了评估在公职人员中的地位及对他们行为的引导功能，绩效评估指标的设定则体现了评估的价值导向，明确通过评估的引导功能所要实现的社会效应。评估指标是评估价值取向的具体化，它传递政府应该做什么、不应该做什么的信息，表明未来要达到的绩效水平以及相应的奖励惩罚措施，从而实现对政府行为和价值取向的约束和要求。由于评价结果涉及个人和组织的利益，理性的公职人员会积极迎合指标的要求努力工作，并时刻对照评估指标，及时调整行为。评估指标影响政府的政策选择，是政府行为的指挥棒。

绩效评估对政府行为的导向作用不仅体现在结果运用上，还体现在评估的全过程。绩效评估是参照既定目标对公职人员取得的业绩结果划分等级并排序的过程，排序的名次影响他们的奖励、任职甚至晋升。这就改变了传统的“达标”评价方式，形成一种优胜劣汰的竞争机制，即使工作表现有所进步，若与他人相比处于劣势，也有淘汰出局的可能。因此，排序和竞争机制形成了一种强有力的激励，通过在政府中创造优胜劣汰的环境，激励公职人员在竞争的压力下不懈努力、不断创新，追求胜出的满足，避免落后的惩罚。而且，由于排名的相对性，淘汰的标准处于不断的变动中，这就维持了激励的强度，保证了激励的效度。竞争构成了一种自发的、自觉的、内在的激励力量，为政府注入了生机和活力。

此外，绩效评估的过程是一个信息的收集、筛选、整理、输出和反馈的过程，它要求政务信息在评估者、评估对象及社会公众之间交流和沟通，以此保证评估的效度。所以，绩效评估客观上推动了政务公开的进程，提高了政府管理的透明度，增强了社会公众对政府管理的参与权、知情权和监督权，为政府改善管理和公民监督政府发挥重要的咨询功能。绩效评估构成了了解政府、监督政府的制度基础。

二、政府绩效评估的偏差对社会发展的误导

绩效评估包含两个相互关联的方面:采用各种方法监测公共政策(计划)运行结果;应用某种价值观念来确定这些结果对特定个人、团体以及整个社会的价值。也就是说,评价使用某种价值观念来分析政策运行结果,提供政策运行结果所带来的价值方面的信息。① 绩效评估具有价值意义和工具意义的双重性。评估的价值意义体现了评估活动所要实现的目标理想,评估者将目标理想内化到评估的指标体系和评估方式,并通过评估实现目标理想。价值意义决定评估的内容、形式及方法,是评价评估制度绩效的重要因素。评估的工具意义体现在绩效评估的激励、监督功能对政府组织、指挥、协调、分配、奖惩等管理环节的作用。绩效评估被视为组织管理的一个基本工具。合理的政府绩效评估制度应实现价值意义和工具意义的统一,价值意义统领工具意义,工具意义反映和服务于价值意义。

然而,我国的政府绩效评估的设计者和实施者往往把评估的工具意义置于价值意义之上,体现为把评估主要作为政府管理的一种工具,谋求管理的简单化和控制的便捷,而对绩效评估的目标导向作用缺乏周密、细致的考虑。如以可量化、可排序的 GDP 为衡量政府业绩的主要指标,并把绩效评估形式化,使其缺乏应有的预期性和科学性而呈现主观性强、随意性大、运动式的特点。这是我国政府绩效评估中普遍存在的主要问题之一。

我国政府绩效评估普遍存在的另一个主要问题是没有适时地解决评估制度的稳定性与制度僵化之间的矛盾。制度的稳定性是其发挥规范行为作用的前提,评估制度的变化过于频繁会使评估对象无所适从而不能形成合理的预期,引发对制度的不信任和低回应。然而当制度的适用对象和作用环境发生变化时,制度也应随之调整,否则就会丧失其应有的功能而走向僵

① [美]威廉・N. 邓恩:《公共政策分析导论(第 2 版)》,谢明等译,中国人民大学出版社,2002 年,第 435 页、第 437 页。

化，制度的效用就有可能从正面走向负面。① 所以，绩效评估应该建立反馈机制，适时进行必要的调整，在稳定和变化的发展中寻求动态的均衡。现行政府绩效评估存在偏差的一个重要特征就是评估制度的僵化症，无论是过分强调 GDP 的评价还是过于突出上级组织的评价作用，它都滞后于政治经济社会的发展。

绩效评估的指标内容和评估方式的选择往往反映了特定历史条件下的政治要求。改革开放以来，我国在长期经历了经济低速发展之后，在现代化与国际化的双重压力下，政府肩负着沉重的发展压力，发展经济、改善人民生活水平成为我国各级政府在复杂的变迁和混乱的时序中获得政治合法性的基础。所以，在绩效评估中经济发展的指标被置于重要的地位。20 世纪 80 年代“财政包干”“分灶吃饭”的财政体制改革又进一步激励了地方政府发展本地经济的积极性，发展被简单化为 GDP 决定一切，政府行为开始呈现企业化的特征。而现行的评估体系则是传统集权体制的反映，是集权体制下的一种管理手段。上级组织通过运用对下级组织及个人的评价权及其带来的职业生涯的决定权，牢牢掌握了控制权，并进一步巩固其集权体制。然而，经济体制改革的深入快速发展在客观上推动了民主化进程，对政治体制改革形成倒逼效应，希望解构集权体制，发展民主政治；另一方面，市场经济要求人的个性发展，需要确立以人为本、赋予个人更多权力的政治生活。这些变化都迫使政府实现公共政策的转型和管理体制的改革，忽视这些新变化的政府绩效评估制度会在新形势下丧失生命力，传统价值导向的惯性致使政府的行为越来越偏离社会的需求，并阻碍经济社会的进一步发展。

总之，由于在绩效评估价值意义和工具意义两者之间关系的错误定位和忽视制度动态发展而引致的制度僵化，我国政府绩效评估中普遍存在过于重视 GDP 的评估指标，强调上级组织的评估作用和绩效评估制度多重、未系统化这三大问题，从而使政府绩效评估没有有效地引领社会健康快速发展，在一些地方或一些部门反而对经济社会的发展造成严重的误导作用。

（一）评估指标过于强调 GDP，导致经济社会发展失衡

政府绩效评估中过于强调 GDP 不仅是以经济建设为中心这一历史背

① 陈国权、王柳：《公职人员绩效评估的激励机制问题研究》，《学术研究》2005 年第 7 期。

景的产物，也是管理简单化的结果。受这种评估指标的影响，绩效评估注重对辖区内经济增长的衡量而轻视人文、环境、社会福利等全面指标的评估。在片面的评估指标引导下，政府重视经济产出总量，忽略经济增长背后的环境污染、生态破坏，导致低效率的经济运行模式和粗放型的经济增长模式，从而制约经济的进一步发展；政府重视能带来 GDP 增长效应的产业发展，忽视产业布局的合理规划，导致产业结构不协调、分布比例失衡；政府重视财富增长，忽视经济增长背后的社会发展和人们的福利状况，教育、社会保障、环境等公共物品得不到有效供给，经济社会发展失衡进一步导致诸如犯罪、污染、社会公平、利益冲突等社会问题的产生；政府为求经济增长速度，往往热衷于介入或干预微观经济活动，以市场主体的身份盲目上项目、办企业、引投资，大搞形象工程，大肆圈地卖地，不仅破坏市场经济的客观规律，延滞现代企业制度和市场经济体制的建立，造成官商结盟凌驾于社会的结果，而且在与民争利的过程中丧失公共性，导致上访事件恶化，官民矛盾激化，政府公信力下降。总之，政府绩效评估价值取向和评估指标的片面性引致政府管理重心的倾斜，制约经济的全面发展、影响社会的健康成长。

（二）评估主体突出主管组织，导致政府管理对公民的低回应性

受传统集权体制的深刻影响，政府的绩效评估主体往往是上级主管组织，上级考核下级组织及其领导，并作为评估对象奖励和提拔的重要依据。晋升是政府官员职业生涯中永无止境的追求，他们通常在任期内会不懈努力创造显性业绩，获取上级组织的良好评价。而作为政府管理对象的社会公众缺少对政府行为强有力的制约机制，使得社会对政府行为的激励和制约力量甚微。由于政府官员升迁取决于上级组织，且一生中会面临多次升迁的机会，而在某一方面或部门的工作可能是一次性的。于是，导致政府官员对上级主管组织的重复博弈、对任职所在地公众的一次博弈关系，这是为什么普遍存在地方政府官员在任期内实施短期行为政策的制度根源。①

---

① 王珺提出了国企经理的双重博弈假说，即经理与行政组织的重复性博弈、经理与企业组织的一次性博弈，指出行政组织作为强激励主体是导致国企经理在长期关系中出现短期行为的制度性根源，并以实证数据验证了这种假说。本书分析地方官员与上级行政组织、社会公众的关系时借鉴了该模型。参见王珺：《双重博弈中的激励与行为——对转轨时期国有企业经理激励不足的一种新解释》，《经济研究》2001 年第 8 期。

这种政府绩效评估制度产生两个消极影响，一是对当地经济社会可持续发展的影响。地方政府官员任期短暂，他必须在任期内取得显著的、看得见的业绩以实现上级主管部门和领导对他的好评。这就是为什么在现实生活中存在如此多的政府官员追求显绩的原因，他们热衷于容易出显性成绩的形象工程、沽名钓誉的数字工程，无视这些工程是属于急功近利、竭泽而渔的短期行为，还是华而不实、劳民伤财的重复工程。而那些需要投入巨大的精力、需要长期的沉淀和积累的事业由于无法彰显而被搁置，但往往这些工作才是功在当代、利在千秋的政绩。二是对政府与民众关系的影响。上级主管组织掌握政府官员去留的决定权，所以这些组织构成对政府官员实施强激励的主体，由此，政府官员把上级主管组织的意愿和期望作为政府管理的出发点，迎合上级组织使之满意而忽视民众的需求，不计成本追求一时的显赫，无视获得的政绩对社会和民众是否有价值。这导致政府公共服务能力薄弱、公共服务意识淡薄、公共服务质量低下，官民不和谐，政府面临严重的信任危机。城市化进程中土地征用及引发的大规模的群体事件，高楼道路等现代化元素的快速出现与城市弱势群体生活状况的强烈对比，都是这种绩效评估制度下的必然结果。

社会稳定是社会和谐的内在要求，利益冲突是破坏社会稳定的关键因素。有学者认为，在当代中国的社会利益关系中，真正处于零和博弈状态的情况是不多的，更多的情况是属于心理上的对立。这种心态所产生的利益对立，主要不是表现在两部分人之间的利益对立，而是表现在具有利益丧失感的人们与政府和社会之间的对立。这是当前中国社会利益对立的典型表现。[①] 评价主体突出主管组织的作用加剧了政府组织的非民主化，导致一些地方政府官员被强势利益集团“俘获”，致使公共组织丧失公共性，激化社会利益矛盾，对社会的和谐发展构成巨大的威胁。

(三)多重、未系统化的绩效评估制度

我国政府绩效评估无论在理论上还是在实践上都还很不成熟，存在很多问题。从实践来看，目前各地政府绩效评估主要有目标责任制、社会服务

① 李景鹏：《关于如何构筑和谐社会的探讨》，载北京大学政府管理学院、北京大学政府发展与政府管理研究所：《服务型政府与和谐社会》，北京大学出版社，2005 年，第 6 页。

承诺制、效能监察、效能建设、满意度调查等几个方面，基本处于探索阶段，实践的力度和效果也很不平衡。这些绩效评估制度呈现两个特点：一是各自为政，零散而未系统化。“绩效评估分散在多种管理机制中，评估内容和侧重点差别很大”①。各种评估制度从各自的管理目的出发独立设计和实施，指标设定过程中部门主义现象突出，无论是主管部门、考核周期，还是奖惩规则等方面都没有合理的整合。二是运动式、缺乏可持续性和稳定性。注重采取大检查、大评比、大调查的方式，谋求一时的政治效应，而在制度建设、组织建设和持续贯彻上存在明显缺陷。

评估制度的效度是评估发挥作用的前提和基础，多重、未系统化的绩效评估制度造成了两个消极的后果。对评估制度的制定者和组织者来说，狭隘的评估视野阻碍其对评估价值的理性思考，由此产生的评估制度缺乏高屋建瓴的战略性，难以发挥整体效应。对评估对象而言，来自不同主管部门的多重的评估使其疲于应付，例行公务的数据汇报替代以评估促革新的最终目的，表面工作的总结替代对政府职能的深刻剖析和规范。这不仅使评估对象对评估产生抵触心理，而且为应付评估操作数字游戏，“当一种量化目标无法实现时，政府甚至有可能伪造出与目标一致的结果，以至于实现目标的压力越大，数字的水分就越多”②。这样的政府绩效评估非但没有有效地发挥引导社会良性发展的作用，反而由于虚假、欺诈的政治道德形象损害政府的威信，破坏社会整体的道德风气。

三、构建基于和谐社会导向的政府绩效评估体系

政府绩效评估的价值导向深刻地影响了政府行为及其政策选择，为有效发挥政府在构建和谐社会中的核心作用和主导地位，政府绩效评估体系设计应该以和谐社会构建为导向，实现经济与社会、公平与效率、发展与稳定等多元价值的平衡。

---

① 中国行政管理学会联合课题组：《关于政府机关工作效率标准的研究报告》，《中国行政管理》2003 年第 3 期。

② Man N R. *The Keys to Excellence: The Story of the Deming Philosophy*. Los Angeles: Presttwick Books, 1985.

(一)和谐的评估指标引领和谐社会

指标反映政府管理的重点,指标内容的倾向性反映管理的导向性。所以,设计和谐的绩效评估指标是绩效评估引导政府实现社会和谐的基本手段。围绕着和谐的主题,指标设计应坚持全面性、前瞻性和动态性的原则。即政府绩效评估应该按照科学发展观与和谐政绩观的要求,克服单一的经济衡量指标的弊端,通过经济、人文、环境等全面指标的设置和考核,引导政府重视物质文明、精神文明、政治文明和社会文明的协调发展,重视政府与市场、政府与社会以及经济与社会的关系协调,重视各利益主体的利益协调,重视社会公正问题;评价指标不仅有现实性,能准确地反映政府的真实业绩,而且要有一定的前瞻性,能够创设与现状有差距的目标,引领政府追求理想。没有差距就没有动力,评价指标要揭示政府应该做而没有做的问题。不和谐是绝对的,和谐是相对的,对和谐的追求永无止境,指标的设置应注意动态性的原则,允许根据实际情况适时修改。

把和谐社会概括为“民主法治、公平正义、诚信友爱、充满活力、安定有序、人与自然和谐相处的社会”①,全面而深刻,这一概括在提炼和谐社会本质特征的基础上,对怎样构建和谐社会提出了基本方向。基于和谐社会导向的政府绩效评估在指标内容设计上应该体现这些内涵。

民主法治是对现代民主国家政治的基本要求,它要求政府充分发扬民主,实现人民当家做主,调动各种积极性;切实落实依法治国,在构建完备的法律体系基础上,树立法律的权威,提高法律的适用性和执行力。在这方面,社区(村民)自治情况、人大(政协)会议提案数、政务公开性、政府吸纳社会意见的机制、法律制度完善性及认可度、执法公正性等指标都反映了地方政府民主法治建设的总体情况。

公平正义是社会主义的本质要求,是社会和谐深厚的基础,也是对政府公共性的回归。在市场经济充分发展的情况下,政府应该有效地承担起规范市场行为、弥补市场失灵的责任,为现代市场经济的充分发展创造良好的外部环境,并通过发展社会政策实现社会进步、维护社会公平和正义。我们

① 胡锦涛:《在省部级主要领导干部提高构建社会主义和谐社会能力专题研讨班开班式上的讲话》,《人民日报》2005年2月20日。

可以选取反映政府市场监管水平、创造完善的经济发展环境能力的指标和反映人民生活水平、社会保障、科教文卫等情况的指标，来体现地方政府在这方面的作为，如法律法规的完善程度和适用性、企业的满意度、经济纠纷案件数、行政审批改革情况等，以及城乡居民人均收入差距、贫困人口占总人口比例数及救济情况、恩格尔系数、人均预期寿命、“三金”的筹集率和发放率、教育经费占财政支出比、文盲率、城乡每万人医生数比例等。

诚信友爱反映社会整体道德水平，意味着人与人之间关系协调、诚实守信、平等友爱、共生共存。考察政府对社会道德风貌的作用，一要考察政府精神文明建设的情况及结果，二要考察政府自身的道德建设情况，作为社会管理中枢的政府，其道德水准和行为方式有较强的示范效应。民事纠纷案件数、公民对机关作风和工作效率的满意度、官员廉洁度、政务信息公开的真实性以及党风廉政建设、文化建设与管理等精神文明建设指标和政策履约率及稳定性等政府信用指标都切实地反映了政府的道德水准及社会道德建设情况。

有创造才有活力，有活力才会发展，和谐社会是一个“和而不同”的多元社会。评价政府对提高社会发展活力的作用主要是考察政府对创造财富、推动区域发展、提高人民生活水平的推动力，这不仅可以考察现有的经济总量、工业化水平和政府投入对创新行为的鼓励和支持，还可以考察政府自身的创新能力以及反映其管理潜能的人力资源、学习能力和信息化水平。传统的经济发展指标，即GDP及其相关指标、就业率、人均收入及其增长率、产业分布比例、新注册公司数、新增工作岗位数等，还有科技经费占财政支出比以及反映企业、公众与政府打交道的行政服务中心建设情况、行政人员学历结构、公务员培训情况、组织文化建设、电子政务建设等指标都能反映政府在这方面的作为。

构建和谐社会始终关系到稳定，稳定是和谐的前提。不稳定源于社会冲突，并集中反映在利益的冲突上，解决的途径在于建立良性的利益表达、利益协调、利益整合和危机化解机制，并培育和健全社会组织机构，建设成熟的社会自我管理体制。公民的政治认同感、公民政治参与情况、来信来访人数、刑事案件数、生产和交通事故死亡率、治安状况等公共安全情况的指标反映了社会的稳定系数以及稳定机制建设情况。

人与自然的和谐是可持续发展的战略要求，是社会和谐的外在表现，它和“人与社会的和谐”共同构成和谐的完整内涵。这类指标旨在为人类行为设置防线，防止对赖以生存的自然环境形成破坏。森林覆盖率、人均绿地面积、人均耕地面积、空气污染指数、噪音达标率、工业废水达标率、水土流失面积等指标反映了自然资源的使用情况以及政府辖区内的生态水平和环境质量，体现人与自然的关系。

上述对绩效评估指标的界定不是基于对指标数量的均等分配，而是对指标内容性质的定性划分。它表明指标内容的设计必须关注这几个重点，反映这几个维度，至于每一个维度的指标数量及其权重则在指标体系的全局统筹下安排。

（二）参与式的绩效评估方式提高政府对公民的回应性

所谓参与式的绩效评估是指政府绩效评估走出政府，吸引非政府人员（如社会团体、公众等）参与设计评估体系、界定评估的期望目标、选择指标或标准、评价政府业绩、听取政府公开的业绩报告，并监督评估结果的运用和反馈。西方政府绩效评估的经验表明，参与式的绩效评估能够扩大评估的信息来源，提高评估的质量和科学性，增进评估对象对政府工作的理解和认可，更为重要的是，开放的绩效评估创造了公民参政的正式渠道，公民对公共管理拥有知情权，参与和影响绩效评估的进程，充分表达对政府公共服务的需求和建议，由此提高政府汲取、分配和使用公共资源的合理性。绩效评估的实施不仅是旨在提升服务的管理措施，而且也是一个形塑议程和影响权力分配的政治创新。

参与式的绩效评估方式对我国政府绩效评估的发展及和谐社会的构建具有重要的价值。通过政府绩效评估的开放，迫使政府从封闭和神秘走向开放，带动政务信息的逐步公开，赋予社会公众了解、评判、评议政府服务工作的权限，提高公民与政府对话的能力，推动政府从管制型政府向公共服务型政府、从政府本位向公民本位的转变，致力于创建一个自由民主的政治环境。参与式的绩效评估反映经济社会发展对民主政治的客观要求，并实质上推动社会的民主化进程。基于此，以下两个环节必须予以重视：

一是评估主体组成的多样化和结构的合理化。专家、上级组织、评估对象自身、社会公众等各类评估主体从自身特定的角色身份、知识经验、利益需求和动机态度出发，表达对政府管理的意见，形成优势互补的合理格局，拓宽民意表达渠道，减少评估误差。在评估主体的结构匹配中，尤其要注意适当增加社会公众的评估权重，提高其与政府对话的地位和能力。这不仅是由于社会公众作为政府的主要服务对象和施政行为的直接接受者，他们的评价最能直接反映政府行为的效果，而且希望通过有组织地扩大社会公众的参与面，提高社会的参政议政能力，凝聚共同的社会主流价值，理性推动社会民主化的进程。社会公众参评的主要形式是满意度调查，综合评价政府公共服务的效果；也可以将公众代表纳入专门的评估机构，与其他类型的评估主体组成共同的评估组，全面评价政府的工作。

二是逐步建立公共政策和政府业绩的公开评议制度。要建立各种渠道，让社会各个阶层充分表达对政府政策规划、实施及效果的意见和建议。政府要通过特定的机制和渠道，与社会公众坦诚沟通和交流，吸收合理的建议形成公正、合理的公共政策，并在一定周期内及时反馈改进结果。政府业绩评议最大的功效在于增强民意对政府的制约，并建立利益表达和矛盾疏导机制。评议的过程不仅是社会公众表达意志，影响政府议程的政治参与过程，而且也是政府展现业绩和困难，获取公众支持和理解，消除社会误解的公开渠道，具有重要的改进政府形象、改善政府与社会关系的政治功能。

第二节　公职人员绩效评估的激励功能及其动态发展

绩效评估作为政府行政改革与创新的重要策略愈来愈受到广泛的研究和运用，从世界范围看，西方各国都致力于建立以绩效为导向的公共管理体系，将绩效评估作为政府改革的一个重要组成部分，以此提高政府效率和服务质量。在国外政府绩效评估热潮的影响和推动下，20 世纪 90 年代以来，我国政府和学界也开始关注和重视政府绩效的评估问题，也尝试着进行适合我国国情且符合国际惯例的绩效评估工作。作为一个管理工具，评估本身不是目的，而是有效提高政府业绩的动力工具。在组织管理战略的框架内，公共部门管理者运用绩效评估激励公务员的工作积极性，促进了政府竞争意识的觉醒和工作效率的提高，进而实现了有效治理的目的。绩效评估以其强大的功能性价值吸引了管理者，而其基本功能是激励。

一、绩效评估的激励功能

绩效评估是西方行政改革中普遍采用的一种提高效率、改善业绩、实现责任的管理工具。根据经济合作与发展组织的统计，20 世纪 90 年代以来，公共部门绩效评估在英国、美国、加拿大、德国、法国、新西兰、澳大利亚等国都得到了广泛应用，因此有学者认为“评估国”正在西方出现。绩效评估在理论和实践上之所以得到广泛研究与推行，很重要的一点是它对提高政府管理效率、缓和各种社会危机和矛盾有着积极意义。Wholey & Newcomer 认为对绩效评估的关注反映了公众对项目有效性依据的要求，它能够提升公共责任、改善决策、提高管理和项目的有效性。[①] Ammons 认为评估系统的广泛运用能够改善管理过程，促进决策信息公开，开拓立法视野、避免立法失败，并提高公共责任。[②] 尽管从目前的情况来看，绩效评估在公共领域中的应用还存在诸多问题，实现预期的目标还有一定的困难，但正如戴维·奥斯本和彼德·普拉斯特里指出的，尽管比起其他途径而言，绩效管理改进绩效的过程通常更为缓慢，它的实施也需要更长的时间，但是世界范围内的政府再造者都发现，使用绩效管理可以使政府的生产率获得显著、持续的增长。[③]

绩效评估之所以对政府管理产生如此大的作用，很重要的一点在于绩效评估提供了提高政府业绩的诱导机制和动力机制，通过评估标准和内容的导向、测量的反馈、奖惩的实施等环节，把公务员的绩效与政府组织目标的达成、个人责任的履行、奖惩培训等利益结合起来，引导公职人员的行为取向与政府组织的目标保持一致。从这个意义上说，绩效评估的基本功能和价值在于它的激励作用，绩效评估的过程就是实施激励的过程。激励是绩效评估发生作用的杠杆，是其他功效发生作用的基础，任何旨在提高政府

---

① Robert D. Behn . Why Measure Performance? Different Purpose Require Different Measures. *Public Administration Review*，2003，63(5)：586—606.

② Ammons，David N. Overcoming the Inadequacies of Performance Measurement in Local Government：The Case of Libraries and Leisure Services. *Public Administration Review*，1995，55(1)：37—47.

③ [美]戴维·奥斯本、彼德·普拉斯特里：《摒弃官僚制：政府再造的五项战略》，谭功荣译，中国人民大学出版社，2002 年，第 146 页。

业绩的功能要发挥作用，都要以是否具有激励作用为前提。通过激励的作用，绩效评估融入了政府战略管理的体系之中，为政府管理目标的实现创造了条件。

绩效评估是通过提倡什么或反对什么等信息的传递，并借助奖励或惩罚的强制力量来实现对个体行为的引导和推动。评估指标表达了评估的导向，而评估的导向决定了激励效用对组织目标的价值。良好的评估导向促进政府提高业绩、达到善治的目标，扭曲的评估导向则使政府职能发生错位和越位，在社会发展中越俎代庖。从这个意义上说，由于导向性的客观存在，任何评估制度都有激励功能，但不同的评估制度产生的激励效应不一样，因此才有不同时期公职人员的价值观念、工作积极性和创造性的不同，才形成政府行为取向的差异。有效的政府绩效评估以科学的发展观和正确的政绩观为指导，它所发挥的激励功能促进政府实现和谐社会的善治目标。

绩效评估的激励效应给地方政府管理带来了深刻的影响。一方面，评估的导向性促使政府行为从增长取向向协调取向转变，这个过程涉及干部的任免、政府职能的转变、组织文化的变迁，所以，绩效评估将成为我国政府改革新的策略选择。另一方面，绩效评估将权力与责任直接挂钩、绩效和奖惩相联系，为政府激励约束机制的建立和完善构建了平台，这不仅有利于公共部门人力资源的开发和管理，而且通过提升政府效率提高了政府信誉和形象，建立了政府与公众的信任关系。

二、绩效评估激励功能的作用机理

激励是一个满足个体需求，激发某种行为的过程。需求是人类行为的原动力，在它之上建立着人的全部行为和全部心理活动，在需求和行为之间，有一些其他因素，首先是利益，它是人在社会中、在社会生产系统中的地位以及由这种地位决定的需要的反映。① 激励作用的关键和基础就在于人的需求和利益，任何一种制度要发挥激励作用，其效用必须要与激励对象的利益具有相关性，能够满足激励对象的需要，否则制度的实施将流于形式。从这个意义上说，制度表征着某种利益关系、体现着某种利益格局，是这种

① ［苏］阿法纳西耶夫：《社会管理中的人》，贾泽林等译，知识出版社，1983 年，第 214—215 页。

关系和格局的确认。有效的绩效评估之所以具有强大的激励功能，正是因为这种评估的结果与公职人员的奖励、晋升等切身利益挂钩，前者是对公务员实施奖惩的重要依据。这种密切的利益相关性催生了公务员努力工作、提高业绩的行为动机，而绩效评估中目标设置、排序竞争、奖惩实施、问题诊断等环节构成具体的激励手段，将这些动机切实地转化为组织所期望的积极进取的个人行为，进而实现政府提高效率、改善业绩的目标。

（一）评估指标：引导公务员绩效追求方向

评估指标对政府公职人员的职业行为产生重要影响，理性的政府官员会将评估指标作为努力达成的目标。目标是人类行为重要的调节因素，它是人类活动的目的和结果，也是人类需要满足的对象。绩效评估的第一步工作是设立明确的评估指标，表明未来要达到的绩效水平以及相应的奖励惩罚措施。这实质上传递了对公职人员行为方式和价值取向的要求，引导他们朝这个指定的目标努力。

评估指标的引导功能与公务员对目标的预期价值和目标实现概率的判断有关。评估指标的设定以及相应的奖惩制度应充分考虑公职人员的组织行为特点。第一，设计奖惩制度时要充分考虑公务员的需求，促使绩效目标与个人利益的紧密融合，这样才能使个人对绩效目标有强烈的吸引力，并赋予其较高的预期价值，愿意为目标的实现付出努力。第二，设置合适的绩效目标，不仅表达明确，而且难度适中，这是影响人们对目标实现概率判断的重要因素。如果目标的达成在公职人员的能力之外或构不成挑战，那么目标就显得无足轻重，构不成对公务员的激励。第三，反馈目标完成情况。让公务员对日前的绩效水平与期望达到的目标进行比较，目标的实现促成了公务员自我实现的满足，未实现的目标则提供了公务员继续努力的动力和方向。

（二）排序竞争：公务员争优的制度安排

排序创造竞争氛围，刺激公务员拼搏争优。绩效评估是参照目标对公职人员取得的业绩结果划分等级并排序的过程，排序的名次影响公务员的奖励、晋升甚至任职。这就形成了一种激励，通过在政府中创造优胜劣汰的环境，激励公务员在竞争的压力下努力工作、不断创新，追求胜出的满足，避免落后的惩罚。而且，由于排名的相对性，淘汰的标准处于不断的变动中，这就维持了激励的强度，保证了激励的效度。所以，竞争产生的激励力量是自发的、自觉的，这是竞争环境所迫，不可回避的，它构成了一种内在的激励力量。而且，竞争促使相互学习，推动政府整体效率的提高。

理论和事实证明，凡是没有生存压力、缺乏优胜劣汰机制的垄断性组织都具低效率倾向，而管理成本又普遍较高，政府组织正是这种类型的组织，竞争给政府注入了强大的动力。然而看到竞争的正激励作用的同时，也要防止它带来的负面影响，如对团队精神的影响、个人自信心的打击及因淘汰带来的工作威胁感等。所以，管理者在实施竞争激励时，要开展绩效评估竞争策略的宣传和正确竞争观念的教育，使公职人员对竞争的手段和提高效率的最终目的有正确的认识，降低竞争的负效用。

(三)奖惩措施:公务员行为的诱导机制

奖励和惩罚调节公务员需求，强化公务员努力工作、提高业绩的行为。奖惩是激励的基本手段。奖励满足公职人员的需求，使其感到喜悦、满足，促使他们在荣誉感和责任感的鞭策下更加努力工作;惩罚使公职人员的需要得不到满足、利益受到损害，使其感到痛苦、耻辱，从而变消极行为为积极行为。而且，奖励为其他公务员树立了学习的榜样，惩罚展示了引以为戒的教训，所以，奖惩的激励作用不仅指向自我，还对他人起到示范作用。

对公职人员实施奖励是公务员制度的基本内容之一，但现实生活中普遍存在一些缺陷:奖励体现不出实际贡献的大小;受人为因素左右，奖励具有随意性;奖励水平没有达到公职人员的预期，形成不了动力等，所以，这种奖励只会形成不求上进的“激励”。而绩效评估旨在克服这些缺陷，使奖励发挥强大的激励功能。首先，绩效评估为奖励的客观和公平提供了基础。奖励建立在对公职人员工作业绩系统、科学、合理的测量基础上，评估赋予了奖惩相对客观、公正的标准，政府组织根据公职人员实际贡献大小实施奖励。其次，绩效评估体现了奖励的公开性。奖励的标准、条件、程序及受奖励的公职人员的名单通常都予以公开，具有较好的公开性。最后，绩效评估体现了奖励的稳定性，评估制度化的过程就是奖惩体系制度化的过程，避免人为因素对奖励规则的破坏和干扰，公职人员则据此建立行为的理性预期。

(四)问题诊断:参与型的绩效改进机制

绩效评估诊断政府问题，评估的开放性和参与性有助于政府和公职人员及时发现问题，确立努力发展的方向。奖惩不是目的，而是敦促公职人员不断进步的手段。绩效评估的最终目的不是为了奖励或惩罚公职人员，而是通过测评了解政府组织目前的工作状态和业绩情况，掌握存在的问题，明确改进的方向，从这个意义上说，绩效评估是诊断工具，是政府组织及公务员剖析自身的一面镜子，是一个发现问题、解决问题的过程。要改进绩效，必须了解目前的绩效水平，因此，这个问题导向的过程就是一种激励过程，这种激励主要来自外界，由问题带来的压力促使公职人员积极进取，开拓创新，以实现更高的绩效。随着工作内容、环境的变化，新问题会不断地涌现，解决问题是个永无止境的过程，所以问题带来的工作动力将会有很强的持久性。

三、激励效用递减及绩效评估制度的动态发展

绩效评估制度蕴涵着激励功能，绩效评估的效用体现为激励作用的大小，判断绩效评估制度的绩效，关键也是考察这一制度激励功能的实现是否存在障碍。由于评估制度环境和评估对象需求的变化，评估的激励功能存在边际效用递减现象，为了维持评估的激励功效，需要对绩效评估进行适时的调整。

绩效评估的激励功能对公务员的行为选择产生了积极的效用，然而它也不可避免地带来了一些负面的效应，所以，人们对制度效用的判断是在对正、负效用的比较考量中得出的，绩效评估的制度安排之所以得到认可，在于其最初的正的激励效用大于其负效用。从对大量绩效评估活动的考察可以发现，评估的正激励效用呈递减曲线，而负激励效用变化不大，我们假设为一条直线（见图 5-1）。在绩效评估活动初始，正激励效用比负效用要大，其相差部分为净正效用，然而，评估的正激励效用存在边际效用递减现象，在激励值保持不变的情况下，绩效评估制度的正激励效用随着评估次数的增加而递减，与负效用曲线相交形成一个均衡点。一旦激励正效用低于负效用，就意味着实施评估弊大于利，在这种情况下，要么终止评估工作，要么对评估做出调整，追求新的效用均衡点。这个过程可以清楚地通过图 5-1 展现。

绩效评估的正激励效用之所以会呈现出递减的趋势，与评估制度的初始环境发生变化有关，也是人的主观心理特点和需求变化所致。绩效评估

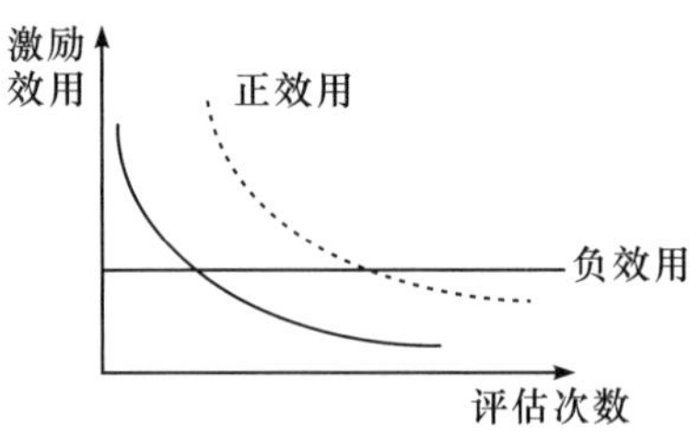

图 5-1 绩效评估的激励功能

的激励功能体现为它解决政府问题的有效性，绩效评估的正效用愈高，就愈迅速地改变绩效评估制度设计的初始环境，评估制度的有效性也就随着初始环境的变化而降低它的激励功能。此外，激励对象心理特点和需求的变化对激励功效也有重大影响。政府绩效评估是一种系统地、全面地评价政府及公务员工作业绩的制度创新，事关公务员个人的切身利益。自我实现的期望和新事物给公务员带来的兴奋和新奇，使评估制度实施之初对调动工作积极性产生强大的驱动力。随着绩效评估的持续开展，兴奋和新奇逐渐被习惯所取代，评估过程成了公务员的日常例行事务而降低了对其的刺激，奖惩所带来的震撼感也转化为荣辱不惊。这个过程就是评估激励功能弱化的过程。而且，在激励理论看来，人的需求是多样的，不同的人有不同的需求结构和需求强度，而且同一个人的主导需求也会随着环境和时间而改变。利益和需求的变化引起人们对激励效用主观评价的变化，现有的绩效评估制度安排会因为实现不了个体新产生的利益需求而丧失激励功能，进而面临变革的压力。也就是说，评估重复多次后，可能实现不了个体的预期而无法有效激励个体的行为。“对制度安排的变化的需求，基本上起源于这样一种认识：按照现有安排，无法获得潜在的利益。行为者认识到，改变现有安排，他们能够获得在原有制度下得不到的利益。”①因此，当制度环境和作用对象发生变化时，制度也应随之调整，否则就会丧失制度应有的功能而走向僵化。为了保持激励作用最大化，绩效评估应依据评估对象的心理特点不断调整，然而，调整的过程也要注意防止制度的不确定性带来的消极后果，变化过于频繁的评估规则反而使人无法预见自己行为的后果，进而对

① [美]V. 奥斯特罗姆等：《制度分析与发展的反思》，王诚等译，商务印书馆，1996 年，第 138 页。

制度抱以不信任。激励作用的实质是建立个体对行为结果的预期、引导个体的行为选择,规则的稳定性是激励发挥作用的前提。所以,绩效评估的发展应追求稳定与变化相结合,在两者的和谐发展中寻求一个动态的均衡点。在这个过程中,既要畅通制度对象反映需求和利益的渠道,让制度对象参与制度的选择和设计,保证制度有充足的包容空间,从而增大稳定的系数;又要有有效的反馈机制,适时地根据绩效评估环境的变化调整评估体系,防止"制度僵化症"的出现。

为此,绩效评估的设计要吸引公务员的积极参与,在政府管理者和公务员的互动中掌握关于激励标准和手段的信息,以一种互动的模式确立评估的指导原则和价值取向。总体而言,绩效评估是一种依靠政治行动而实施的外在规则,其变迁的主体主要是政府组织自身,需要用政府的行动来促进发展。然而,绩效的改进最终依赖于个体的努力和积极行为,而驱动行为的是个体的需求和利益,所以,要把个体的意愿纳入组织绩效评估的制度选择中来,把从上而下与从下而上这两种途径在共同的认同感支配下,统一到共同的制度需求上来。制度的许多变动往往是由于其无法满足制度对象的需求引起的,为维持制度的稳定必须使制度建立在正确的需求信息上。

同时,绩效评估的顺利开展有赖于政府公职人员对绩效评估的认识和支持。政府是绩效评估的组织者和接受者,也是具有自利性的组织。绩效评估是政府的一种制度创新,会给政府的工作带来巨大的压力,而且,绩效评估最终带来的绩效提高会迫使政府面临裁员、预算削减的压力,政府管理人员还可能因为有效实施了绩效评估而削弱了手中的权力。在这种情况下,政府公职人员如果缺乏必要的从政道德就会选择抵制绩效评估而不是积极推动绩效评估。所以,在开展绩效评估的过程中,要建立相应制度鼓励政府组织建立绩效评估制度,激励他们积极创新,保证绩效评估有效进行,并建立有效的反馈机制,洞察环境的变化并对评估制度进行适时的调整,因势而导,维持绩效评估的激励效用最大化。

第六章 地方政府改革创新的温州实践

在我国经济转型过程中，自上而下的放权让利改革使得地方政府获得了探索各自区域经济发展道路的动力和能力。由于历史积淀、文化底蕴、资源禀赋、发展水平等初始条件的不同，各地发展呈现出“八仙过海，各显神通”的生动局面。“温州模式”“苏南模式”“珠江模式”等一批具有典型性和影响力的区域经济发展模式涌现出来，成为观察中国经济转型的重要样本。与其他几种模式相比，温州模式被认为是一种更具内源性的发展模式，也是研究地方政府与民营企业互动行为的一个经典对象。在温州模式的形成过程中，温州地方政府积极响应民间的制度创新活动，对民间的制度创新活动进行保护、协调和组织，为民营经济发展提供了一个开放、默认和合法的制度环境。温州的人情社会特征在其中发挥过重要作用，推动了经济体制从计划经济向市场经济的转型。但在市场经济成为我国基本经济制度之后，人情社会又在很大程度上阻碍了市场从传统向现代形态的转型升级。基于温州与古镇灯具产业的案例分析表明，在地方政府激烈竞争的条件下，民营企业本身的流动迁移成本往往不高，因而在利弊权衡之下必然会选择政企耦合更好的地方经营和发展。因而，对于地方政府来说，如何构建好的政企耦合来实现经济社会的持续发展就成为改革创新中的一项十分紧迫的任务。从政企耦合的理想形态来看，地方政府既需要受到法治的约束而保证不对企业的正当权利进行侵犯，也需要积极地作为来为企业的发展创造良好环境。

第一节 温州民营经济发展过程中的地方政府制度创新

民营经济已成为中国当前经济发展的重要增长点，而中国正在进行的市场经济建设更是离不开民营企业的发展，实践证明它是建立市场经济的应有之义。民营经济是市场机制发挥作用的产物，作为一种新的制度安排，它日益成为中国经济市场化改革的主要形式，在经济的运行中扮演着越来越重要的角色。民营经济的发展对中国的国民经济做出了巨大的贡献，尽管它占用社会资源的比重仅为1/3，但是它对GDP的贡献率却占到了2/3。温州是中国改革开放以来，民营经济最先萌发，现在也是民营经济最为发达的地区。温州地处中国浙江省东南沿海，改革开放以来，温州走的是一条以民营经济为主要增长点[①]，以市场机制为运行基础的典型的市场经济模式。第二次全国经济普查数据显示：温州全市拥有的民营企业超出14万家，民营企业的数量、税收、外贸出口和从业人员，分别占全市的99.5%、85.7%、95.0%和94.4%。

温州持续不断的制度创新所形成的“经济体制落差的势能”，营造了温州民营经济的先发优势，这是给温州带来递增的规模经济收益的原因所在。在探讨温州民营经济制度变迁的问题上，学者们更多的是强调温州微观经济主体的制度创新功能，并以诱致性的制度变迁[②]、自发扩张的市场秩序[③]、准需求诱致性的制度变迁方式为主的改革[④]、内源性民间力量推动型的经济发展[⑤]等众多的特征方式来提炼和总结。作为与微观经济主体相对应的地方政府，则很少被全面阐述和剖析。因为无论是温州还是整个中国，乡村成功的体制转型过程都呈现出令人印象深刻的自下而上的特征。尤其是在温州这样一块特殊的地方，历史上，在传统主流的儒家文化边缘，产生了“农

---

① 本书沿用温州“民营”的通常概念，即把个体私营经济、股份合作企业和以自然人投资为主的有限责任公司、股份有限公司（其中有法人资格的则是民营企业）统称为温州的民营经济。

② 马津龙：《温州股份合作制发展研究》，《浙江学刊》1994年第2期；马津龙：《温州经济改革的历史、现状与前景》，《技术经济与管理研究》1996年第3期。

③ 冯兴元：《市场化——地方模式的演进道路》，《中国农村观察》2001年第1期；杜润生：《解读温州经济模式》，《市场经济研究》2001年第1期。

④ 金祥荣：《多种制度变迁方式并存和渐进转换的改革道路》，《浙江大学学报（人文社科版）》2000年第4期；金祥荣：《解放思想、摩擦成本与制度变迁——“温州模式”及浙江改革经验》，《浙江社科学》2000年第5期。

⑤ 郑勇军：《内源性民间力量推动型经济发展：浙江经验》，《浙江社会科学》2001年第3期。

商并举、义利并重”的功利实用的传统文化，形成了浓郁的经商氛围和尊重私产的沿袭传统，并长期积累起了有关市场活动的经验。在新中国成立前，温州是浙江东南地区最重要的商品集散地，已经形成了较发达的市场经济。由于新中国成立后温州在计划经济制度下供给不足，温州市场经济就基本上没有消失，而且“温州在‘文化大革命’之前，当中国社会上的普遍价值取向还是‘重精神、轻物质’‘重义而轻利’时，‘一切向钱看’的价值观在温州民间已颇为流行，能赚钱的‘低下工厂’‘黑市交易’以及各类‘投机倒把’的活动异常猖獗”①。这显然是与计划经济时期占支配地位的意识形态相异的域内价值观和市场活动，但问题是，温州民营经济的实践活动是怎样缩短了与主流意识形态不一致的积累过程，并逐步提高了主流意识形态对发展民营经济的认同，最终促使政治领域的国家意识形态也相应地发生改变，这可能是讨论温州民营经济制度创新的真正迷人之处。

本书正是要从地方政府的角度出发，在诺斯的新制度经济学框架中，分析温州地方政府对民间的经济创新始终以一种尊重、支持姿态来回应，并逐步融入制度创新主体的行列。地方政府的积极响应，使得民营企业的制度创新行为逐步转变成了地方政府正式的制度安排，并为民营经济提供了进一步发展的方向和制度供给，从而为民营企业从非法走向合法奠定了坚实的基础。长期以来，温州地方政府为民营企业构建起了一种自主性的、开放性的、合法性的公共运作的制度环境。地方政府的一系列制度创新使温州这一交通闭塞、人多地少、资源禀赋贫乏的地区民营经济得以迅速发展。温州地方政府的治理实践反映了中国从计划经济向市场经济转型过程中地方政府合理的政策选择，为中国地方政府的制度变迁留下了具有启示意义的轨迹。

一、温州在意识形态差异下形成的先发优势

诺斯作为新制度经济理论研究的集大成者，他后期的一大学术转变就是开始强调非正式规则如社会习俗、意识形态乃至文化对制度创新的影响。诺斯是最先在制度研究中引入路径依赖的，同时他也意识到人类认知模式，即意识形态对制度变迁路径有着重要的影响。“意识形态可以被定义为关

① 史晋川、谢瑞平:《区域经济发展模式与经济制度变迁》,《学术月刊》2002 年第 5 期。

于世界的一套信念，他们倾向于从道德上判定劳动分工、收入分配和社会形象制度结构。"[①]诺斯认为，"社会价值的改变——即意识形态的变更——是制度变革的主要因素，没有意识形态理论，新制度经济学将是不全面的"[②]，"更一般地说，如果没有一种明确的意识形态理论或知识社会学理论，那么，我们在说明无论是资源的现代配置还是历史变迁的能力上就存在着无数的困境"[③]。诺斯将制度初始选择的差异归结于意识形态或文化的差异，这种差别决定了地域对不同发展路径的依赖。在诺斯的这一制度变迁的理论框架中，我们能够很清晰地看到温州之所以成为中国民营经济的重要的发祥地之一，正是得益于其有别于其他区域的制度创新的初始条件，而这种特殊的制度创新的初始条件强烈地受到温州区域意识形态的影响。为了讨论方便，在分析意识形态对温州民营经济先发性的重要意义时，我们必须区分这样两类意识形态：一类是国内学者普遍讨论的，即权力中心为了使权威合法化并提高现行制度安排的公信力，对社会成员的价值观和世界观大量投资教育以服务于自身目的的一类上层建筑，在此我们把其称为主流意识形态或是外在意识形态。在计划经济时期，其表现为对计划体制的一整套生产、分配和交换方式的判断、理解和支持。第二类是诺斯对作为非正式制度的意识形态的定义，主要是指起源于经验各异的相邻人群在地理位置上的差异和职业的专门化，这种各异的经验逐渐结合成语言、习惯、禁忌、神话和宗教，最终形成与其他人群相异的意识形态[④]，在此我们把其称为域内意识形态或内在意识形态。对于温州而言，这种域内的意识形态突出地表现为历史所沿袭下来的一系列经商务工的传统和市场活动的习俗。显而易见，在温州民营经济的突破、发展历程中，域内的意识形态并不是与主流意识形态一致的，并且呈现出两者彼此对抗与消长的显著特点。一方面是主流意识

① 林毅夫：《诱致性变迁与强制性变迁：关于制度变迁的经济学理论》，载 R. 科斯、A. 阿尔钦、D. 诺思等：《财产权利与制度变迁——产权学派与新制度学派译文集》，刘守英等译，上海三联书店，1994 年。

② ［冰］思拉恩·埃格特森：《新制度经济学》，吴经邦等译，商务印书馆，1996 年。

③ ［美］道格拉斯·诺思：《经济史中的结构与变迁》，陈郁、罗华平译，上海三联书店，1991 年。

④ ［美］道格拉斯·诺思：《经济史中的结构与变迁》，陈郁、罗华平译，上海三联书店，1991 年。

形态和正统制度的供给不足、计划体制束缚不强使温州一度成为计划经济的薄弱地带和后发地区，而另一方面则是温州区域内丰富的市场活动经验和浓厚的文化知识形成与民营经济发展相融甚至相激励的因素。温州的这一稀薄的主流意识形态与厚重的域内意识形态形成强烈对比的特殊性，成为其能够较早走上民营经济发展道路的重要初始创新条件。

诺斯认为意识形态是与制度特别是与交换关系的正义或公平的判断相连的，一致的意识形态是一种节约机制，它可以替代规范性规则和服从程序。因此对于统治者来说，为使其他委托者和代理者相信制度的合理与合法性，对一致的意识形态进行投资，可以降低治理国家的服从费用和交易成本。在中国，家庭包括学校在内的中间组织以及政府构成了意识形态的主要传播途径，然而温州在这些传播途径中呈现出显著的区域差异性，由此决定了温州对民营经济发展路径的依赖。

（一）正统政治社会化缺失下民营经济意识的较好传承与发展

在政治社会化过程中，有两个环节的弱化或者说缺失是导致温州域内意识形态得到良好传承的重要原因。其一是学校教育。学校教育是主流意识形态重要的传播途径，因为一个人的正统政治社会化过程大部分是在学校里完成的。“文革”以及“知识青年上山下乡运动”①导致在温州“读书无用论”泛滥，学校教育体系严重瘫痪，大量青少年辍学。“文革”期间温州青少年在学校受教育的年限很少，突出地反映到当前就是温州企业家文化素质普遍较低，绝大多数是初中以下文化程度，“温州民营企业家中接受高等教育人数的比例（大专及以上高等教育）仅为13%，这个比例比全国1997年平均水平（14.14%）还要低”②。受教育机会的缺失与受教育程度的不足，使得温州这一与主流意识形态相异的，以“重利”为显著特点的域内意识形态没有得到扭转，温州大部分社会成员尤其是后来成为民营企业家的群体，在学校教育这个环节中，免受了正统计划经济教条思想的深刻影响。

其二是单位组织。单位组织作为中国特殊的传播主流意识形态的中间

① 中国在“文革”期间城市生产活动几乎处于停滞状态，无法解决新增的就业人口问题，政府要求1966、1967、1968年三年的城市初中、高中毕业生到农村务农。于是，这几年中国有数百万城市青年到农村劳动，史称“知识青年上山下乡运动”。

② 徐世刚：《温州模式面临的挑战》，《社会科学战线》2003年第2期。

组织形式，在计划经济时期起着举足轻重的作用。计划经济下政府通过单位对其成员进行政治控制和政治社会化，以增进社会成员对主流意识形态的积累。作为单位组织重要组成部分的公有企业在很大意义上是正统政府控制的组成部分，公有企业不仅是一个生产单位，同时在政治上是政府对社会控制的延伸组织。然而在温州单位制度的供给向来是不足的，新中国成立后的三十年间，国家对温州的投资总额仅为全国水平的1/7，1978年温州全市拥有国有企业数只有294家，占工业企业单位数的7.1%，国有经济职工占社会劳动者的8.3%，国有企业产值只占全年工业总产值的35.7%。[①]由于温州缺少这种能承担大量的政治动员活动，并对社会成员进行广泛的教育和宣传、开展思想工作以灌输国家的主流意识形态的单位组织，因此大大增强了推行政治社会化的难度。国有经济的薄弱，使得温州没能形成一个把多数社会成员都纳入强大主流意识形态控制的单位制度网络，加之温州人多地少，社会成员不能在正统的单位体制内获得充分就业，只能游离于体制之外，因此，也只有少数温州人受单位制度的有效控制。同时单位制度的供给不足使得温州缺失了对社会资源按照计划经济模式进行有效整合的载体，这为产生零散社会资源的自发流动提供了机会和空隙，社会成员不可能稳定在制度内，从而保有了民营企业生存的经济基础。事实上，在中国计划经济时期，温州的民营经济一直存在，之所以温州地方政府能容忍这种现象，客观上是温州政府自身能力欠缺，不能有效地按计划经济模式集中控制资源配置，无力提供足够的单位来安排民众的就业问题。在计划经济时期，温州市民是非常渴望进入计划体制（主要是国有企业）内的，但计划经济的单位制度供给的缺乏使民营经济成为他们为生存而做出的必然选择。

经济的因素更进一步导致政治控制的不足，可以说温州民营经济能积极实现体制外的创新和突破，是计划经济中政治社会化制度供给不足的必然结果。这导致与计划经济相适应的主流意识形态在温州没能得到深入地传播，正统的观念没有得到有效地确立。正统政治社会化的缺失使得温州较少地受到计划经济主流意识形态的束缚，弱化了计划经济下正式制度的影响力量，这样就使温州的传统民营经济意识，即域内的意识形态得到较好的传承与发展。

---

① 数据出自温州市统计局编：《温州统计年鉴2002》，中国统计出版社，2002年。

（二）弱势地方政府对民营经济制度创新的被迫承认

政府控制力软弱进而导致政府投资主流意识形态教育的不足是温州在计划经济时期进行超前性制度变迁的有利初始条件。一方面，上级政府对温州控制力相对较弱。由于偏僻的地理位置、滞后的交通条件等原因，国家对温州的投入很少，温州成为计划经济时期全国超强政府控制链条中的薄弱环节。张建君博士从国家与社会关系变迁的路径角度分析，认为一直到改革开放以前，温州仍然处于弱政府弱社会的状况，这构成了温州后来发展的起点。① 由于政府控制力薄弱，传统计划体制在温州又是一个松散的体系，既得利益集团的维护力量较弱，所以在温州发展民营经济并从中获取潜在利益的要求所遭受的阻力较小，这样制度变迁比较容易突破传统体制的路径依赖。另一方面，在维护计划经济体制与发展民营经济的选择中，温州地方政府虽然最初在主观上仍有与主流意识形态保持一致的偏好，但是长期以来温州所处的弱势政府的局面，使得政府不能为社会成员提供充分的就业和基本生活的保障。内部的压力迫使地方政府默许同意甚至直接参与民营经济的创新。

一是内部危机压力的迫使。曾经的温州是一个典型的穷乡僻壤：自然资源贫乏，人均耕地不足 0.5 亩，劳动力严重过剩。当生存危机的压力来临之时，计划经济价值观的束缚和主流意识形态的要求会退居到相对次要的地位，而凸显出解决普遍面临的生存危机这一问题。20 世纪 80 年代初当土地的所有权和经营权分离的时候，温州的 120 万农村剩余劳动力不得不自发地向二、三产业的广阔空间寻求出路。从政府的角度看，计划经济体制意味着政府控制着所有资源的使用，地方政府担负着区域稳定和维持基本生存的责任。当温州的广大农民的生存受到影响，并必然会转化为一个政治问题时，就使得缓解压力、解决危机成为地方政府首要考虑的问题和一项基本任务，而这样的任务在计划经济的后期已经在一定程度上超越了主流意识形态的约束。二是内部创新力量的迫使。诺斯认为歧异的意识形态源于对现实感知的差异和矛盾。温州现实非均衡的制度环境迫使民间产生了

---

① 张建君：《国家与社会关系变迁的路径分析——也谈温州模式》，《温州论坛》2002 年第 1 期。

强烈的制度创新的"内生"需要,并且已经自发地形成许多卓有成效的非正式制度安排,这些都形成强烈的推动力对旧有制度安排发起冲击。然而"成功的反意识形态的目标就是不仅要使人们确信他们众目睽睽的不公正是现行体制的一个不可或缺的部分,而且要使人们确信只有通过参与改变现行体制的活动,一个公正的体制才能到来"①。温州内部活跃着自发制度创新,导致了民营经济一定程度的发展,由此解决了许多地方政府难以解决的问题(比如就业),并且提高了区域的生活水平和财富(包括政府的财政收入)。在减少了社会对政府的责难和压力时,温州民营经济以卓越的实践活动使得地方政府不得不承认民营经济的优越性,并迫使地方政府开始做出向正式制度安排过渡认可的努力。

(三)"无为"政府下与民营经济发展相容的制度环境的形成

国内的许多学者只是简单化地理解地方政府在温州经济民营发展过程中的"无为而治"的基本特点,却很少深刻剖析具体的内涵。实际上,"无为"的政府治理是基于域内意识形态与主流意识形态相背离的一种折中选择,是面对主流意识形态和客观现实之间的缝隙增长的一种无奈行为,更是对僵硬维护主流意识形态的一种理智放弃。因为,从基本价值认同的角度说,如果将尽快实现经济现代化作为政府治理的最高目标,那么,在一定历史时期内特别是在经济转型过程中,暂时放弃有关政治理念和意识形态的纷争,尊重和引导内部的自发创新,缓解危机,对于地方政府来说可能是明智的选择。

由于"政府合法性基础主要来自它所依赖的社会势力,此外也来自它所依据的意识形态",因此在制度创新中,会面临这样的困境:如果某项制度创新与政府所依赖的意识形态相冲突,并且政府又无力变革意识形态,那么政府也不会去实施该项制度创新。历史上,许多政府顽固地维护无效率的制度,其原因就在于其受制于所依赖的保守的社会势力以及僵化的意识形态。② 显然温州有效的民营经济制度创新与地方政府所依赖的主流意识形态是激烈冲突的,虽然弱势的地方政府无力变革主流意识形态,但关键在

---

① [美]道格拉斯·诺思:《经济史中的结构与变迁》,陈郁、罗华平译,上海三联书店,1991年。

② 毛寿龙:《制度创新与政府功能》,《浙江学刊》1996年第5期。

于，温州域内的意识形态不是僵化的，而是与民营经济的发展具有很强的兼容性，是有效制度变革的积极因素。域内意识形态与计划经济下的主流意识形态相抵触产生的负效用，不但会随着对市场经济制度认识水平的提高而减弱，而且成为市场化改革的一种先导因素。地方政府无疑是对客观现实有较清晰的认识，但是迫于意识形态的压力，只能采取“无为”的行为方式，但是这种“无为”是相对于打击约束民营经济发展的“有为”而言，这种“无为”主要是指地方政府在制度创新初期被动地退出民营经济的控制层面。温州地方政府的这种“无为”行为模式所形成的开放式的制度环境，与民营经济早期制度创新所需的外部制度环境之间实现了吻合，从而使温州微观经济主体较早地获得了可接受的创新条件来发展家庭工商业和专业市场，这成为民营经济最初取得发展的重要契机。然而这种吻合是无意识的，是地方政府自身能力欠缺而不能有效地按计划经济模式集中控制资源配置所形成的后果。这样温州民营企业最初就能在温州政府无能的无为或自发的无为状态下，获得较大的自由发展空间，免受了主流意识的约束。地方政府有限的控制力进一步削弱了传统计划经济制度的惯性，使得温州民营经济的演进路径较少地为传统体制的行政干预所阻滞。

除了能力的“无为”，温州地方政府没有简单援引原有法律法规，对民营经济的发展没有轻易否定和取缔，也有赖于温州务工经商的域内意识形态的影响。由于温州民营经济的发展基本上是沿着血缘、亲缘、地缘和朋友关系向外扩散的，受复杂的人情社会裙带以及浓郁的贿赂性礼俗社会文化的影响，大量的地方政府公职人员本身就自觉或不自觉地直接参与了民营经济的实践活动。这使得政府内部的关于私有产权以及市场知识的人力资本存量较高。这样就潜在地形成了温州地方政府关于民营经济策略互动模式的认知，使得较其他地区温州政府能更迅速地与微观主体产生高度的认同感，即诺斯所强调的认识模式对制度创新的影响。当外部的环境变化时，即“当人们的经验与其思想不相符合时，他们就会改变其意识观点。实际上，他们试图去发展一套更‘适合’于其经验的新的理性”①。这样首先是很快地引发超过临界规模的政治域参与人的认识转变，将各种变异性决策以一

① ［美］道格拉斯·诺思：《经济史中的结构与变迁》，陈郁、罗华平译，上海三联书店，1991年。

定规模进行试验后，相应地他们实际决策的变化也较快地超出临界规模，所以就能很自觉地把发展民营经济纳入制度选择集合中。由于地方政府的介入，与民营经济天然相适应的市场制度的知识与信息能得以顺利、快速地生成和扩散，从而使得制度变迁相对提前。

二、温州地方政府实现制度创新的方式

温州地方政府制度创新的显著特点就是，无论从形式还是内容上都实现了与本区域现实情况的高度结合，充分利用和开发制度资源，从而在制度创新中与民营企业达成一种现实的利益共享和制度共识。温州地方政府为民营经济发展创造了一个成本较低、风险较小的制度传递和积累机制，其制度安排对民营经济活动生产了巨大的激励效应，从而促进了区域经济增长。其中地方政府公共政策演变成为温州整个制度变迁的重要组成部分，政治域的规则设定与民营经济发展现实需求相互作用，实现了较大程度的耦合和关联，从而使得有关民营经济发展的新制度安排逐步得到确立，形成了自身独特的一套制度创新方式。

（一）地方政府与民营企业利益的高度契合

在诺斯的制度变迁过程的框架中，首先是形成推动制度变迁的第一行动集团，提出有关制度变迁的方案，并对方案进行评估和选择；然后形成推动制度变迁的第二行动集团，两个集团共同努力去实现制度变迁。① 温州民营经济制度变迁的进程，恰恰是吻合了诺斯对这一过程的描述。作为第一行动集体的民营企业家，首先感受到了制度非均衡的矛盾，他们自发地试验并进行了有成效的非正式制度创新。囿于诱致型制度创新的局限，他们把制度需求诉诸地方政府，而地方政府也同时发现到了民营经济制度创新的潜在利益，因此地方政府和民营企业之间的互动和共同作用就成为温州制度变迁的一个重要机制。虽然两者无论是功能特性还是知识积累都具有各自供给相应制度的比较优势，但相互之间的彼此依存成为地方政府和民营企业功能发挥的动态制度基础。

① ［美］道格拉斯·诺思：《经济史中的结构与变迁》，陈郁、罗华平译，上海三联书店，1991 年。

地方政府通过一系列地方政策的变动来放大或扩展制度选择集合，成为民营经济表达制度创新需求的有效通道和有力载体。温州政府仅在1987年至1997年期间就相继推出了9个地方性政策，扶持和引导民营经济发展，提升了制度创新体系的整体功能，使得温州民营企业的发展基本上沿着一条较为平稳上升的轨迹演变。从挂户经营到股份合作制再到质量立市，温州地方政府实施的一系列扶持民营经济发展的政策措施，制度创新的展开始终是沿着民营企业自主权逐步确立的方向发展。地方政府积极传递和满足民营企业制度创新的愿望，为民营企业制度创新提供足够的利益激励和充分的选择空间。这两种力量的长期互动使得温州地方政府制度创新的演进机制具有很强的现实性、兼容性和开放性。

发生互动行为的根本原因是地方政府与民营企业紧密的利益兼容，地方政府通过以利润最大化为目标的民营企业来实现其经济目标并显示其政绩信号，而民营企业则借助了地方政府作为纵向制度安排的行政代理人的角色来传递和满足其对制度创新的需求。利益分配是制度变迁的诱因又是结果，双方在现实中达成了一种互利认同，并且都在尽力扩大生产性互利机会。首先，分权化和市场化使得地方政府独立利益主体的身份得到确认和巩固，从客观上具备了推动民营企业制度创新的条件和能力。地方政府已不单纯是原本意义上的地方公共事务管理者的政治组织，还是地方经济的代理人。正是这种双重角色使得地方政府活跃在制度创新层面，其活动行为必然与微观经济主体发生紧密的联系，积极促使制度创新的潜在收益转化为地方社会福利的增进。其次，民营经济的发展成为地方政府公共收入的重要来源。温州市财政收入1978年仅为1.35亿元，2001年为95.1亿元，2002高达126.26亿元。[①] 从增加财政收入、提高就业率、提升区域经济绩效到投身于基础设施的建设，温州民营企业都作出重要的贡献，提高了温州区域的市场竞争力并加快了城市化进程，从而间接地为地方政府实现利益最大化创造条件。温州经济实力的显著提高和地方财政收入的迅猛增加成为支持地方政府制度创新的有力证据，为地方政府从事制度创新活动赢得话语权。再次，民营经济利益的转移或再分配产生的双方利益契合是地方政府制度创新与民营经济发展互为激励、互相推动的重要原因。制度的

① 数据出自温州统计局编：《温州统计年鉴2003》，中国统计出版社，2003年。

创新使地方政府获得了双重的收益：一是地方政府获得了制度租金收益。可以说温州的民营经济是依托密切的人际关系网络发展起来的，地方政府制度变迁中的很多变通措施、过渡形式，都是在地方政府和民营企业双方利益的让渡与交换后，再由正式的制度安排加以确认和规范。这种紧密相关的利益把地方政府和民营企业凝聚在一起，共同作为与中央政府相抗衡的力量，同时地方政府获得了可观的提供政治保护的制度租金；二是由制度创新所带来的增量收益。地方政府除了通过制度创新间接获得了潜在的财政和绩效的增加外，地方官员与民营企业的合谋共商还使他们直接参与分享民营企业发展所带来的经济收益，成为民营经济发展的直接受益者。事实上，温州地方政府的不少公务员以不同的方式参与民营经济活动。如与亲戚朋友合伙办企业、公务活动之外从事民营经济活动。由于这些公务员是民营经济的直接受益者，因此非常容易认同民营经济，并利用自身的职权支持和保护民营经济的发展。

地方政府与民营企业基于利益方面的高度契合，使得双方能够在利益最大化与传统价值观的妥协中达成相互认可和支持的制度安排。民营企业在微观层面上的主动创新与地方政府在宏观层面上的引导和规范发生多重互动，从而在整体上推动了温州经济市场化的扩展和民营经济的发展。这使得温州政府的制度创新无论从时间、深度或是力度方面都明显优于其他地区，形成温州民营经济在发展中的体制落差优势。

（二）地方政府与中央政府制度博弈

温州民营企业之所以能在外界此起彼伏的争论中依然故我地发展，归因于温州地方政府积极地对制度非均衡作出反应，主动地与中央政府进行长期艰难的制度博弈，从而减少了中央政府制度供给“时滞”所造成的制度约束。博弈行为的发生，正如诺斯在国家提供基本博弈规则，创立产权目的的论述中所认为的，是“由于代理人的效用函数与统治者并不一致。然而，代理人一定程度上并不完全受统治者的约束，因为存在着统治者权力扩散”，因此“虽然统治者尽力去监督，但无论哪一个组织结构，其代理人都不完全受约束，他们的利益并不完全与统治者一致，其结果是，统治者在其代理人头上或多或少耗费一些垄断租金，在某些情形下，代理人与选民在瓜分某些垄断租金时存在共谋”。① 对于中央政府代理者的地方政府来说，其利益取向与中央政府并不完全一致，由于信息传递渠道严格按照等级进行，地方政府便有可能在信息传递过程中与中央政府展开博弈。同时也是由于宪法秩序和财政关系发生的重大变化和调整，增强了地方政府与上级政府的博弈能力和承担制度创新成本的能力。民营企业依赖地方政府建立一系列新的规则和法律(制度)来改变自身的合法性地位和维护经济利益成为一种非常现实和理性的期望。温州地方政府在经济民营化过程中既能及时发现并满足民营经济主体在制度非均衡条件下寻求最大化利益的要求，同时它又可以凭借其在政治力量对比或是资源配置权利中的比较优势来进行制度创新。地方政府可以在有限的空间内以隐蔽或是变通的方式，从事导致自身利益最大化的制度创新活动。

中央主导制度供给的持续不均衡，从而突显潜在制度收益是诱发地方政府和中央政府展开制度博弈的根源。在现有约束所致的机会集合下，地方政府就成为诺斯所谓的制度变迁的代理人的组织，当出现获利机会时，这个具有充分谈判力量的组织就会利用政治手段来实现最大化目标。② 温州地方政府制度博弈的实质正是地方政府通过政治手段致力于对民营经济进行保护，化解了大部分经济民营化的政治阻滞力量，缓减了民营经济发展直面中央政府约束的冲突阻力，为温州民营经济取得社会资源、开展活动提供有利的制度环境。当然前提是，地方政府与民营企业存在“共谋”，即地方政府实施制度创新，能够分享民营经济部分潜在的利润内部化收益，以实现经济上和政治上的目标，而且这部分利润应该足够大。因为博弈行为其实是“减少了微观经济主体与地方政府之间和微观经济主体与中央政府之间的两类‘摩擦成本’，使对‘摩擦阻力’的承受部分地转移到地方政府”③，因此只有出于足够的利益驱动，地方政府才会以积极的态度实施制度博弈。

在中央控制程度较大的情况下，地方政府的制度创新会受到较大约束，

---

① [美]道格拉斯・诺思：《经济史中的结构与变迁》，陈郁、罗华平译，上海三联书店，1991 年。

② [美]道格拉斯・诺思：《制度、制度变迁、与经济绩效》，刘守英译，上海三联书店，1994 年。

③ 史晋川、谢瑞平：《区域经济发展模式与经济制度变迁》，《学术月刊》2002 年第 5 期。

因此在温州，地方政府制度创新的显著方式是采取一种比较隐蔽的或比较“合法化”的方式引导和庇护民营企业的发展。“挂户”经营，“带红帽”企业，股份合作制企业，这一系列对于私有产权方式富有创造性的制度安排，在很大程度上就是民营企业与传统合作经济制度思想相结合的变异产物，是地方政府在制度博弈中所采取的迂回曲折方式，它降低了地方政府为争取中央的许可所要支付的博弈费用。博弈行为缓和了民营经济的发展与中央政府原有制度规定的摩擦和冲突，扩大了民营经济生存和发展的弹性空间。相对于径直式的一步到位的制度创新，地方政府所承担的政治风险要小得多。当温州突破主流意识形态的某些束缚，民营企业的制度创新实现了经济增长、就业率提高、社会稳定的目标时，地方政府便以此为依据积极对中央政府的制度安排施加影响，说服权力中心放松相关的制度约束，承认制度创新。“温州试验区”改革试点政策的取得，也是在地方政府积极博弈下，中央选择了温州。这一博弈结果保障温州民营经济可以在相对较少地受到传统体制和中央现行制度的限制下进行创新，也让温州独享了制度创新的优先权所带来的区域制度性经济增长的好处。同时温州又在这一制度环境的前提下实现自己的局部均衡，再选择使总体净福利能增大的发展民营经济的措施，实现了制度变迁的渐次演进和突破。特别是 20 世纪 90 年代初期，在国家七部委因温州假冒伪劣产品问题联合对温州民营企业进行彻底整顿打击之后，温州却能迅速成长起一批强大的民营企业，这也要归功于地方政府向中央政府的“讨价还价”的能力。

可以说，温州民营经济的发展就是在地方政府与中央政府之间，进行一次次富有柔性和弹性的对抗中被逐步推向前进的。温州地方政府选择了一种超前于计划经济体制下主流意识形态的制度安排是其最重要的制度创新。当然这种制度创新不是地方政府刻意的选择，而是受到来自民营企业要求实现其潜在利益的压力。中央、地方政府、民营企业三层次的利益主体在长期的较量、磨合和妥协中，地方政府将民营企业的制度需求与权力中心原有体制相容的方面巧妙地结合起来，设计出一种社会各方力量都能妥协和接受的制度形式和有效的变迁路线，减少了与传统体制的正面冲突，从而在一个更高的层面上达成新的制度均衡。这样温州地方政府就可以在相对稳定的环境中，进行可促进本地经济更快发展的制度创新活动。民营经济发展所释放出的活力及温州经济高速增长的事实，缩短了实践经验和意识形态不一致的积累过程。“先行的中央制度和意识形态还是适应了地方行为，最终在私人利益合法性不断突破和增加的过程中，促进了地区经济的发展”。① 制度博弈成为温州地方政府实现制度创新成本较小，并且能快速推进制度变迁的有效方式。

（三）正式制度与非正式制度相融合

在诺斯看来，非正式制度不但对正式制度效力起着约束作用，而且还可以构成某种正式制度的先验模式。他认为非正式制度与正式制度之间存在互动关系，在无外界冲击的情况下，正式制度与非正式制度之间显现了相互加强的锁定关系。温州民营经济的发展，就是受惠于温州传统的非正式制度和理论上的超前准备，正是正式制度与非正式制度的融合互动，一起调整着地方政府的制度创新体系。

毋庸置疑，诱致性制度创新是温州整个制度变迁历程中的动力引擎，温州民间内生的强烈自主创新意识，促使民间自发地产生了众多有利于民营企业发展的非正式安排。市场观念和商业精神的非正式制度对温州正式制度的变迁起着不可低估的制度贡献，它削减了计划经济时期正式制度对市场经济发展的束缚，使得温州发展民营经济的意识形态转变成本较小。同时大量的温州市民处于计划经济的单位体制之外，不但不能进入国有企业就业，也享受不到计划经济下的特有的福利，这使得他们冲破传统制度进行制度创新的机会成本较小。行为的机会空间和结果空间空前扩张，使温州人有更多的选择机会，有更多的潜在收益，因此在行动上就表现为“敢为天下先”和强烈的自主创新意识，推进温州民间进行一系列的非正式制度创新。但是“非正式的制度只能将经济发展推进至一定的水平。超出这个水平后，正式制度和起保护作用的政府就显示出了规模经济，并能保障有更多的进入者都获得公正、开放的市场机会”。②

然而政府提供的正式制度必须与非正式制度相容，即正式制度只有得到了社会认可才能发挥作用。如果两者具有相容性，那么“制度创新的引

① Kristen Parris. Local Initiative and Reform: The Wenzhou Model of Development. *The China Quarterly*, 1993(134).

② ［美］道格拉斯・诺思：《制度、制度变迁、与经济绩效》，刘守英译，上海三联书店，1994 年。

入，不管它是通过扩散过程，还是通过社会、经济与政治程序所进行的制度转化，它们都会进一步降低制度变迁的成本”。[①] 在温州一个显著的特点就是地方政府是在民间非正式制度创新推动下介入的，地方政府的大多数正式制度创新都是“脱胎”于温州民营经济发展中的非正式制度创新，并且创造了许多全国第一：第一个颁发（批）个体工商执照，第一个推出扶持农村发展商品经济的“五个允许”“五个支持”的政策措施，第一个实行金融利率改革，第一个颁布关于私营企业的地方性法规，第一个出台股份合作制企业的地方性法规，第一个制定“质量立市”地方性法规，这些无不体现出地方政府巨大制度创新能力和制度供给力度。作为对非正式制度创新的回应，温州地方政府这些紧随其后的正式制度安排都是以非正式制度安排为基础，以总结、概括、修正等形式将民间的非正式制度创新“正式化”，它更多的是体现对民营企业非正式制度创新的完善、促进和补充，使非正式制度上升到地方的正式制度。正式化的作用，一方面是使温州内生的非正式规则或是习俗性产权能被确切无疑地理解，改进其实施效果。另一方面，由于非正式规则通常是民间自发设计，不具有强制性，还需要正式规则提供权威性和合法性。因此，地方政府的制度创新无疑减小了民间自发搜寻和模仿非正式规则的随机性和成本，并为民营企业的非正式制度创新提供保障，增进了政府制度创新的有效性和兼容性以及制度的扩散和示范效应。

地方政府的制度创新促使民营企业从自发状态向制度化、规范化方向稳步发展，缩短了非正式制度正式化的过程。以非正式制度创新为切入点的制度正式化，界定和保障了民营经济这一清晰的产权形式。“由于现存产权结构引导着人类的经济行为，个人就会发现，从其利益出发，一种产权制度下的行为不同于另一个产权制度下的行为”，[②]在民营经济的这一新产权制度下，引导和确定了温州区域经济活动的激励系统。制度空间的拓宽之所以能激励温州发展民营经济的生产性努力，其机理在于它扩大了民营经济外部收益内部化的外延，并确保了民营企业的生产性努力能与行动报酬

---

① ［美］V. W. 拉担：《诱致性制度变迁理论》，载 R. 科斯、A. 阿尔钦、D. 诺思等：《财产权利与制度变迁——产权学派与新制度学派译文集》，刘守英等译，上海三联书店，1994 年。

② ［美］道格拉斯・诺思：《经济史中的结构与变迁》，陈郁、罗华平译，上海三联书店，1991 年。

产生紧密的联系，从而使比较优势突显和潜在的机会净收益大增。虽然可供选择的产权结构只有在权力中心的政策层次上才能界定，但是地方政府可以在组织层次上给予发展或者变通，赋予其特定意义的制度安排，从而这些制度安排为民营经济主体拓展了在操作层次上的选择集。同时地方政府正式制度的变迁，大大加快了温州重商主义文化之下的传统小农意识的瓦解和现代企业思想的传播，加速了固有伦理道德、价值观念和意识形态在温州人潜意识中的蜕变和调整。正式制度与非正式制度良好的互动演化和融合，不但使地方政府创新费用和实施成本大大地降低了，而且达到了动态的制度均衡，获得预期收益。地方政府的正式制度创新与温州民间的非正式制度创新相辅相成，共同推进温州民营经济的迅速发展。

三、制度创新与民营经济发展的良性互动

总的来说，温州地方政府制度创新成功的关键，是与民营企业达成了一致的现实的理解与认识，把民营企业的发展以隐蔽的规则方式纳入制度选择集，逐步拓展制度选择边界，通过让民营经济在实践中充分显示资源配置效率的优势，最终使这种产权制度在权力中心的政策层次上得到界定。温州地方政府在民营经济的演变过程中所扮演的这一特殊角色，对加速温州的市场化进程，加快温州民营经济的发展发挥了重要的作用。温州民营经济的制度创新是符合温州区域经济逻辑的理性选择，而制度相容和互动，成为地方政府制度创新的内在力量，也是温州民营经济产生制度扩散和制度示范效应的原因所在。从温州地方政府制度变迁与民营经济发展互动的历史轨迹，我们可以得出地方政府制度创新的如下几点启示：

(1)从温州民营经济发展的轨迹我们可以清晰地看到，市场经济的发展与有限政府是互为条件的。民营经济是自由市场经济下的产物，民营经济能取得怎样的发展要看其从事经济活动和支配自己财产的自由落实在制度上的程度和表现。一个权力过大、太有“作为”的政府必然是以牺牲经济自由为代价的。温州民营经济最初取得的发展就是在温州政府明智的无为或无能的无为状态下进行的，一定程度上免受了政府的约束。地方政府不是主动控制干预，而是一直处于被动的适应状态，顺应市场经济的发展。所以，温州民营经济发展不仅是民间的一种自发行为，同时也是地方政府“无为”之下的一种社会发展。地方政府给予了民营经济主体较大的政治和经

济自由，强化了激励机制，形成了区域经济增长的动力源泉。如果说当初的“无为政府”成为温州民营经济发展中的契机，那么今天，中国社会主义市场经济的发展就需要建立一个与市场经济相适应的有限政府。

有限政府的实现取决于制度建设与制度创新，现代政府适时适度地提供良好制度供给和创新，建立理性化、法制化、正规化制度体系是它的一项主要职能。政府通过制度供给调整各个经济主体之间的权力关系，满足经济主体对新制度的服务需求，形成均衡的规则。有限政府在制度层次上保持中性的立场，但提供规则使市场得以运转，以及对规则有效执行来维持稳定的经济环境，真正实现“小政府大社会”。

(2)有效的制度创新是要能够为经济主体提供较大的利益激励和充分的自由选择空间。温州地方政府制度创新的本质是使传统体制中外部性的利益转化为内部收益，政府在制度方面保证了创新活动的行为主体应该得到的相应报酬和好处，对民营经济发展产生一种正面的激励和报酬效应，从制度上激发和保护了经济领域内的创新活动。温州域内制度适时变化，是伴随着产权的激励与经济的自由，新的制度安排也因此而发展，并进一步增加了捕捉经济增长带来的获利机会。于是，温州制度创新就能不断得到修正和巩固，这反过来促使地方政府的制度框架朝着有利于经济增长的方向演变。因此地方政府的制度变迁要有利于建立对民营企业的正面激励制度，诱导他们真实地披露私有信息，提供使民营企业利益行为导向符合公共利益方向的制度供给，唯有如此才能保持良好的市场经济秩序。

(3)地方政府制度创新的利益偏好、目标函数和创新内容要与相关主体实现动态的兼容性。温州地方政府把确立民营企业的自主权和明晰民营企业的产权作为制度选择目标，通过明确民营经济主体的收益预期激励其创造更多的生产性利润，从而扩大地方政府的剩余分享额。随着民营经济的进一步发展，民营企业的制度需求焦点也由制度上的承认转化为对财产权保护的关注。财产权是市场经济的基石，只有财产权得到保障，民营企业才会积极响应获利机会，创造财富活动才有强大的动力，而且财产权的确立又从根本上限制了政府滥权的伸张。因而随着民营企业的发展壮大、个人资产的不断积累，迫切需要政府提供有效的法律保障和政治措施，保护民营企业及其业主的产权。所以，作为影响制度变迁方向、内容的地方政府的利益偏好及其目标函数，要不断与民营经济的发展形成内在的兼容性，这样才能增进地方政府制度创新的绩效。

（4）制度创新方式应当随着环境的变化发生改变，因为在一定环境中积极的创新方式在新环境下可能就会失效。在民营经济发展过程中，温州政府中的不少公职人员以业主的身份参与了经济活动，这一现象导致了地方政府与民营经济的利益兼容，也使得温州地方政府官员在计划经济时期容易认同民营经济的发展。但是，这种公域与私域不分的现象，在市场经济条件下却导致了严重的问题。同样，温州传统的人情社会网络客观上突破了合法而不合理的传统体制的束缚，其贿赂性送礼习俗为政府官员分享民营经济的收益提供了有效的非正式制度安排，从而使政府官员能够在计划经济时期宽容和认可民营经济的发展。公域与私域互融交织，界限模糊，虽然在计划经济时期曾起到了一定的积极作用，但是在今天，市场经济已经合法化，政府工作人员参与经济活动，传统的人情社会，尤其是贿赂送礼行为已成为市场经济良性发展的严重障碍，妨碍了自主开放的市场秩序的形成。市场经济的根本是基于公私的区分，政府行动的范围与责任应该被严格地限定在公共领域。公共权力过多地侵入私人领域必然是使民营企业财富创造的能力得不到解放和保护。因而从长远的经济增长来看还需进一步明确政府的权力、职能、规模和行为方式，明晰公域与私域的界线，营造出最适合经济发展和财富增值的制度环境。由此可见，在历史变迁的过程中，制度创新方式的效用也会随着制度环境的变化而变化，原本能推动社会发展的制度创新方式，随着制度环境的变化反而成为社会经济进一步发展的桎梏。因此，制度变迁是一个不断发展循环的过程。

第二节　人情社会对温州经济转型的推动与钳制

经济、政治与社会的三者关系构成了人类社会的内在联系，三者关系之间的变化与互动是解释人类社会发展演变的关键。改革开放以来，我国进入了快速的转型时期，在经济上取得了显著的进步。许多研究工作关注到了这一大转型过程中政治与经济、政府与市场之间的博弈和互动，然而作为制度变迁十分重要的“社会”这一变量却没有得到足够的重视。单纯从政治的或经济的视角，难以俯瞰中国“超大社会”制度变迁的全貌，也难以对中国经济转型面临的困境做出令人满意的回答。“温州模式”是我国改革开放以来市场化发展的一个典型，温州在这个模式下的前二十年一直保持着高速增长，引领着中国民营经济的发展。但近十年来，温州经济发展缓慢，基础设施建设滞后，资本与智慧外流严重，产业转型升级困难，陷入“转型沼泽”而难以迅速前行，面临着严重的“温州困境”。“温州困境”不仅是温州区域性的问题，它如同改革开放初期的“温州模式”一样具有全国意义。因此，以温州为个案的研究也就具有了中国意义。

一、经济转型中的“人情悖论”

“人情社会”是温州的典型社会形态，人情对法制的消解导致了温州经济发展的非法制化。在计划经济时代，温州的人情社会为温州模式突破当时合法而不合理的经济制度发挥了重要的作用，在实现从计划经济向市场经济转型的过程中起到了重大的推动作用。然而人情社会在实现这个重大的历史任务之后，却成为经济进一步转型升级的钳制力量。考察这一历史过程，我们清晰地看到了经济社会转型中的“人情悖论”。

马克斯·韦伯认为，西方资本主义的产生和发展依赖于一套形式合理的法律制度，这套制度强调法律的普遍性，排除个案的特殊性对规则适用的影响。[①] 在韦伯看来，西方的这种普遍主义源自于清教伦理中个体与上帝之间的神圣关系。而“中国的伦理，在自然生成的(或被附属于或被抑制成此性质)个人关系团体里，发展出其最强烈的推动力。这与最终要达到人(作为被造物)的义务之客观化的清教伦理，形成强烈的对比”[②]。中国社会关系的构建是从家庭关系拓展开来的，“举整个社会各种关系而一概家庭化之，务使其情益亲，其义益重。由是乃使居此社会者，每一个人对于其四面八方的伦理关系，各负有其相当义务；同时，其四面八方与他有伦理关系之人，亦各对他负有义务。全社会之人，不期而辗转互相连锁起来，无形中成

① 朱景文：《法治和关系：是对立还是包容？——从韦伯的经济与法律之间关系的理论谈起》，《环球法律评论》2003 年春季号。

② [德]马克斯·韦伯：《中国的宗教·宗教与世界》，康乐、简美惠译，广西师范大学出版社，2004 年，第 319—320 页。

为一种组织"[①]。这种由情义相互勾连起来的社会关系根据与"己"的亲疏远近形成石子落水般荡漾开来的"差序格局"[②]。在西方学者眼里，中国式的"差序格局"实质上是一种"特殊主义"的关系结构，与西方社会普遍主义的道德原则可谓大相径庭。[③]

近代以来，中国社会发生了翻天覆地的变化，然而就国人的文化观念和行为模式来看，中国仍然还是一个人情社会。所谓的人情，即人与人之间的私人感情，包括血缘、亲缘、地缘、学缘等形成的感情或情谊。中国社会中人情的构建"主要表现在有形和无形资源的交换上，显然，有交换关系或恩惠关系才有人情关系，没有交换关系就没有人情关系"[④]。从社会学的视角来看，在一个典型的人情社会里，人情在社会交换中起到基础性的媒介作用，而且人情本身成为一种重要的交换物并在不断的交换过程中实现再生产。中国的经济转型正是在中国特殊的人情社会中展开的。在此，基于人情的交换和基于市场的交换发生着复杂的互动：我们一方面看到经济活动试图从社会关系中"脱嵌"出来，导致人情道德的淡漠；另一方面大量的政治与经济活动仍然"嵌入"在盘根错节的人情关系网络之中。[⑤] 所谓"脱嵌"当然只是一种便于学术思考的虚构而远非现实，中国的经济转型与社会转型之间必然会呈现出一种复杂的互动关系：市场经济的建立无法回避人情社会，不仅如此，市场经济还将建立在人情社会之上，但同时又必须完成对人情社会的改造；人情社会在市场经济的作用下，其情感性的因素可能逐渐弱化，而工具性的价值则更加强化，从而使得两者的"嵌入"更为紧密。由此，中国的经济转型面临着一个独特的"人情悖论"：经济转型既发生于人情社会之中，又不得不从人情社会中剥离出来；人情社会既推动了中国的经济转型，又在这种植入性的推动中给进一步的转型造成了阻碍。

---

① 梁漱溟：《梁漱溟全集(第三卷)》，山东人民出版社，1990 年，第 81—82 页。

② 费孝通：《乡土中国生育制度》，北京大学出版社，1998 年，第 26—27 页。

③ [美]塔科·帕森斯：《社会行动的结构》，彭刚、张明德、夏翼南译，译林出版社，2003 年，第 615—616 页。

④ 翟学伟：《人情、面子与权力的再生产——情理社会中的社会交换方式》，《社会学研究》2004 年第 5 期。

⑤ "嵌入"和"脱嵌"的用法参见波兰尼：《大转型：我们时代的政治与经济起源》，冯钢、刘阳译，浙江人民出版社，2007 年。

在一般意义上，我们可以将中国的经济转型划分为两个阶段：第一阶段是从计划经济体制向市场经济体制的转轨，第二阶段是从社会主义初级市场经济向法治基础上的现代市场经济的转型。[①] 粗略来说，人情社会对于第一阶段的市场化转轨而言起到了某种润滑和推进作用；与此同时，人情社会的特殊主义和关系取向在不断地侵蚀着现代市场经济所需的法治基础，从而使得第二阶段的转型无法顺利进行。温州模式是中国经济转型的一面旗帜，温州也是中国人情社会的一个典型。从温州的样本中，我们可以更加清晰地理解我国经济转型所面临的"人情悖论"。

二、人情社会与温州模式的兴起

温州模式的兴起有其特有的社会文化基础，除了温州人民吃苦耐劳的精神以及永嘉学派倡导的"义利并和"的重商文化之外，还有温州人强烈的家族观念以及由此衍生开来的对人情的重视。温州的计划生育率在浙江省11个地级市中一直以来都是最低的[②]，显示出温州人强烈的传统家族观念。而温州人对人情的重视从人情支出的规模上就可见一斑。温州市城调队的调查显示，2004年温州市区居民人均礼金支出达1911元，占人均可支配收入的10.8%，这一比例在浙江省高居榜首，比宁波、衢州、丽水等城市高出一两倍。[③] 这种人情支出不仅名目繁多[④]，其金额也因为人情往来只能增加不能减少的特点而水涨船高[⑤]。我们可以说温州是一个典型的人情社会。

---

① 钱颖一：《市场与法治》，《经济社会体制比较》2000年第3期。

② 比如2006—2010年，温州的计划生育率分别为86.82%、76.38%、84.32%、84.82%和83.60%，而同期其他城市的计划生育率大部分保持在98%左右，只有极个别城市的个别年份在90%以下。参见浙江省统计局、国家统计局浙江调查总队编：《浙江统计年鉴2011》，中国统计出版社，2011年，第50页。

③ 吴正懿：《温州8%城市家庭因"人情"透支》，《东方早报》2005年7月20日。

④ 除了红白喜事之外，生日、乔迁、升学、升职、祝寿、给领导和老师拜年、找人"挈篮子"（温州方言，找人帮忙的意思）等都构成了人情往来。参见董约武：《温州地区人情消费状况及奢靡风气调查》，《大观周刊》2012年第19期。

⑤ 温州市统计局城乡居民抽样调查数据显示，2011年温州城镇居民捐赠支出（其中80%至90%的比例是人情支出）人均3669元，比上年增长33%，比2007年增加1700元，增长86%，明显高于5年来收入和消费支出增幅。参见贾钧寓、林松青：《温州人情消费5年增长86% 从众攀比是重要原因》，《温州日报》2012年3月8日。

在温州模式的形成与发展过程中，人情社会的影响和作用不容小视。

(一)人情社会中熟人间的高度信任降低了区域内的交易成本

在温州农村工业化的过程中，“前店后厂”式的家庭工业是一种主要形式，即使有些企业后来组建为有限责任公司或者企业集团，其家庭化、家族化的色彩依然十分浓厚。不仅如此，产业上下游的分工协作、资金和信息的流动都依赖于亲属圈和熟人圈。在温州工业化和市场化的初期，人们开展具有风险性的经营活动所需的资金，家庭和亲属往往是首要来源。而一旦某个人在某一行业取得成功，在人情责任的驱使下，往往也会带动家族其他成员来从事这一行业。家庭和家族成员内部信任程度很高，血缘之外的熟人圈子也具有高度信任的特点，因而区域的经济发展获得一种内在聚合力，其交易成本被大大降低了。在缺乏国家正式法律制度保护的情况下，这种基于人情社会的人格化交易形成一种稳定的博弈均衡，为区域经济的发展提供了一套行之有效的交易模式。

(二)人情社会中紧密的关系网络是市场经济初期拓展空间的重要渠道

人情社会不仅有助于降低区域内的交易成本，也构成了温州人向区域外拓展市场空间范围的有效载体。费孝通先生曾以“小商品、大市场”来概括温州家庭工业和专业市场相结合的地区经济形态，他认为温州模式的重要意义不在于家庭工业的发展，而在于民间自发地“在生产者和消费者之间建立起一个无孔不入的流通网络”，而这一“流通网络的联系纽带大多利用亲戚、朋友及其延伸的社会关系”。从个人的综合素质来看，温州人也许并不比国内其他地方的人群优异，为何温州人能够满世界做生意而被称为“中国的犹太人”呢？费老的观察可谓鞭辟入里。而王春光的研究同样表明，温州人情社会下的关系网络是温州人在异乡生存、发展及融入的重要资本。[①]对于那些遍布国内外的“温州村”“温州街”“温州城”中的温州人而言，个人有限的资源既不足以单独开辟市场，也难以有效规避风险，而由亲属、乡邻和朋友组成的人情社会网络为他们进入新的环境提供了有力支撑。不单是个人从人情社会网络中获得收益，人情社会网络也会随着个人事业的发展

① 王春光：《流动中的社会网络：温州人在巴黎和北京的行动方式》，《社会学研究》2000 年第 3 期。

而强化和拓宽。正是借助这种人情编织而成的关系网络，温州的“小商品”才能开拓出“大市场”。

(三)政企互动的人情化促成了市场发展初期地方政府对民营经济的支持

温州能够率先迈开从计划经济向市场经济转型的脚步，与温州地方政府对民营经济的默认和保护分不开。在地方政府推动制度创新的过程中，除了组织层面所获得的激励之外，个体层面的激励其实更为直接和重要，而这种激励恰恰附着于人情社会的关系网络中间。在现实生活中，政府是由具体的官员组成的，他们是具有主体意识和独立利益的个体；相应的，企业也有企业家作为其人格化的代表。在温州早期发展过程中，存在大量的“一家两制”现象，凸显出政企互动人格化与人情化的一面。有研究者指出，基于血缘、地缘、学缘等活生生的人情关系，温州地方政商之间织成了一张紧密的地方社会关系网络。[①] 在这张网络的庇护之下，国家不止一次试图割温州“资本主义尾巴”的意图才被消解于无形，温州地方政府才能够在利益契合的情况下推动民营经济的制度创新。

三、人情社会与温州模式的转型困境

温州模式是我国最早实现从计划经济向社会主义市场经济体制转型的一个成功典范，然而在初级市场经济向现代市场经济转型的过程中，温州模式面临着深刻的转型困境。20 世纪 90 年代以来，温州全市生产总值年均增长 19%，分别比全国、浙江省高 8.9 和 4.6 个百分点，居浙江省 11 个地级市之首，长期处于领跑地位。但在 2003 年以后，温州经济年均增速仅为 12.1%，仅比全国高 1.7 个百分点，低于浙江全省 0.6 个百分点，发展速度由浙江首位退至末位(见图 6-1)。在 2009 年浙江全省的考核中，温州的发展水平指数居第 10 位，发展进程指数居第 11 位，发展综合指数居第 10 位。在省内，温州与杭州、宁波的差距不断拉大，而绍兴、台州等地级市正迎头赶上，用温州当地干部的话来形容就是“标兵渐远、追兵渐进”。更为严峻的是，

---

① 史晋川：《温州模式的历史制度分析——从人格化交易与非人格化交易视角的观察》，《浙江社会科学》2004 年第 2 期。

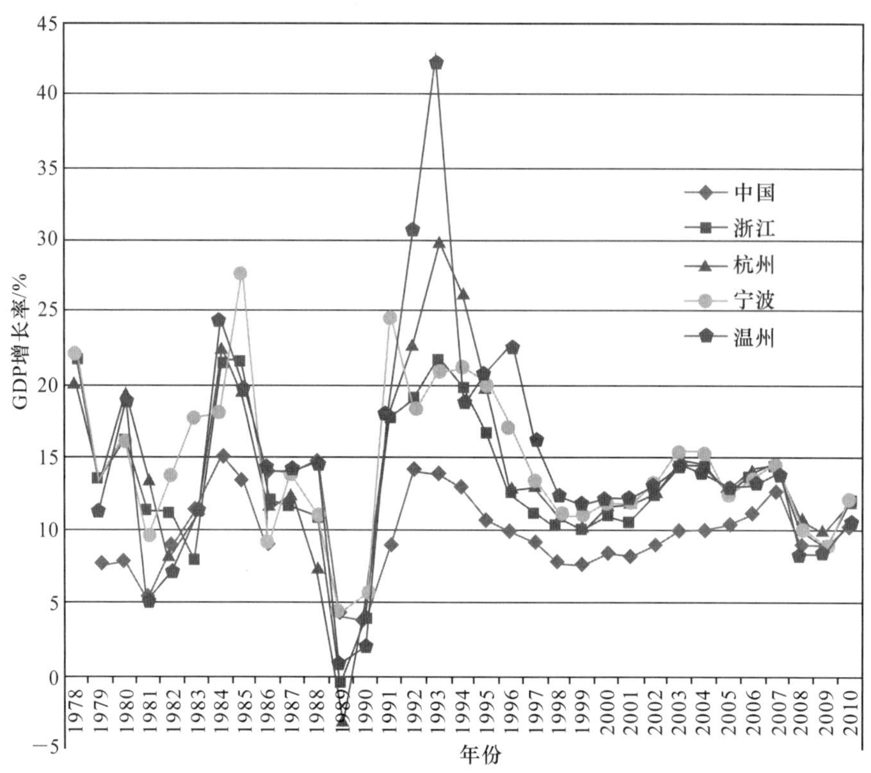

图 6-1　1978 年以来全国及浙江、杭州、宁波、温州 GDP 增长情况

数据来源：作者根据官方统计年鉴数据整理绘制。

温州资本和人才的外流已经成为一种普遍现象。不少大企业已经把总部或研发中心搬到了上海、杭州等地，一些行业集体外迁的现象也频频出现，温州本地产业空心化日益加剧。①

相对而言，温州现有的平台空间、环境资源、公共服务和城市基础设施建设等，都难以与城市品质提升、产业转型升级的需要相匹配，与上海、杭州

① 比如温州灯具业几乎集体外迁广东；家具行业的几家龙头企业移师上海、东莞；合成革行业的 20 多家发展型企业和相互配套的革基布行业的 20 家企业外迁丽水经济技术开发区；塑料编织行业的 45 家企业联手转移西部；不锈钢管件行业的龙头企业也纷纷外迁至上海、江苏、丽水等地；标准件产业、无纺布和五金机械产业，都已完成或已经开始了向江西鄱阳的整体转移。参见金瓯：《透过温州资本外流看税收竞争问题》，《企业经济》2008 年第 10 期。

等地差距明显；而在土地和劳动力成本等方面，省内外的其他城市则更具竞争力。在资本和人才等要素具有高度流动性，而全国各地都在"为增长而竞争"的背景下，温州本地经济转型面临的困境实质上与世界银行提出的"中等收入陷阱"非常相似：在一国的经济发展达到一定阶段后，支撑其快速增长的廉价劳动力等优势逐渐褪去，而技术创新等新的驱动机制又没有成功建立起来，从而导致经济增长长期陷入停滞状态。[①] 为什么曾经一度"领跑中国"的温州模式会陷入"温州困境"？人情社会对经济转型的钳制是一个更深层次的原因。

（一）人情社会的封闭性限制了企业的现代转型和持续发展

温州企业在初期大多是家庭式、家族式的。发展到一定规模后，从企业内部运作的交易成本看，原先那种基于血缘的管理不再经济，因而需要进行现代企业制度的改造。与此同时，企业的转型升级还必须依赖于各种现代管理人才和科技人才的智力支持。然而温州人情社会内含的那种牢固的家族观念，十分不利于企业的现代化改造。一方面是企业初创者及其家人亲属自觉不自觉的抗拒，另一方面是进入企业工作的外来精英常常感受到无形的天花板[②]，从而导致企业转型升级乏力。温州人情社会本身具有的封闭性，直接影响到温州对人才的吸引力和集聚力。许多大型企业外迁上海、杭州等地，除了区位、土地等要素的考虑之外，那里丰富的人才资源和相对成熟的职业经理人市场也是一个重要诱因。

在温州这样的人情社会中，企业的发展还面临着独特的传承难题。随着第一代企业家的老去，"二代接班"问题日益突出。除了"肥水不流外人田"的观念限制以及"二代"经营能力的考验之外，温州第一代企业家还会面临如何将其自身多年经营积累下来的人脉和关系资源转交给下一代的难题，而这些资源对于企业的生存和发展而言可能是至关重要的。家族式企

---

① 高杰、何平、张锐：《"中等收入陷阱"理论述评》，《经济学动态》2012年第3期。

② 笔者曾访谈过一位从浙江省其他城市来温州某大型企业工作多年的副总经理，他说："温州的文化相对来说是比较封闭的，你看它的语言就知道。我来温州这么多年，还是不会讲温州话。当时我大学毕业跟着我老婆回到温州，这样融入相对容易一些。我们公司每年也到外面招名校的大学生，很难招得到，招来了也很难留得住。温州的房价也高，他们还不如到杭州、上海去发展。"

业的另一个传承难题是，如果接班人不止一个，那么“分家”过程中的利益问题往往容易损坏原有的人情纽带，特别是当老一辈的家长去世以后，企业常常会陷入分裂。这也是温州企业做不大的原因之一。

（二）人情社会对经济活动的过度介入大幅放大市场风险

亲属、熟人间的人情往来原本具有合作互助的性质，是帮助个体应对生活风险的重要机制。例如红白喜事需要大量的花费，主事家庭可能无法独立承担，这时亲朋好友出的人情份子就起到一个很好的分担功能。在温州，人情社会催生了发达的民间金融。在国家正规金融部门门槛过高的情况下，各种基于人情关系组织起来的“合会”“抬会”为民营经济的发展注入了活力。然而 2011 年温州民间借贷危机的爆发，充分表明了在市场经济条件下，这种由人情关系维系的金融形式蕴藏着巨大的风险①。温州民间金融所集资金最初的用途基本上是消费互助和小额资本金，数额小，人数少，人群的关系非常紧密，资金的使用者就是供给者，每一个人的一举一动都在其他成员的监督和制约之下，因而风险可控。而随着市场经济的发展，民间金融集资的用途逐渐变为企业的大笔流动资金甚至是固定资产投资，数额大，人数多，人群的关系不再紧密，资金的使用者和供给者分开，信息不对称问题日益加剧，其中的道德风险也就难以通过人情机制予以防范。由此我们看到，在市场经济发展初期，人情社会对经济活动的介入有助于经济发展，而一旦市场的逐利性植入人情社会的关系网络，市场风险就将被大幅放大。

（三）人情社会放纵公共权力行使的异化

现代组织学的研究表明，现实中并不存在韦伯意义上的理想科层制，非正式关系广泛地影响着科层制组织的运行。有学者指出，人情关系成为中国市场化转轨过程中连接地方政府与市场经济的纽带，形成了所谓的“市场庇护主义”。② 如前所述，在改革开放初期，人情社会易于“俘获”公共权力，为温州民营经济发展提供空间起到了积极的作用。然而温州地方制度变迁过程中对人情社会的路径依赖，使得经济转型“锁定”在地方社会人情关系

① 史晋川：《人格化交易与民间金融风险》，《浙江社会科学》2011 年第 12 期。

② David L. Wank. The Institutional Process of Market Clientelism: Guanxi and Private Business in a South China City. *The China Quarterly*, 1996(147).

网络之中而迟迟无法超越。一项对温州企业家和领导干部的问卷调查显示，2009年对温州投资环境不满意率高达60%以上，不仅是企业家，甚至部分领导干部都觉得“政府部门服务意识淡薄”“行政审批程序繁琐”“腐败现象较为严重”。[①] 这看似只是政府（官员）的问题，其实与温州的人情社会密切相关。在笔者的一次访谈中，一位已经将企业迁往上海的企业家不无感慨地说：“上海可能人工成本稍微高一点，但是省心，不用花大量时间跟政府官员打交道，白天忙着管理，晚上还要去喝酒唱歌。按理说，我们的重心应该在生产上，而不是说去拉关系，我跟你熟了下次办事方便点，这样企业家太累了。政府执行的时候，透明度、办事效率还是不行。温州是人情社会，一件小事你都可能需要找关系，不找还不放心，很多时候效率就会差很多。”

在经济转型过程中，政府（官员）手中掌握着大量公共权力。按照科层制的逻辑，公共权力的行使应该是照章办事、一视同仁的。然而具体掌握和行使公共权力的政府官员除了公职赋予的公共责任之外，还具有人情社会所规定的人情责任。前者要求“大公无私”，后者要求“亲亲相隐”。在公共权力体系内部责任约束机制不甚完善的情况下，这两种责任的冲突往往容易倒向后者的胜利，因为“不近人情”之人常常要遭到人情社会的排斥，从而对权力行使者造成巨大社会压力。在这种社会氛围中，公共权力的腐败很少表现为赤裸裸的“权钱交易”，更多的是诉诸人情，通过长期的“礼尚往来”来建立和巩固私交。哪怕是在公共权力正常运用的时候，往往也需要通过人情关系进行润滑。当大部分司机都不遵守红绿灯，而是谋求与交警个别谈判疏通的时候，整个交通系统的运行效率必然大大降低。同样对于一个社会来说，如果大部分领域都需要人情作为媒介，那么整个社会的交易成本必然是很高的，也就无法实现现代市场经济所追求的效率。

回顾温州模式的发展历程，我们可以看到人情社会与经济转型之间复杂而纠结的联系。“人情悖论”的破解并不是一朝一夕能够完成的事情，因为人情作为一种根深蒂固的文化观念和行为模式，很难在短期内彻底“移风易俗”。然而现代市场经济是法制经济，我国经济转型的顺利推进，一个必要的前提就是人情社会向法治社会转型，而法治社会的建立又与政治现代

---

① 相关调查参见金浩、王春光：《2010年温州经济社会形势分析与预测》，社会科学文献出版社，2010年，第317—321页。

化密切相关。从这个意义上来讲，在中国大转型的过程中，政治转型、经济转型与社会转型三者需要协调推进，不可偏废。

第三节 政企耦合与产业发展：案例比较分析

政企耦合是地方政府与民营企业两个结构主体相互支撑、协调发展的理想形态。在政企耦合良好的状况下，地方政府与民营企业能够实现双方正能量的相互激发与交换。一方面，地方政府通过民营企业的发展来提振经济，获得财政收入及其他显性政绩；另一方面，民营企业的发展也离不开地方政府对企业所在地进行良好的公共治理，特别是在土地、财税、科技、人才等方面的公共服务与政策保障。在理想的耦合形态下，地方政府与民营企业经由这种正向激励形成良性循环，从而实现区域整体的和谐发展。但是，政企耦合的形态不是固定不变的，无论是外界环境的变化还是内在基础的影响，或者是耦合主体自身行为的偏差都可能导致政企耦合畸形化的问题凸显。对于地方政府而言，由于部门、组织利益或官员自身利益的羁绊，加上组织和个人的有限理性，容易出台一些“短视”政策，甚至出现对企业吃、拿、卡、要的腐败行为，破坏政企耦合状态。在地方政府激烈竞争的条件下，民营企业本身的流动迁移成本往往不高，因而在利弊权衡之下必然会选择政企耦合更好的地方经营和发展。因而，对于地方政府来说，如何构建好的政企耦合来实现经济社会的持续发展就成为十分紧迫的任务。那么，理想形态的政企耦合如何构建？随着经济社会的发展，地方政府如何根据民营企业的需求构建新形态的政企耦合？从浙江省温州市与广东省中山市古镇镇两地灯具产业发展的案例比较分析中，或许能够找到回答这两个问题的线索。

一、温州灯具产业的案例

改革开放伊始，温州部分民营企业家抓住国内灯具需求激增的契机，从仿制、组装起家，利用“前店后厂”的家庭工业生产形式和“十万供销大军”的营销网络，迅速抢占国内灯具市场。温州一度成为著名的灯具产销基地，灯具产业也成为温州的四大支柱产业之一。然而在持续了十余年的辉煌之后，温州灯具企业在上世纪末纷纷迁出温州，导致温州本地灯具产业的空心化，温州灯具市场也日渐萧条。这种企业迁移甚至整个产业集群迁移的现象，在温州非常普遍，由此带来了温州人才、资本外流以及本地产业空心化的问题，导致了温州近十余年来经济发展相对衰弱的困境。从这个意义上来说，温州灯具产业的兴衰历程颇具典型性，可以说是温州模式兴衰的一个缩影。

（一）温州灯具产业的兴起过程

在新中国成立后相当长的一段历史时期内，中国国民经济整体发展滞后，人民生活水平低下，温饱仍然是最大的问题。当时大部分农村地区甚至没有通电，而许多城市家庭基本上每户只拥有少量的最简易的照明灯具，即一根电线吊一只灯泡，条件好点的再装一个搪瓷灯罩。改革开放之后，国民经济迅速发展，人民生活水平日益提高，对灯具的需求暴增。当时的灯具生产和销售主要集中在国内大城市的国营照明公司或灯具工厂，火爆的市场需求使得这些国有企业的供应捉襟见肘。例如，当时上海一家灯具厂生产的双鱼牌白炽光台灯，就在短短的一年多时间里卖了300余万台。不仅是在需求量上，人们对灯具的外观和功能的需求也发生了显著变化。过去只求发光照明，后来逐渐开始注重灯具的装饰功能，简单的电线串灯泡也衍生出吊灯、壁灯、吸顶灯、台灯、落地灯等多样化的类型。由于国营灯具企业的经营体制缺乏应对市场变化的灵活性，从20世纪80年代中期开始逐渐衰弱，至90年代中期几乎消失殆尽。与此同时，各类集体所有制和民营灯具企业逐渐成为灯具产业的主导者。

温州作为中国率先进行市场化改革探索的地区，也在第一时间敏锐地抢占到了灯具产业发展的先机。在当时，灯具产品具有市场需求大、技术含量低的特点，比较适合温州“前店后厂”式的家庭工业生产，可谓真正的“投资少、见效快”。而且这些家庭作坊式的企业虽然规模小，却分工明细，产业配套性强，有的专门生产零部件，有的专门负责进行电镀及表面处理，有的专门进行产品整装销售。这种高度市场化的产业组织形式相比国有企业而言不仅具有更高的灵活性与生产效率，其生产成本也大大降低，因而产品具有很强的竞争力。同时，与国有企业采取的直销或商场专柜销售不同，温州灯具企业往往采取坐商及代理的销售方式，“十万供销大军”极具冲击力地拓展温州灯具产品的市场份额，而且相比国有企业付出了更低的销售成本。生产、销售成本的降低，加上灵活多样的经营手段，使得温州灯具企业异军突起，温州一度成为全国灯具最大的生产基地和销售市场。到1995年，温州全市共有灯具制造企业2000多家，从业人员达5万人，产品涵盖家庭、道路、工程建设、园艺、汽车、船舶用灯等七大门类几千个品种，年销售规模达到10亿元以上。而在1998年，温州全市灯具产业年产值更是达到了50多亿元，占当时国内市场份额的25.5%，灯具产业也成为温州四大支柱产业之一。

(二)温州东方灯具市场的建立

在民营灯具企业日益红火的时候，温州国营资本也期望从中分一杯羹。温州东方灯具市场的建立，是温州灯具产业发展历程中一个重要的事件。可以说，东方灯具市场的兴衰则直接反映着温州整个灯具产业的兴衰，其中这两者的因果关系颇耐人寻味。

温州东方灯具市场隶属于温州东方集团，而温州东方集团是由浙江东方集团起家的，它的前身是温州玻璃钢建材厂。在20世纪80年代初，温州玻璃钢建材厂还是一个规模小、资不抵债的小型国有企业。1984年起，在新上任的厂党支部书记兼厂长滕增寿的领导下，建材厂开始扭亏为盈并成功兼并温州市九家亏损的国有企业，不断壮大集团力量，逐渐发展成为温州最大的国有企业以及唯一的一家上市企业。①

东方集团一开始与灯具并没有任何关联，东方灯具大市场的建立主要依靠的是当时集团老总滕增寿对灯具产业前景的判断。在20世纪80年代之前，全国的招待所都只设卧室并没有独立卫生间，缺乏相应的防水设备。改革开放以后，温州玻璃钢建材厂以此为契机，为部分招待所设计开发了玻璃钢盒子卫生间，在当时一炮而红深受各大招待所的青睐，一时间它的名声传遍大江南北，全国各地的招待所都纷纷向玻璃钢建材厂订购这种玻璃钢盒子卫生间，而卫生间内的照明装置也随着盒子卫生间的普及而有了更大的需求空间。当时，温州灯具产业已经慢慢形成一定规模，东方集团看准这

---

① 在民营经济发达的温州，东方集团的成功无疑具有重要的典型价值和政治意义，这又反过来使得温州地方政府对其格外扶持。笔者在访谈中了解到非常不同甚至对立的评价，不论是对东方集团还是对滕增寿其人。

一机遇，大手笔地创建了温州东方灯具市场。1992年底破土动工，仅用4个月时间就建成5000平方米的灯市建筑，赢得了市场先机。1993年4月16日，由当时浙江东方工业集团公司主办的温州东方灯具大市场正式开业。经过几年的发展壮大，全市场共拥有古典式营业用房4万多平方米，进场厂店1000多家，销售企业达600多家，汇集灯具七大门类，2000多个品种，档次齐全。1994年4月19日的《人民日报》中曾以大篇幅报道东方灯具大市场成为全国灯具行业之最：规模最大、门类最齐、品种最多、款式最新、质量最好、价格最低、销售额最高、经济效益最好。从1993年营业开始，东方灯具市场批发销售额从3亿元猛增到1998年的30多亿元，足足增长了10倍。东方灯具市场成为客商必到场所，名扬国内外。

东方灯具市场的成功一度被列为国企与民企联合搞活的典型，其经验被概括为“6给4得”①，概括起来主要有以下几点：

(1)品牌信誉方面。当时温州家庭作坊式的民营企业大都小打小闹，没有叫得响的品牌，而温州东方集团是国务院批准的500家重点国有企业之一，是温州特级明星企业。凡是进入东方灯具市场的民营企业都要重新进行工商登记注册，名义上成为东方集团所属企业。戴上“东方”的金字招牌后，民营企业的市场信誉得到提升。

(2)经营场地方面。原先灯具企业家家户户分散经营，无法很好地形成规模效应。东方集团腾出空闲厂房和场地，建立起大量营业用房和生产车间，为灯具企业提供发展空间。而东方集团获得的是各个灯具企业进场初期交纳的6500多万元抵押金的使用权，以及每年1500万元的租金。

(3)技术支持方面。发展初期的温州灯具企业资金不足、技术力量薄弱。东方集团组织技术力量开办培训班、建立产品检测中心，特别针对温州灯具生产企业电镀技术落后的软肋，投资4000万元建立技术、规模一流的东方电镀公司，一方面促进了灯具质量的提升，另一方面也为东方集团找到了新的经济增长点。

(4)管理服务方面。东方灯具大市场成立灯市管理办公室，统一对各个灯具企业进行管理，极大地消除了各个政府部门多头管理、吃拿卡要严重的

---

①　黄晓霞：《国有、私营企业结合搞活流通的新探索——东方灯具大市场》，《物流技术与应用》1999年第2期。

问题，使进场企业能够专心生产。同时，还发起成立温州灯具商会，特别针对灯具生产中的同行仿制问题，设立规章制度进行行业自治管理，保护灯具生产企业进行创新的积极性。

(5)销售渠道方面。进场灯具企业可以借助东方集团下属的灯具营销公司和外贸渠道销售产品，东方灯具大市场也适时组织场内灯具企业赴内地各大城市、港澳台地区及东南亚等地开办展销会，拓展销售网络。

然而在笔者的访谈过程中，也了解到东方灯具大市场与进场的灯具企业并非是完全的双赢。相关资料记载，东方灯具大市场建立后，“要求进场的人多，摊位不够”，因而“采取抵押招标的方法，进场的经营户不仅要交租金，还要根据市场建设的投资交押金”。① 进场企业按照600家计算，当时(1993年)第一期收取抵押金就达6500万元，平均每家企业需要交纳抵押金100多万元。这些抵押金每期3年，不计利息，使用权归温州东方集团所有，并且一旦进场灯具企业出现假冒伪劣等行为，集团有权没收抵押金。据一位温州灯具企业的老板讲述，当时他们其实已经开办了自己的市场，而且生意很红火，但是温州市政府相关部门由于东方集团的阻力一直没有批下营业执照，而且动用设卡罚款等手段迫使他们搬进东方灯具大市场。在他看来，东方灯具市场的垄断行为事实上是导致温州灯具产业没有得到更好发展的一个重要原因：

> 东方灯具市场，一个店面，我们投标，要交200多万的抵押金，你想二十年前你拿出200多万的话对你一个小企业哪还有周转的资金啊？通过一个企业来引导行业的发展是不对的，企业也是要追求自己的利润的，东方灯具市场把这些押金都收上来，就有2个亿的免费资金使用。其实你说国资自己搞，同时也让人家搞，大家都搞，把好的技术、好的工艺引进来，这个行业才能红红火火。然后引进来又会引发行业内部的竞争，压缩制造的成本，这个是非常正常的。如果说都把它垄断的话，变成以前的计划经济，一个城市只有一个灯具店，那么你不用动脑筋，他买路灯肯定到你这里买。但是如果有5家、7家灯具厂在，它们

① 木子:《谁说国有企业搞不活？——温州东方集团公司考察纪实》,《学习与思考》1998年第12期。

就会去拼款式、拼质量、拼服务、拼价格，这就是市场。

（三）温州灯具企业的集体外迁

在20世纪90年代末，鼎盛一时的温州灯具产业开始逐步外迁，而广东省中山市古镇镇就是温州灯具商的主要迁移目的地。从1998年四五家企业南下古镇开始，90%以上的温州灯具企业陆续搬离温州。据不完全统计，目前在中山古镇的商人中，温州籍商人有3万名之多，由温商创办的灯具、灯饰企业有近2000家。与此同时，温州的灯具产业日渐萧条。温州东方灯具市场从批发集散为主改为零售为主，相比于当年的红火，如今可谓门庭冷落；过去辐射海内外的大市场，现在只能向温州本地及丽水、台州等周边城市销售灯具。而古镇的灯具产业如今仍在如火如荼地发展。是什么原因导致温州灯具产业集体迁移？

一位从事灯具产业生产经营二十余年的温州企业家向笔者讲述了温州灯具产业从辉煌走向没落的过程：

灯具当时是属于鹿城区的四大支柱产业之一，比较辉煌，部分灯具产品门类一度占到全国份额的65%以上，是这样的一个比重。后期政府对行业缺乏一些引导，然后外来的信息，广东那边的优惠政策把你吸引过来，现在95%以上温州做灯的人都搬到古镇去了。发展是硬道理，那里税收、环保等都是先宽松，后引导，再规范。温州不是这样，当年在矮凳桥那里搞东方灯具市场，你车一出去税收、质检这些就来拦了。这种你不是说不好，但是在发展的过程当中，可能都会走过样的道路。我国台湾的灯具发展，欧洲的灯具发展，我都做过了解，他们的发展也都经历了一定的过程，不可能一步到位的。当时温州灯具最大的一个优势是灯具销售的十万大军，只要把灯具生产出来，就有一个特殊的销售渠道，温州人在全国各地都有开灯具店。你一款好的灯出来，亲戚带朋友，朋友带亲戚，马上能跟消费者见面。包括现在，灯具厂是搬到广东了，但是销售渠道很大比例还是温州人。

企业真正要做大，很重要的是产业链的配套。举个例子，在古镇，你今天想要开发一款灯，所有的部件一个上午都能买到并组合成一个灯。在温州，玻璃厂没有，可能碰到环保啊，它没有让你去形成一个产业链。包括电镀，它的废气废水，现在把它们规范起来，在瓯海成立了一个电镀中心，也有废水处理中心，这没错，会对整体环境起到一个非常好的作用，但是对于市场的竞争来讲，广东的制造成本就比温州低。

后来温州市人大，包括市长带队，我都陪他们去古镇考察，开了好几次会，但是现在想把那些企业重新引回来是不可能的。就像温州的眼镜行业一样，规模在，产业链配套在，外面是很难把企业挖走的。灯具产业正当要蓬勃发展，形成一个产业链配套的时候，政府没有出台一个很好的引导措施，这是很可惜的。正当起来需要一些土地、一些优惠的时候，鹿城区当时要搞一块地给我们，但是没有考虑到环境适不适应，那里是靠瓯江的，风吹过来是带盐分的，当时的电镀没有那么漂亮，风一吹那些底盘就变色了。后来瓯海区知道这个事情，南白象镇政府也很重视，在104国道上征了一块地，地不大，三四百亩吧，企业的规模也不大，都是三亩五亩的，然后搞了个灯具市场。但是后来受到很大的打击，市场的营业执照都批不下来。事实上当时这个市场已经把广东的企业都吸引过来了。现在广东灯具市场光温州的企业就有上千亿的规模，不得了，现在是面向全球的灯具集散地。温州当时完全具备发展这个行业的条件。原来古镇就是一个非常偏僻的地方，人口总共才6万多，现在是车都开不过来，五星级酒店就很多。

带着这个问题，笔者对相关灯具企业主、经销人员及政府官员进行过多次访谈，概括起来主要涉及以下几个方面：

(1)地理位置。温州偏僻的地理位置与滞后的交通条件阻碍了温州灯具向全国各地甚至国外的批发销售，而广东距离香港、澳门较近，对东南亚地区的辐射快，使得灯具在广东能够更加方便地售往海外。同时，一年两届的广交会地处广州，毗邻中山古镇，使得古镇的灯具在进出口方面相比温州更具优势。

(2)土地价格。土地稀缺、地价昂贵一直是温州这个地少人多的城市的心病。在20世纪90年代末，土地瓶颈的制约就已经凸显出来。在当时，地多人少的古镇土地价格为5万～7万元/亩，而温州的地价则高达30万元/亩以上，差距如此大的生产成本使得温州的灯具厂商不得不从自身的利润与发展考虑，逐步迁址，减少由高昂的土地价格带来的生产空间的沉没成本。

(3)资金与技术支持。在20世纪90年代末，掌握大量资金的香港、澳门的投资者对广州进行了大量投资，同时，内地的灯具主要由掌握灯具核心技术——电镀、灯具表面处理技术的台湾引进，台湾对广东的大量资金投资与技术支持也使得灯具在广东的发展更具外部优势。

(4)税收政策。广东包干式的宽松税收政策相比起温州严格的税收政策对温州的灯具厂商具有更大的吸引力。20世纪80年代，中央给广东、福建两省试行"特殊政策，灵活措施"的政策，明确财政包干、税收优惠的政策。广东财政每年上缴中央财政11亿元，包括深圳特区上缴1亿元，每年增收的财政收入由广东省、深圳市自己去发展经济。税收方面，除了一些特殊税种、税目行业，如酒、糖、贵重食品、化妆品等几种产品不能擅自改变中央规定之外，广东、福建两省都可以试行税收减免优惠政策。这种制度对广东吸引外资、发展内资起到了极大的推动作用。

(5)招商引资政策。在招商引资政策上，中山古镇更具发展眼光。当20世纪90年代台湾电镀企业有意向温州投资时，温州政府出于对环境因素的考虑拒绝了。面对发展得如火如荼的灯具产业，温州政府并没有出台相关政策进行扶持，甚至希望趁机从中获利，落后的服务态度与薄弱的服务意识使温州的灯具厂商失去了对留在温州长期发展的信心。而广东政府则前往温州进行招商引资，邀请温州的灯具厂商前往中山参观，并承诺若温州的灯具厂商愿意前往广州则可以享受免税三年的扶持政策，这更加坚定了温州灯具厂商迁厂的意愿。

(6)交易费用。企业家在优化和整合社会资源过程中，要处处考虑到降低交易费用的问题。温州政府对于工商许可证、营业执照等手续的办理流程要求十分严格，而温州政府在当时行政管理效率不高，使得部分厂商迟迟不能拿到许可证进行生产。温州政府甚至在看到灯具产业繁荣发展的时候设卡收费，对灯具采购车辆收取过路费用。而当时的古镇，以敞开式的管理方式吸引厂商进入，宽松的政策使许多灯具厂商在未申领工商许可证、营业执照的情况下就能进行灯具生产并开门营业，使得温州前往中山古镇的灯具厂商规模迅速发展起来，厂商在如此宽松的生产经营环境下逐步盈利，生产与经营也逐步进入正轨。放水养鱼的方式也使得古镇的灯具产业快速地发展，开辟了规模庞大的古镇"十里灯饰长街"。

二、古镇灯具产业的案例

古镇镇位于广东省中山市的西北面，与港澳地区毗邻，全镇面积近 50 平方千米，当前户籍人口 7 万余人。古镇灯具产业[①]的起步时间与温州差不多，在 20 世纪 90 年代中期之前其规模和市场影响力尚不如温州。然而从 90 年代中后期开始，大量温州灯具企业南迁古镇，“中国（古镇）国际灯饰博览会”的成功举办更是让古镇开始拥有了“中国灯饰之都”的美誉。从 1982 年发展至今，古镇已经形成年产值超千亿元的灯具产业集群，成为国内最大的灯具专业生产基地和批发市场，同时也是世界性的灯具专业市场之一。当前全镇拥有灯具及其配件工商企业 1.27 万家，其中灯具商户 7497 家。有中国驰名商标 2 个，中国名牌产品 2 个，广东省名牌产品 7 个，广东省著名商标 15 个。2011 年，古镇灯具产业总产值达 170.8 亿元，占全国市场份额的 60%以上；出口总额 5.0 亿美元，产品不仅畅销全国，还出口到东南亚、日本、美国及欧洲等 130 多个国家和地区，享有较大的知名度和美誉度。[②]

（一）古镇灯具产业的初期发展

古镇灯具产业的兴起与温州一样，主要也是得益于改革开放后激增的国内市场需求。20 世纪 70 年代末，一家古镇镇属电器厂的供销员在跑供销的途中发现市场对灯具产品的需求巨大，于是该厂开始转产灯具，很快获得成功。随后，其他企业也纷纷开始转产灯具，民间也兴起了一大批兄弟厂、夫妻店，从周边地区采购零配件，再进行简单的组装加工，然后到全国各地进行推销。当时古镇灯具产业的形态与温州是十分相似的，都是从简易的组装、仿制起家，进行“提灯走天涯”式的推广销售，最终形成了“家家做灯、户户销灯”的局面。进入 20 世纪 90 年代，随着改革开放的深化，基于地缘优势，港台灯具产业的转移为古镇灯具产业的发展提供了巨大的帮助，不但完善了整个产业链，提高了灯具的质量和档次，还打开了国际市场。

老一辈的古镇灯具企业老板们大多农民出身，其企业的生产经营水平

---

① 在广东地区，灯具的生产和销售大都被称为“灯饰产业”，为行文方便本书统称“灯具产业”。

② 古镇概况. http://www.zsguzhen.gov.cn/gzgk/gzjj.asp

基本停留在“家庭作坊”的原始阶段，灯具产品的销售也缺乏外销渠道。当时，大量香港商人利用其特殊优势，做着大量“倒手买卖”，从内地采购廉价产品，转手高价外销国际市场。古镇廉价的灯具产品也进入了香港商人的视野，他们在香港注册灯具公司，再在古镇找企业进行贴牌生产，然后将产品销往欧美市场。许多古镇灯具生产企业从这种贴牌生产中赚取了第一桶金，但聪明的古镇人发现香港商人卖灯比他们做灯更赚钱，于是开始通过中介在香港注册公司，自己做外贸生意。后来，古镇人甚至跑到法国、意大利、德国等国家和地区注册公司。这些挂着“洋品牌”的灯具产品，不仅方便外销，在国内市场也更受欢迎。在这个过程中，古镇灯具的质量和档次逐渐提高，经营者的素质也得到了很好的提升。

香港商人帮助古镇灯具打开了国际市场，而台湾商人带来的影响则更加深远。他们给古镇灯具产业带来了关键技术，并帮助古镇灯具形成了完整的产业链。台湾一度具有“灯具王国”的称号，灯具制造业十分发达，其产品在国际市场上占据很大份额。但是从 20 世纪 80 年代开始，台湾的土地价格和劳动力成本持续上升，使得灯具产品的生产成本一路走高，导致其国际竞争力不断下降。从 20 世纪 90 年代开始，为了谋求生存和发展，台湾灯具产业逐渐向大陆转移。在台湾灯具企业将生产线转移到大陆的同时，电镀、玻璃加工等关键技术也被带了过来，而这恰恰是大陆灯具产业的软肋。部分台资企业在稳定下来后，也开始承接古镇灯具企业的电镀和玻璃加工业务，但是要价较高。于是，古镇灯具企业就去台资企业高价挖人，并建立起自己的电镀和玻璃加工厂。在关键技术问题解决之后，古镇灯具企业进一步通过仿冒等形式，抢占台资企业的海外客户。在随后的竞争中，古镇灯具企业的产品质量不断改善，彻底击垮了台资企业。自此，古镇成了享誉国内外的灯具产销基地。

（二）古镇地方政府的政策扶持[①]

古镇灯具产业在初期发展过程中，主要借助于市场自发的力量，但政府的扶持也起了一定作用。在改革开放初期，工业基础薄弱的古镇为了发展

---

① 本小节内容主要参考了杨宇帆：《产业集群与区域品牌——古镇灯饰集群研究》（广东人民出版社 2010 年版）一书中的相关资料。

本地工业，从中国香港引进了两家灯具组装企业，这为古镇灯具产业的兴起提供了很好的示范和带动作用。基于对灯具产业前景的看好，古镇政府还大力倡导民间办厂，不但允许其挂靠政府部门，而且对发展初期的灯具企业给予贷款方面的支持和优惠。[①] 90 年代中后期，古镇灯具产业逐渐形成规模，政府对其重视程度提升到了战略高度。当时，花卉苗木种植业、塑料制品加工业和灯具产业是支撑古镇经济的三大产业。当地政府认为，古镇有限的资源不可能同时支撑起三个产业的壮大和发展。到了 1996 年，古镇政府作了一项战略决定，将灯具产业作为未来重点扶持的支柱产业，把很多资源投入到灯具产业的发展之中。古镇政府在镇中心修建了灯饰一条街，引入 300 余家灯具企业入驻开设门市部。为了提升灯具产品的质量，古镇政府设立了质量技术监督办公室和个私企业管理办公室，配备专门人员，对灯具产品进行质量监管，给灯具企业提供技术和政策支持，鼓励企业引进先进设备和专业人才。同时，古镇政府还出台办法鼓励企业创建名牌，对取得“国优”“省优”的产品进行奖励。为了进一步打造灯具产业发展的良好环境，古镇政府还提出“经营城镇”的战略，不断加大基础设施建设投入，先后实施了“建设工程”“服务工程”和“长安工程”，极大地改善了当地的投资和人居环境，为灯具产业的持续发展和高端人才的引进提供了软硬件基础。

古镇灯具产业后期的迅速发展，影响力的快速扩散，与古镇地方政府的引导和扶持分不开。最典型的一个例子即“灯博会”的召开。时任古镇镇长吴润富从义乌经验中得到启发，决定举办以“让世界认识古镇，让古镇灯饰走向世界”为主题的第一届“中国（古镇）国际灯饰博览会”。1999 年秋，古镇政府克服种种困难斥资 2000 万元举办了首届“中国（古镇）国际灯饰博览会”（见表 6-1）。在短短 6 天时间里，共吸引了 28 个国家和地区的客商参加，参观人数达到 40 万人次。在此期间，共签订销售合同 1600 多宗，标的金额达人民币 11 亿元，美元 6120 万元，还引进外资 200 多万美元。

---

① 古镇地方政府为了鼓励农民发展个体经济，在用地、贷款等方面都给予积极支持。在贷款方面，规定 5 万元以下的个人贷款由村委确认，直接申请办理；5 万元以上的贷款由镇政府出面担保，再申请办理。在这样的支持下，有一定经济基础的古镇传统花卉苗木经营者和一定知识基础的中学毕业生纷纷开始办起灯具厂。

表 6-1　历届古镇灯饰博览会招展情况

年份	展会主题	展位总数/个	参展企业数/家	镇内企业/%	镇外企业/%
1999	让世界认识古镇，让古镇灯饰走向世界	—	200	—	—
2002	灯的艺术，灯的海洋	1535	457	—	—
2004	拓展资源空间，共创灯都辉煌	1982	649	54.7	45.3
2005	引领潮流，照亮全球	1836	445	54.9	45.6
2006	引领潮流，照亮全球	1851	462	53.7	46.3
2007	专业化、国际化、市场化	2107	515	51.8	48.2

资料来源：杨宇帆：《产业集群与区域品牌——古镇灯饰集群研究》，广东人民出版社，2010 年。

首届“灯博会”取得了巨大成功，极大地带动了古镇灯具产业的发展。到 2001 年底，古镇拥有灯具企业 1400 多家，从业人员 4 万多人，产值超过 50 亿元，产品远销 70 多个国家和地区，成为亚洲最大的灯具产销基地。不仅如此，灯博会的成功举办也让古镇灯具在国内同行中的影响力剧增。受此影响，大批温州灯具企业开始迁入古镇发展，并直接导致了占据全国 1/4 市场份额的温州灯具产业直线衰弱。2002 年 9 月，第二届“灯博会”开幕前，中国轻工业联合会、中国照明电器协会联合专家组对古镇灯具产业进行考核，决定授予古镇“中国灯饰之都”的荣誉称号，古镇在灯具产业中的主导地位得到正式确认。从 2004 年开始，古镇将“灯博会”由三年一届改为每年一届，2011 年开始，由一年一届（秋季展）改为一年两届（春季展、秋季展），更加坚实地奠定了古镇在灯具产业的龙头地位（见表 6-2）。

表 6-2　历届中国古镇国际灯饰博览会客商到会情况

年份	国家和地区数/个	专业买家		
		总数/人	国内/人	国外/人
1999	28	—	—	—
2002	63	37420	33638	3782
2004	75	51302	46575	4727
2005	99	55620	50417	5203

续表

年份	国家和地区数/个	专业买家		
		总数/人	国内/人	国外/人
2006	113	60236	54503	5733
2007	124	69952	63324	6628
2008	128	65328	59939	5389

资料来源:杨宇帆:《产业集群与区域品牌——古镇灯饰集群研究》,广东人民出版社,2010年。

(三)温州灯具企业的集体迁入

从1999年到2002年,95%以上的温州灯具企业和配件生产企业集体南迁。据古镇官方统计资料显示,截至2011年,在中山创业的温商已超过3万人,创办的企业超过3000家,投资总额超过500亿元,近七成的温商从事灯饰、照明行业。"走上顶点,就意味着跌落的开始。"正当温州灯具产业风光无限之时,潜藏的风险开始逐渐暴露。由于生产灯具的企业太多,市场竞争变得日益激烈,许多企业开始采用偷工减料的办法来压低生产成本。由于灯具产品很容易被仿冒,政府和行业协会在保护创新方面也没有作为,导致企业没有动力去进行产品创新和质量升级。在市场监管乏力的情况下,温州灯具产品一度出现鱼龙混杂的局面,劣质灯具充斥市场。由此,在消费者印象中,温州灯具逐渐被定格为低档、质次的产品。此时,温州灯具企业最需要地方政府进行产业的治理和引导。然而,当时温州地方政府重点扶持的是服装、五金、眼镜、打火机等产业,对灯具产业缺乏重视。在本地发展诸多不利的情况下,温州灯具企业在权衡利弊后逐渐迁往古镇。

在迁入古镇的温州灯具厂商中,董承聪的经历具有一定代表性。董承聪从1987年开始就在温州从事灯具生产,生意一直做得不错。1999年,他参加了首届灯博会。次年,他与多位温州灯具企业老板一起抱着试试看的心理再次来到古镇,他用非常低廉的价格租下了6000平方米的厂房开始生产。后来,他发现古镇灯具产业配套远比温州成熟,地方政府的政策支持力度也很大,土地价格较温州而言也很便宜。于是,他就在古镇买地建厂,并关闭了在温州的厂。2004年的7月1日,中山市温州商会正式成立,董承聪出任首届会长。在他任上,商会与当地政府积极沟通,由温州商会会员共同投资30亿元，在临近古镇的江门建了一个占地近2000亩的温州灯饰工业园。

事实上，在他决定迁入古镇发展时，有两个因素起到了至关重要的影响。第一个因素是产业链配套。20世纪90年代中后期，台湾灯具企业陆续到广东投资建厂，带来了先进的技术和设备，特别是在电镀和玻璃加工方面。相比之下，温州灯具产业上下游配套的劣势逐渐显现出来。温州其实也面临过相同的机遇，但是没有抓住。据董承聪回忆，当时有一批台湾灯具企业有意落户温州，但却没有得到温州地方政府的重视。电镀工艺是长期制约温州灯具发展的技术瓶颈，当时有一家台湾电镀企业想来温州投资建厂，但温州地方政府以污染严重的理由拒绝了。第二个因素是古镇灯博会的举办。董承聪称，此前他参加过很多同类型展会，但在古镇却看到不一样的场景，"当时展会的硬件设施很一般，甚至比较简陋，氛围的火热程度却很不一般，让我们感受到了从未有过的政府对产业发展的重视"①。与温州地方政府对灯具产业的不重视以及执法部门的吃拿卡要相比，古镇不仅政策环境宽松，而且服务周到，自然能够打动和吸引温商。当然，温州灯具产业的集体迁入还受到其他许多因素的影响，但仅从上述两个因素来看，温州和古镇两地政府对灯具产业的兴衰有着至为关键的影响。

三、两个案例的比较分析

从两地灯具产业产生和发展的过程来看，其背景都是改革开放后灯具市场需求激增与原有国有企业供给能力不足之间的矛盾，其主要动力都来自于民间自发的根据市场需求进行的理性选择。当然，在两地灯具产业起步的20世纪80年代初，民营企业的合法性仍然存在巨大争议。不论是在温州这个市场化改革先行的地方，还是古镇所处的作为改革开放试验前线的广东地区，包括灯具企业在内的民营企业，尽管当时大多还是家庭作坊式的简单生产，但依然面临着政治上的风险。在这一时期，地方政府在政治场域对民营经济产权的默认和保护尤为重要。前文已经详细考察了温州民营经济初期发展时地方政府与民营企业在政治场域中的耦合，认为这是奠定

---

① 3万温州人中山创业七成从事灯饰照明行业. http://www.huaxia.com/tslj/rdqy/gd/2012/06/2876292.html

民营经济发展的重要基础。在古镇同样如此,当地政府鼓励以村集体的名义给予实属私人的企业贷款,并让其挂靠镇办企业,通过种种政策变通为民营企业的发展壮大提供空间和资源。邓小平南方谈话之后,当地政府甚至撤换了部分受旧意识形态影响比较深的村委干部,大胆启用农民企业家担任村党支部书记。在民营企业取得正式的合法性之后,地方政府与民营企业在市场场域和社会场域中的耦合变得更加重要,特别是市场场域中的耦合成为决定产业发展绩效的关键变量。上述两个案例明确显示,温州灯具产业由盛而衰、古镇灯具产业后来居上,虽然受到客观条件的影响,但更为重要的原因是地方政府是否在市场场域中与灯具企业形成了较好的耦合,是否能够根据产业发展的需求进行主动调适以构建新的耦合状态。以下通过客观条件与政府治理两个维度,探讨政企耦合与两地灯具产业发展绩效的相关性。

(一)客观条件的差异

地理、资源、人文等方面的客观条件决定了地方政府构建政企耦合的初始基础,因而客观条件的优劣在一定程度上影响着政企耦合构建的难度。一般而言,客观条件好的地区,企业发展所需的各方面要素资源比较齐备,地方政府不需要有太大作为就可以实现区域经济的自然发展;而对于客观条件较差的地区来说,地方政府必须花费更大的精力为企业发展提供各方面的要素资源,创造企业发展所需的良好环境。总之,客观条件的优劣并不能决定政企耦合的好坏,而评价一个地区政企耦合好坏的标准,恰恰要看地方政府在多大程度上用好了当地的优势条件或者克服了当地的劣势条件。下面就灯具产业的发展,对温州和古镇两地客观条件的优劣作简要的对比。温州是一个地级市,古镇是一个建制镇,两者本难以在资源禀赋上做比较,但平均来看,两地在资源禀赋方面各具千秋。

(1)地理区位。温州坐落于浙江省东南沿海,多山地丘陵,历史上长期交通不便,离上海、杭州等区域经济发展中心距离较远,受到的辐射带动也比较少。古镇位于珠江三角洲冲击平原地带,中山市西北面,毗邻港澳地区。改革开放特别是邓小平南方谈话之后,古镇经济受到香港的影响日渐加深,这在灯具产业发展过程中也曾起到重要作用。

(2)土地资源。温州长期以来人多地少,人均耕地不足半亩,相对而言古镇的人口密度(约1200人/平方千米)要小得多,而且处于平原,可利用土地资源较为丰富。土地作为工业生产必需的关键要素,在灯具产业发展的过程中也发挥着重要作用。在20世纪90年代中后期,温州工业用地价格已经达到30万元/亩,灯具企业占地规模大多在3～5亩;而当时古镇工业用地只需5～7万元/亩,古镇政府给灯具企业提供土地的价格包括建成厂房的租金都远远低于温州。

(3)产业配套。温州地区民营经济的形态与广东地区类似,都是"一镇一品"的块状经济。古镇自身拥有塑料制品加工产业,其周边邻近乡镇拥有五金、电子、玻璃等与灯具制造相关的配套产业。在温州,五金、电子、塑料等灯具配套产业也比较齐备,而且其集中度要优于古镇。在灯具制造的关键工艺电镀方面,当时温州与古镇同样处于比较落后的状态。古镇在承接台湾灯具产业转移之后,才突破了这一技术瓶颈,而温州由于决策失误错过了这一机遇。

(4)企业家资源。得改革开放风气之先的广东古镇与民营经济策源地温州一样,都诞生了大批敢闯敢干的时代弄潮儿。虽然他们普遍文化程度不高,但在市场风雨的洗礼下,也逐渐成长为一个个优秀的民营企业家,创造了一家家优秀的民营企业。实际上,两地的文化具有很大的共通性:宗族发达,普遍比较重视人情关系;创业意识都比较强,"宁为鸡头,不为凤尾"的观念很深。从温州走出了"十万供销大军",而古镇也有大批"提灯走天涯"的销售能人。温州市人口比中山市的两倍还多,相对而言,温州诞生的企业家数量更多,影响力也更大。在古镇灯具产业中,温商也占据着半壁江山。

(二)政企耦合的优劣

政企耦合是地方政府与民营企业双方正向激励、互相促进的理想状态。在实际的政企耦合构建中,地方政府在宏观层面的社会总体治理,中观层面的产业和市场治理,微观层面企业治理,构成了地方政府对民营企业耦合的全景。就灯具产业发展的案例而言,两地的政府治理,特别是产业政策的差异表征了两地政企耦合状态的不同,从中可以清晰地看到政企耦合与产业发展绩效的密切相关性。产业政策是政府基于一定的经济和社会目标,对特定产业的形成和发展进行干预的各种政策的总称。在政企耦合的构建中,产业政策无疑是重要的一环。在产业组织形成、产业结构调整、产业技术升级、产业规划布局等方面,产业政策都起着引领产业发展的重要作用。20 世纪 80 年代以来,以企业网络化组织为主要特征的地方产业集群被实践证明为行之有效的区域经济发展模式。在这种模式中,地方政府和企业无疑是两个最重要的行为主体,而产业政策成为地方政府与企业沟通互动的主要载体。地方政府产业政策能否更加贴近产业集群发展的客观规律,强化要素保障,优化资源配置,引导和帮助企业在复杂多变市场环境之下及时有效地调整自身行为,成为区域产业集群能否持续健康发展的关键。在温州和古镇灯具产业发展过程中,两地产业政策的差异直接影响着其灯具产业集群后来的发展。

(1)税收优惠与财政支持方面。总体而言,温州早期的税收政策具有较浓的"放水养鱼"的色彩。从温州市财政收入增长速度与其 GDP 总值增长速度的比较中就可以明显看出温州实际的税负并不高,税收政策总体上也是比较宽松的。然而从 20 世纪 90 年代中后期开始,温州面临公共基础设施建设、公共服务提供等方面的巨大财政支出压力,税收力度也逐渐开始加强。有企业家反映,长期以来温州税务部门每年都有 10%左右的增长指标,并分摊到每家企业,而不管该企业具体经营情况如何。因为温州民营企业税收缴纳方面普遍不规范,面对税务部门查账的"威胁",只好走人情关系,尽量争取自身利益。广东省作为最早的改革开放特区,在 20 世纪 80 年代就实行财政包干的体制,税收政策一直十分宽松。在笔者访谈中,几家迁往古镇的灯具企业都表示在企业落户的前三年有免税的优惠政策,之后也差不多是"象征性地交两万"。在这种情况下,古镇灯具企业的经营成本相比温州更加低廉,产品在市场上的竞争力也就更强了,更加有利于企业做大做强。

(2)招商引资与技术扶持方面。除了税收优惠程度的不同之外,温州和古镇两地招商引资政策也存在显著差异。在温州经济辉煌的时期,由于优势产业太多,灯具产业甚至没被列为当地重点扶持的产业,因而在相关的招商引资过程中更加不受重视;而且,温州企业很多,一般中小企业根本得不到重视,政府服务也较差。古镇从 1996 年开始将灯具产业列为重点扶持的龙头产业,将大量资源投入其中,而且在招商引资中对灯具企业给予特别优惠。最早从温州迁入古镇的灯具企业就是被中山市在温州举办的招商会吸引过去的。除了土地、税收方面的优惠之外,他们也感受到了当地政府对企业的重视，对企业家的尊重，政府各项服务也比较到位。口碑一旦传开，直接引发了大量灯具企业后续跟进。此外，在地方政府做出是否引进台资电镀企业的决策时，两地政府态度迥异。温州简单地以环境污染为由拒绝了，没有考虑到当地灯具企业对先进电镀工艺的需求。古镇则从产业发展的长远利益出发，积极引进台资企业，最终使得困扰当地灯具产业发展的关键技术难题得以解决。

(3)市场监管与品牌创建方面。20 世纪 90 年代中后期，当温州产品出现信誉危机之后，温州地方政府先后启动实施了"质量立市""名牌兴业"的战略，也出台了一系列支持企业创建名牌的政策。皮鞋、服装、低压电器等重点产业中先后涌现了一大批名牌产品。然而，当时的灯具产业在很大程度上并没有受益。由温州东方集团建立的东方灯具大市场及其发起设立的灯具商会均没有发挥应有的行业治理功能。不仅如此，相关质检、劳动、消防、公安等政府部门也出现过大量设卡收费、强行摊派的消极现象，甚至某些公职人员利用手中权力要求企业使用其亲朋好友提供的配件等，更加扰乱了市场秩序。相比而言，古镇政府在市场监管及品牌创建方面卓有成效。一方面，古镇镇政府克服财政压力，斥巨资成功举办灯博会，真正"让世界认识古镇，让古镇灯饰走向世界"，使得古镇灯具为国内外同行所广泛认知，扩大区域品牌知名度。另一方面，古镇政府鼓励企业争创"中国名牌产品""国家免检产品"，给予获得省级以上名牌名标的企业财政奖励，并在工业用地上给予倾斜，支持企业做大做强。与此同时，古镇政府加大投入建成产品质量检测、认证等企业公共服务平台，帮助和鼓励企业加大研发和创新力度。为保障名牌名标企业权益，古镇政府每年都会开展全镇性的灯具产品质量监督检查专项行动，严厉打击各类假冒伪劣产品，切实维护"中国灯饰之都"的区域品牌。

四、政企耦合如何构建：个案的拓展讨论

社会学家迈克·布洛维在他一系列的民族志研究中逐渐发展出个案拓展法(the extended case method)，把对"反思性理解"的运用提高到"明确意识的层次"，并将其上升为一种与传统实证科学并立的科学研究范式。传统实证科学要求研究者站在中立的立场，与其研究对象保持距离，避免产生对后者的人为影响，客观地去反映真实世界。在布洛维看来，实证科学所要求

的“4R”原则①由于情境效应的存在而无法完全做到。个案拓展法则反其道而行之,让研究者带着理论参与到具体情境,运用研究者的反思性理解实现个案从“特殊”到“一般”、从“微观”到“宏观”的跨越,通过理论与情境的不断对话,最终推动理论自身的重建。本书对温州和古镇两地灯具产业案例的分析并不止步于单纯的就事论事,而是期望运用个案拓展法,与传统理论进行对话,并力图在理论上回答“经济转型与政企耦合有何关联,如何构建政企耦合”这一核心问题。

(一)经济转型中的高水平均衡陷阱

改革开放三十多年,中国经济基本完成了从计划体制向市场体制的转型,取得了举世瞩目的成就。在美国深陷次贷危机、欧洲主权债务问题愈演愈烈的世界经济图景中,中国经济似乎一枝独秀,不仅率先实现触底反弹,还一跃成为世界第二大经济体。“北京共识”“中国模式”的热烈探讨,引发人们对中国经济转型成功秘诀的重新思考。与此同时,“中等收入陷阱”“转型陷阱”的种种拷问,也提示着人们关注中国经济骄人成绩背后的隐忧。

约翰·霍普金斯大学的乔万尼·阿里吉教授在《亚当·斯密在北京——21世纪的谱系》一书中为我们探讨这些问题提供了新的理论视角。在这本书中,作者对亚当·斯密的市场理论进行了重新解读,认为他“非但没有建立一个自我调节的市场理论……反而预先假定有一个强大的国家”②。在斯密那里,政府将市场作为一种发展经济、增加国家财富的有效工具,而政府需要创造并不断催生市场存在的条件,调节市场运行,并且实施积极干预以矫正和克服市场带来的不良社会后果和政治后果。同时,作者特别强调了马克思理论中关于“社会分工”和“技术分工”的区别,指出斯密注重的仅仅是“社会分工”——通过市场交换联系起来的独立生产单位之间的分工,而对隐藏在生产单位内部的“技术分工”并不在意。政府将市场作为一种工具,在这个意义上就是政府通过建立和扩大市场、深化社会分

① “4R”原则由杰克·凯兹(Jack Katz)在1983年关于“分析性田野工作”的经典讨论中提出,包括:防止“刺激反应”(reactivity)、“可靠性”(reliability)、“可重复性”(replicability)、“代表性”(representativeness)。

② [美]乔万尼·阿里吉:《亚当·斯密在北京——21世纪的谱系》,路爱国等译,社会科学文献出版社,2009年,第35页。

工,促进生产力的提高,带来经济增长;反过来,经济增长提高了人民收入、创造了更多需求,又促进了市场的扩大,从而为新一轮的社会分工和经济增长提供条件。然而这种良性循环受到地域规模和体制环境对市场广度的限制,将会落入一个"高水平均衡陷阱"。除非政府改变法律和制度,对限制经济发展的原有社会框架进行熊彼特式的"创造性破坏",这个陷阱就无法打破。世界历史上,经济中心从意大利到荷兰、从荷兰到英国、从英国到美国的转移,正是因为原经济中心无法突破该陷阱,而资本在流动自由的情况下发生转移以寻求新的市场空间。阿里吉认为,中国的经济转型遵循的是斯密的道路,中国政府有效地运用了市场这一工具。他同时暗示,世界经济中心正逐渐从美国向中国转移。然而我们更关心的是中国是否会进入"高水平均衡陷阱"。世界银行在总结拉美国家经济发展经验时曾提出过"中等收入陷阱"的概念,主要指那些已经进入中等收入水平的发展中国家在向高收入水平的发达国家迈进时,无法摆脱和超越原先的经济社会发展模式,很容易陷入经济发展的长期停滞状态。从人均 GDP 指标来看,中国刚刚进入中上等收入水平国家的行列,又能否顺利跨越中等收入陷阱呢?事实上,高水平均衡陷阱与中等收入陷阱在某种程度上具有共通性,都需要通过对既有经济发展模式、社会制度框架的突破才能避免进入或者从陷阱中走出来,因而可以统称为"转型陷阱"。

回到灯具产业的案例,我们不难发现两地灯具产业的发展历程都符合亚当・斯密的市场理论。温州灯具产业的兴起,甚至整个"温州模式"的形成,都是依靠市场交换和社会分工的扩展,地方政府在这个过程中起到了积极的推动作用。古镇镇政府在催生当地灯具市场、促进产业集聚形成方面发挥了更加突出的主导作用。在政府推动下,两地灯具产业的发展都充分利用了市场机制,一方面得益于中国国内统一大市场的形成以及国际市场的开放,另一方面得益于本地产业集聚内部各个生产单位之间高效率的专业分工和交换。不同之处在于,温州灯具产业的发展更早地进入了高水平均衡陷阱。在国内外市场需求既定的情况下,温州当地社会分工的效率遇到限制,而各方面的成本逐步上升。在资本流动自由的情况下,温州的灯具企业逐渐向古镇转移。然而古镇灯具产业和温州几乎同时起步,为何古镇没有像温州那样进入高水平均衡陷阱呢?从两地案例的比较分析来看,古镇地方政府在政企耦合构建中的有效作为,为当地产业发展均衡点向更高水平移动起到了关键作用。

(二)政企耦合与“转型陷阱”突破

政企耦合是地方政府与民营企业两个结构主体相互支撑、协调发展的理想形态。在政企耦合良好的形态下，地方政府与民营企业能够实现双方正能量的激发与交换。一方面，地方政府通过民营企业的发展来提振经济，获得财政收入及其他显性政绩；另一方面，民营企业的发展也离不开地方政府对企业所在地良好的公共治理，特别是在土地、财税、科技、人才等方面的政策支持。中国经济初步完成了从计划体制向市场体制的转型，在这个过程中地方政府与民营企业两个主体的耦合发挥着重要作用。随着一系列条件的改变，原有的耦合形态逐渐不能够支撑甚至开始阻碍后续发展，就畸形化为转型陷阱。此时，地方政府与民营企业必须打破原先体制的束缚，重新建构新的耦合形态，以实现经济社会的持续发展。在这个意义上，政企耦合是对转型陷阱不断突破的过程。

在温州灯具产业发展的过程中，地方政府一开始对民营企业予以默认、保护和支持，在政治场域给予民营企业亟需的产权保护，实现了较好的耦合，促进了产业的兴盛。然而当灯具企业逐渐发展壮大，产业总体接近高水平均衡陷阱，需要地方政府在市场场域和社会场域予以耦合的时候，地方政府的产业政策、市场监管等并未跟上，甚至出现消极腐败的行为，严重打击了企业的发展势头。与此相对照，古镇在整个灯具产业发展的过程中，不断地调整自己的行为，根据产业发展需要推出系列扶持政策，实现了与企业的较好耦合，使得产业发展不断突破原有市场规模和社会分工的限制，呈现出不断上升发展的势头。也正是在两地政企耦合状态的比较中，温州灯具企业才会“用脚投票”，理性地选择耦合更好的古镇以实现企业的继续生存和持续发展。当然，政企耦合是随着时间推移而不断变化的，古镇地方政府也将面临如何去突破高水平均衡陷阱的难题。事实上在政府竞争日益激烈、资本流动性日益增强的今天，地方政府只有不断地克服自身的缺陷，同时弥补市场的缺陷，为企业发展创造更好的环境，才能够在区域竞争中立于不败之地。

以上的案例分析表明，经济发展的高水平均衡陷阱是可以打破的，关键在于政企耦合形态的构建。高水平均衡陷阱也是转型陷阱，在新的政企耦合形态构建过程中，不仅企业要转型、产业要转型，政府也要转型。相对而言，企业转型和产业转型都受到市场规律的推动，利益激励也更加明确，如果外在环境具备，那么转型就会是自然而然的事情。但政府转型却不是一件容易的事，因为政府组织受到自身利益、有限理性、多重目标等问题的牵制，难以随着经济社会的发展而迅速、恰当、灵活地去调整自身行为。在温州灯具产业的案例中，地方政府事实上不是不知道政企耦合出了问题，很大程度上它自身就是问题的制造者。因此，政企耦合的形成需要多重力量的推动，既需要政府自身的自觉和远见，也需要来自市场和社会的压力和促进。从政企耦合的理想形态来看，地方政府既需要受到法治的约束而保证不做不该做的事，也需要积极地作为，努力去做该做的事。概而言之，政企耦合中的政府必须是一个以法治为基础的有为政府。

（三）构建以法治为基础的有为政府

在人们普遍的印象中，温州地方政府总是与“无为”这个词联系在一起。事实上，在计划经济与“左”的思潮占主导地位的历史背景下，当年温州党委政府的“无为而治”需要巨大的政治勇气，需要敢于担当的政治魄力。而且从政企耦合的角度来看，当时政府的“无为”恰恰是最好的作为。然而当经济基础已经上升到一个新阶段的时候，上层建筑若不能及时进行调整适应，生产力进一步释放和发展的空间就会受到极大的限制。在新的历史发展时期，政府转型不仅不能落后于经济转型和社会转型，而且要能够引领经济转型和社会转型。温州灯具产业的个案表明，当经济发展面临高水平均衡陷阱时，需要政府在制度上创新，以构建新的适应产业转型升级需求的政企耦合形态，支持和引导民营企业超越模仿、加工的简单生产，改变低技术水平、低附加值的经济面貌。这其中最为关键的是，温州政府要推动建立现代市场经济的法治基础，并且政府自身需要在法治的约束下实现对经济社会的恰当作为。

新制度主义将制度变迁分为供给主导型和需求诱致型，前者指由政府借助行政、经济、法律手段自上而下组织实施的制度创新；后者指创新主体为确立预期能导致自身利益最大化的制度安排和权利界定而自发组织实施的自下而上的制度创新。“温州模式”正是温州人在经济发展这一客观需求的诱致之下，基于温州独特的社会网络而选择的适合于温州的市场经济体制。当国家制度的某些方面存在严重问题，而民间制度代表时代发展潮流的时候，地方政府对民间制度的默认和保护是一种恰当的作为。温州走上市场经济的发展道路是民间制度战胜僵化的计划经济这一国家制度的成功典范，也是温州地方政府在制度创新过程中的理性选择。而在经济体制转型基本完成、国家制度基本完善的今天，民间制度的负面性日益展露。此时，就需要地方政府在制度变迁过程中发挥主导作用，强化国家制度特别是法治的权威性。

温州是一个典型的人情社会。在起步阶段，人情社会为民营经济的成长提供了很好的保护。但是，人情社会的特殊性与不确定性，与现代市场经济要求制度的普适性与确定性是格格不入的。人情社会对法治的破坏和消解成为影响温州市场经济现代转型的一大障碍。非制度化的经济运作方式终究会导致市场主体的关系嵌入，进而丧失自我的独立性，市场经济的整体秩序自然也无法保证。人情社会导致的非制度化竞争使得温州市场充满制度风险，这种制度风险的存在又进一步催生了非制度化竞争，从而使市场发展陷入困境。因此，强化对政府权力的有效制约，消解人情关系与权力行使之间的纽带关联，让政企互动严守法治，是当前温州政企耦合构建中的一项重要任务。

地方政府在加强法治建设，提升全社会法治化水平的同时，也要强化法定职责的积极履行，特别是要加大创新力度，不断构建新的政企耦合形态以适应民营企业的发展需求。创新是经济社会发展的直接推动力，而创新本身源于企业家精神。企业家精神不只存在于企业家群体中间，而是人的主观能动性在各个领域的生动展现。在公共领域，公共组织的领导者及其成员突破现有客观条件的限制，创造性地提高公共服务的水平和公共治理的绩效，就体现为一种公共企业家精神。政企耦合的构建不仅需要更好地发挥民营企业家在经济社会发展中的作用，更需要地方政府及其官员发挥公共企业家精神，为经济社会发展提供更及时更到位的引导、支持与服务。长期以来，温州民间经营的创新活力和成就有目共睹，而政府公共经营的创新意识和能力明显不足。原因何在？我们发现，温州不少公务员更加偏爱公职以外的个人投资，而未将公职当作自己安身立命的专职事业。他们的企业家精神更多地体现在私人经营上，对公共经营的专注度明显不够。这种现象一方面使得公职人员在处理公务时经常面临私人利益与公共利益的冲突，难以保证秉公办事；另一方面造成职业激励不足，不利于专业化水平的提升。温州未来发展需要再创制度优势，保障民间智慧能够专注于经济创新。这就要求温州的领导干部发挥公共企业家精神，把他们的智慧集中到为经济社会发展创造良好环境、提供优质公共服务上来。

总之，政企耦合的构建迫切需要打造一个具有公共企业家精神、有力、有效的责任政府，也即法治基础上的有为政府。创造良好发展环境、提供优质公共服务、维护社会公平正义、提升公共经营水平是温州政府转型的关键任务所在。值得指出的是，公共企业家精神绝非表现为政府大包大揽的"国进民退"，而是注重发挥政府在政企耦合构建过程中的引导作用，促使政府、市场与社会三者形成良好的治理结构，共同推进经济社会的良序、持续发展。

参考文献

[1] Akerlof G A. The Market for "Lemons": Quality Uncertainty and the Market Mechanism. *The Quarterly Journal of Economics*, 1970, pp. 488—500.

[2] Ammons, David N. Overcoming the Inadequacies of Performance Measurement in Local Government: The Case of Libraries and Leisure Services. *Public Administration Review*, 1995,55(1).

[3] Bozeman, B. & J. D. Straussman. *Public Management Strategies*. Jossey-Bass Publishers, 1990.

[4] Calvin A. Kent. *Entrepreneurship and the Privatizing of Government*. New York, N. Y. : Ouorum Books,1987.

[5] David L. Wank. The Institutional Process of Market Clientelism: Guanxi and Private Business in a South China City. *The China Quarterly*,1996(147).

[6] Dente, B. & F. Kjellberg (eds). *The Dynamics of Institutional Change: Local Government Reorganization in Western Democracies*. London: SAGE, 1988.

[7] H. Small. Co-Citation in the Scientific Literature: A New Measure of the Relationship between Two Documents. *Journal of the America Society of Information Science and Technology*, 1973, 24(4).

[8] Kanter. R. Moss. When a Thousand Flowers Bloom: Structural, Collective, and Social Conditions for Innovation in Organizations. *Research in Organizational Behavior*, 1988(10).

[9] Kristen Parris. Local Initiative and Reform: The Wenzhou Model of Development. *The China Quarterly*, 1993(134).

[10] Mann, N. R. *The Keys to Excellence: The Story of the Deming Philosophy*. Los Angeles: Presttwick Books, 1985.

[11] OI J C. Fiscal Reform and the Economic Foundation of Local State Corporatism in China. *World Politics*, 1992, 45(1).

[12] OI J C. The Role of the Local State in China's Transitional Economy. *China Quarterly*, 1995(144).

[13] Qian Y, Roland G, Xu C. Why is China Different from Eastern Europe? Perspectives from Organization Theory. *European Economic Review*, 1999(43).

[14] Qian Y, Roland G. Federalism and the Soft Budget Constraint. *American Economic Review*, 1998, 88(5).

[15] Qian Y, Weingast B R. China's Transition to Markets: Market-Preserving Federalism, Chinese Style. *Journal of Policy Reform*. 1996(1).

[16] Qian Y, Weingast B R. Federalism as a Commitment to Preserving Market Incentive. *Journal of Economic Perspectives*, 1997, 11(4).

[17] Qian Y. The Process of China's Market Transition (1978-98). *Journal of Institutional and Theoretical Economics*, 2000, 156(1).

[18] Robert D. Behn. Why Measure Performance? Different Purpose Require Different Measures. *Public Administration Review*, 2003, 63(5).

[19] Sundquist, James. Privatization: No Panacea for What Ails Government, See the book *Public-Private Partnership: New Opportunities for Meet Social Needs*, edited by H. Brooks, L. Liebman, C. S. Schelling. Cambridge, Mass: Ballinger. 1984.

[20] Walder A G. Local Governments as Industrial Firms: An Organizational Analysis of China's Transitional Economy. *American Journal of Sociology*, 1995, 101(2).

[21] Wang XiaoHu, Chen GuoQuan. *Performance Measurement in U. S.* Local Governments working paper, 2004.

[22] Weingast B R. The Economic Role of Political Institutions: Market-Preserving Federalism and Economic Development. *Journal of Law*,

Economics and Organization,1995,1(1).

[23] [冰]思拉恩·埃格特森.新制度经济学.吴经邦,等,译.北京:商务印书馆,1996.

[24] [德]韩博天.中国经济腾飞中的分级制政策试验.石磊,译.开放时代,2008(5).

[25] [德]哈贝马斯.交往与社会进化.张博树,译.重庆:重庆出版社,1989.

[26] [德]马克斯·韦伯.中国的宗教·宗教与世界.康乐,简美惠,译.桂林:广西师范大学出版社,2004.

[27] [法]卢梭.社会契约论.何兆武,译.北京:商务印书馆,2003.

[28] [美]V.奥斯特罗姆等.制度分析与发展的反思.王诚,等,译.北京:商务印书馆,1996.

[29] [美]戴维·奥斯本,彼德·普拉斯特里.摒弃官僚制:政府再造的五项战略.谭功荣,译.北京:中国人民大学出版社,2002.

[30] [美]道格拉斯·诺斯.经济史中的结构与变迁.厉以平,译.北京:商务印书馆,2005.

[31] [美]尼古拉斯·亨利.公共行政与公共事务.张昕,等,译,北京:中国人民大学,2002.

[32] [美]斯蒂芬·P.罗宾斯.组织行为学.孙健敏,李原,等,译.北京:中国人民大学出版社,1997.

[33] [美]威廉·N.邓恩.公共政策分析导论.谢明,等,译.北京:中国人民大学出版社,2002.

[34] [美]约翰·R.迈耶,约瑟·A.戈曼兹—伊伯尼兹.走向民营化:交通运输业民营化的国际经验.曹钟勇,译.北京:中国铁道出版社,2000.

[35] [美]约翰·罗尔斯.作为公平的正义——正义新论.姚大志,译.上海:上海三联书店,2002.

[36] [美]约瑟夫·R.布拉西,玛雅·克罗莫娃,道格拉斯·克鲁斯.克里姆林宫的经济私有化.乔宇,译.上海:上海远东出版社,1999.

[37] [美]V.W.拉担.诱致性制度变迁理论//R.科斯,A.阿尔钦,D.诺思,等.财产权利与制度变迁——产权学派与新制度学派译文集.刘守英,等,译.上海:上海三联书店,1994.

[38] [美]曼瑟尔·奥尔森.集体行动的逻辑.陈郁,郭宇峰,李崇新,译.上

海:上海三联书店,1995.

[39] [美]保罗·C.莱特.持续创新:打造自发创新的政府和非营利组织.张秀琴,译.北京:中国人民大学出版社,2004.

[40] [美]戴维·奥斯本,特德·盖布勒.改革政府:企业精神如何改革公营部门.周敦仁,译.上海:上海译文出版社,1996.

[41] [美]道格拉斯·诺思.经济史中的结构与变迁.陈郁,罗华平,译.上海:上海三联书店,1991.

[42] [美]道格拉斯·诺思.制度、制度变迁、与经济绩效.刘守英,译.上海:上海三联书店,1994.

[43] [美]舍温·罗森.交易成本与内部劳动力市场//威廉姆森,温特.企业的性质.姚海鑫,邢源源,译.北京:商务印书馆,2010.

[44] [美]科斯.企业、市场与法律.盛洪,陈郁,译.上海:上海三联出版社,2009.

[45] [美]马歇尔.经济学原理:上卷.朱志泰,译.北京:商务印书馆,1983.

[46] [美]塞缪尔·亨廷顿.变革社会中的政治秩序.李盛平,等,译.北京:华夏出版社,1988.

[47] [美]斯科特·沃尔斯顿.在规制和民营化之间:改革的顺序选择——以电信行业改革为例.费丽萍,孙宽平,译.经济社会体制比较,2003(3).

[48] [美]阿瑟·奥肯.平等与效率.王奔洲,译.北京:华夏出版社,1987.

[49] [美]E.S.萨瓦斯.民营化与公私部门的伙伴关系.周志忍,等,译.北京:中国人民大学出版社,2002.

[50] [美]西蒙.管理行为.詹正茂,译.北京:机械工业出版社,2004.

[51] [瑞典]埃里克·阿姆纳,斯蒂格·蒙丁.趋向地方自治的新理念.杨立华,张菡,吴瑕,译.北京:北京大学出版社,2005.

[52] [苏]阿法纳西耶夫.社会管理中的人.贾泽林,等,译.北京:知识出版社,1983.

[53] [匈]波兰尼.大转型:我们时代的政治与经济起源.冯钢,刘阳,译.杭州:浙江人民出版社,2007.

[54] [英]威廉·韦德.行政法.徐炳,楚建,译.北京:中国大百科全书出版社,1997.

[55] [英]诺斯古德·帕金森.官场病——帕金森定律.陈休征,译.上海:上海三联书店,1982.

[56] [英]弗里德利希·冯·哈耶克.自由秩序原理.邓正来,译.北京:生活·读书·新知三联书店,1997.

[57] 包晓雯.大都市现代服务业集聚区理论与实践——以上海为例.北京:中国建筑工业出版社,2011.

[58] 曹正汉,史晋川.中国地方政府应对市场化改革的策略:抓住经济发展的主动权.社会学研究,2009(4).

[59] 陈国权,王勤.论社会公平悖论与社会责任.政治学研究,2008(1).

[60] 陈国权,王勤.论社会公正与政府的公共性.政治学研究,2004(4).

[61] 陈国权.责任政府:从权力本位到责任本位.杭州:浙江大学出版社,2009.

[62] 陈国权.社会转型与有限政府.北京:人民出版社.2008.

[63] 陈国权,黄振威.地方政府创新研究的热点主题与理论前瞻.浙江大学学报(人文社会科学版),2010(4).

[64] 陈国权,黄振威.善政发展的逻辑.经济社会体制比较,2009(3).

[65] 陈天祥.中国地方政府与制度创新.中山大学学报(社会科学版),2000(6).

[66] 陈天祥.中国地方政府制度创新的动因.管理世界,2000(6).

[67] 陈雪莲,杨雪冬.地方政府创新的驱动模式——地方政府干部视角的考察.公共管理学报,2009(3).

[68] 陈建安.日本公有企业的民营化及其问题(复旦大学日本研究中心第五届国际学术研讨会论文集).上海:上海财经大学出版社,1996.

[69] 陈潭,刘兴云.锦标赛体制、晋升博弈与地方剧场政治.公共管理学报,2011(2).

[70] 迟福林.变化与选择——我国新阶段改革的趋势.四川改革,2008(11).

[71] 杜润生.解读温州经济模式.市场经济研究,2001(1).

[72] 樊峰宇.公司政治.北京:中国纺织出版社,2009.

[73] 范柏乃,蓝志勇.公共管理研究与定量分析方法.北京:科学出版社,2008.

[74] 范伟达.全球化与浦东社会变迁.北京:社会科学文献出版社,2004.

[75] 费孝通.乡土中国生育制度.北京:北京大学出版社,1998.

[76] 冯兴元.市场化——地方模式的演进道路.中国农村观察,2001(1).

[77] 傅大友,芮国强.地方政府制度创新的动因分析.江海学刊,2003(4).

[78] 傅大友.行政改革 & 制度创新地方政府改革的制度分析.上海:上海三联书店,2004.

[79] 高杰,何平,张锐."中等收入陷阱"理论述评.经济学动态,2012(3).

[80] 高新军.地方政府创新缘何难持续——以重庆市开县麻柳乡为例.中国改革,2008(5).

[81] 郭道晖.权力的多元化与社会化.法学研究,2001(1).

[82] 郭小聪.中国地方政府制度创新的理论:作用与地位.政治学研究,2000(1).

[83] 国家计委宏观经济研究院课题组.我国资源型城市的界定与分类.宏观经济研究,2002(11).

[84] 韩福国.中国地方政府创新持续力研究.公共行政评论,2009(2).

[85] 何显明.从"强县扩权"到"扩权强县"——浙江"省管县"改革的演进逻辑.中共浙江省委党校学报,2009(4).

[86] 何显明.顺势而为:浙江地方政府创新实践的演进逻辑.杭州:浙江大学出版社,2008.

[87] 何增科.政治合法性与中国地方政府创新:一项初步的经验性研究.云南行政学院学报,2007(2).

[88] 黄冬娅.中国政治制度建设的影响因素:文献综述//马骏,侯一麟.公共管理研究(第4辑).上海:上海人民出版社,2006.

[89] 简新华,黄锟.中国城镇化水平和速度的实证分析与前景预测.经济研究,2010(3).

[90] 金浩,王春光.2010年温州经济社会形势分析与预测.北京:社会科学文献出版社,2010.

[91] 金瓯.透过温州资本外流看税收竞争问题.企业经济,2008(10).

[92] 金太军,袁建军.地方政府创新博弈分析.江海学刊,2005(5).

[93] 金祥荣.多种制度变迁方式并存和渐进转换的改革道路.浙江大学学报(人文社会科学版),2000(4).

[94] 金祥荣.解放思想、摩擦成本与制度变迁——"温州模式"及浙江改革

经验.浙江社会科学,2000(5).
[95] 李金珊,叶托.县域经济发展的激励结构及其代价——透视浙江县政扩权的新视角.浙江大学学报(人文社会科学版),2010(3).
[96] 李景鹏.地方政府创新与政府体制改革.北京行政学院学报,2007 (3).
[97] 李猛.中国区域非均衡发展的政治学分析.政治学研究,2011(3).
[98] 林冠平.地方政府创新的现存障碍与推动机制.中国行政管理,2014(2).
[99] 林毅夫.诱致性变迁与强制性变迁:关于制度变迁的经济学理论//R.科斯、A.阿尔钦、D.诺思等.财产权利与制度变迁——产权学派与新制度学派译文集.刘守英,等,译.上海:上海三联书店,1994.
[100] 刘景江.地方政府创新:概念框架和两个向度.浙江大学学报(人文社会科学版),2009(1).
[101] 刘靖华.政府创新.北京:中国社会科学出版社,2002.
[102] 刘熙瑞.服务型政府——经济全球化背景下中国政府改革的目标选择.中国行政管理,2002(7).
[103] 马津龙.温州股份合作制发展研究.浙江学刊,1994(2).
[104] 马津龙.温州经济改革的历史、现状与前景.技术经济与管理研究,1996(3).
[105] 毛寿龙.西方公共行政学名著提要.南昌:江西人民出版社,2006.
[106] 毛寿龙.制度创新与政府功能.浙江学刊,1996(5).
[107] 庞明礼."省管县":我国地方行政体制改革的趋势?中国行政管理,2007(6).
[108] 平新乔.财政原理与比较财政制度.上海:上海人民出版社,1995.
[109] 浦善新.市管县体制的利弊.经济日报,2005.
[110] 浦善新等.中国行政区划概论.北京:知识出版社,1995.
[111] 钱兴中.温州坐标.北京:中共中央党校出版社,2002.
[112] 钱颖一.市场与法治.经济社会体制比较,2000(3).
[113] 乔耀章,芮国强.政府创新与政府自觉.学术界(双月刊),2002(4).
[114] 史晋川,钱陈.空间转型——浙江的城市化进程.杭州:浙江大学出版社,2008.
[115] 史晋川,谢瑞平.区域经济发展模式与经济制度变迁.学术月刊,2002

(5).

[116] 史晋川.人格化交易与民间金融风险.浙江社会科学,2011(12).

[117] 史晋川.温州模式的历史制度分析——从人格化交易与非人格化交易视角的观察.浙江社会科学,2004(2).

[118] 史卫东,贺曲夫,范今朝.地级政区的现实反思与问题分析//张占斌主编.中国省直管县改革研究.北京:国家行政学院出版社,2011.

[119] 世界银行.1997年世界发展报告:变革世界中的政府.北京:中国财政经济出版社,1997.

[120] 孙学玉.强县扩权与省直管县(市)的可行性分析.中国行政管理,2007(6).

[121] 王传利.给腐败号脉:新中国腐败频度与控制强度相关性研究.北京:群众出版社,2004.

[122] 王春光.流动中的社会网络:温州人在巴黎和北京的行动方式.社会学研究,2000(3).

[123] 王珺.双重博弈中的激励与行为——对转轨时期国有企业经理激励不足的一种新解释.经济研究,2001(8).

[124] 王凯.国家空间规划论.北京:中国建筑工业出版社,2010.

[125] 王玉明.论政府的制度创新职能—从新制度经济学的视角分析.中国行政管理,2001(5).

[126] 吴建南,马亮,杨宇谦.中国地方政府创新的动因、特征与绩效——基于“中国地方政府创新奖”的多案例文本分析.管理世界,2007(8).

[127] 吴建南,杨宇谦,Richard M. Walker.创新行为如何影响政府绩效:以领导干部任前公示为例的研究探索.兰州大学学报(社会科学版),2006(9).

[128] 吴金群.省管县的条件及对我国26个省区的聚类研究.浙江大学学报(人文社会科学版),2010(4).

[129] 吴知论.中国地方政府管理创新.北京:人民出版社,2004.

[130] 伍彬.综合考评与绩效管理:杭州的实践和探索.北京:人民出版社,2012.

[131] 谢庆奎.服务型政府建设的基本途径—政府创新.北京大学学报(哲学社会科学版),2005(1).

[132] 徐世刚.温州模式面临的挑战.社会科学战线,2003(2).
[133] 燕继荣.政府创新与政府改革.载谢庆奎,佟福玲.政府创新的理论与实践.哈尔滨:黑龙江人民出版社,2008.
[134] 杨玲丽.共生理论在社会科学领域的应用.社会科学论坛,2010(16).
[135] 杨瑞龙.我国制度变迁方式转换的三阶段论—兼论地方政府的制度创新行为.经济研究,1998(1).
[136] 杨善华,苏红.从"代理型政权经营者"到"谋利型政权经营者"——向市场经济转型背景下的乡镇政权.社会学研究,2002(1).
[137] 杨小凯,黄有光.专业化与经济组织——一种新兴古典微观经济学框架.北京:经济科学出版社,1999
[138] 杨雪冬.简论中国地方政府创新研究的十个问题.公共管理学报,2008(1).
[139] 杨雪冬.近30年中国地方政府的改革与变化:治理的视角.社会科学,2008(12).
[140] 杨亚琴,王丹.国际大都市现代服务业集群发展的比较研究——以纽约、伦敦、东京为例的分析.世界经济研究,2005(1).
[141] 於莉.省会城市预算过程中党政首长的作用与影响——基于三个省会城市的研究.公共管理学报,2007(1).
[142] 于刚强,蔡立辉.中国都市群网络化治理模式研究.中国行政管理,2011(6).
[143] 俞可平.改革开放30年政府创新的若干经验教训.国家行政学院学报,2008(3).
[144] 俞可平.论政府创新的若干基本问题.文史哲,2005(4).
[145] 翟学伟.人情、面子与权力的再生产——情理社会中的社会交换方式.社会学研究,2004(5).
[146] 詹中原.民营化政策——公共行政理论与实务分析.台北:五南图书出版有限公司,1994.
[147] 张成福.责任政府论.中国人民大学学报,2002(2).
[148] 张占斌.省直管县体制改革的实践创新.国际行政学院出版社,2009(1).
[149] 赵峰,姜德波.长三角区域合作机制的经验借鉴与进一步发展思路.中国行政管理,2011(2).

[150] 郑勇军.内源性民间力量推动型经济发展:浙江经验.浙江社会科学,2001(3).

[151] 中华人民共和国民政部.中华人民共和国县级以上行政区划沿革(一九四九年——一九八三年).北京:测绘出版社,1986.

[152] 钟韵.区域中心城市与生产性服务业发展.北京:商务印书馆,2007.

[153] 周黎安.晋升博弈中政府官员的激励与合作——兼论我国地方保护主义和重复建设问题长期存在的原因.经济研究,2004(6).

[154] 周黎安.中国地方官员的晋升锦标赛模式研究.经济研究,2007(7).

[155] 周雪光."逆向软预算约束":一个政府行为的组织分析.中国社会科学,2005(2).

[156] 朱景文.法治和关系:是对立还是包容?——从韦伯的经济与法律之间关系的理论谈起.环球法律评论,2003.

后 记

《地方政府改革创新论》一书终于出版了，她汇集了我从事地方政府研究的主要成果，前前后后整整写了十多年。大约在2000年左右，我开始关注地方政府问题，这个转向与我的教学实践有关。在20世纪八九十年代，本科及以上的教育还是稀缺的，党政机关干部具有本科以上学历不多，许多身处管理岗位的领导只有大专学历。1995年，浙江大学与浙江省人事厅合作，搞了一项跨世纪人才培养工程，面向具有大专学历的党政机关干部开办“专升本”教育。我不仅要给他们上“行政管理学”课程，还要指导他们写毕业论文。这批学生都在党政机关工作多年，有丰富的行政管理实践经验，其中一些已处于厅长、市长这些重要领导岗位。2001年，我又开始从事MPA(公共管理硕士)教育，这些学生同样大多是党政机关干部。指导他们写学位论文其实是一个典型的教学相长过程，我与他们讨论论文的过程也是我对政府进行调研的过程，只有对政府进行深入调研才有能力指导学生的研究。而从1999年开始，我就已指导行政管理学术型研究生。因此，我对地方政府的研究就带领学术型研究生一起进行。本书的前期研究成果大多是我与研究生合作完成的，并在期刊上公开发表过。三年前，我觉得有必要对自己十多年关于地方政府的研究进行梳理，就与学生曹伟副教授一起做这项工作。本书除了第二章的第三节及第六章的第三节由曹伟副教授独立完成外，其他部分都是我与研究生合作的成果，这些学生包括张洁珺、毛瑞福、徐露辉、麻晓莉、王柳、李院林、黄振威、曹伟、周鲁耀、谷志军、毛益民、于洋、陈永杰、陈科霖等。与他们合作的成果都曾共同署名正式发表过，所以在这里就不再详细说明每位学生曾经的贡献。

本书记载了我与学生思想交流与学术探索的历程，整理本书的过程也让我重温了与学生一起从事研究那段既快乐又艰辛的生活。从教本不是我青年时的理想，但今天看来是我一生的荣幸。在大学从教让我有机会一直与充满活力的优秀青年为伴，在指导学生成长的过程中不断提升自己，在与学生交流的过程中不断丰富自己。

在一个社会大转型的时代从事社会科学研究也是幸运的。我本来是学精密机械工程的，获得的第一个学位是浙江大学工学学士，年轻时的理想是想成为技术专家。但人生的发展具有偶然性，大学毕业留在浙大工作让我有较多的学习机会，进一步获得了法学士、法硕士和法博士学位，从而走上社会科学研究的道路。而近几十年我国社会进入重大转型时期，提出了大量非常有价值的社会科学研究问题，也为社会科学工作者提供了绝好的研究机会，社会的重大变革无时无刻不在激发社会科学工作者探索社会发展的内在逻辑。

我从事地方政府管理研究与我参与浙江大学行政管理学科建设是密切联系的。中国的公有制经济基础决定了政府在社会经济生活中扮演特别重要的角色，改善政府管理、提高行政效能、完善公共服务在我国是一个极其重大的理论研究问题，因此特别需要一大批高素质政府管理专业人才。浙江大学从 1987 年开始设立行政管理辅修专业，1993 年获当时国家教委批准开设行政管理本科专业，1999 年开始培养行政管理硕士研究生，2001 年开始招收 MPA，2007 年开始招收行政管理博士研究生并于同年获批设立公共管理博士后流动站，我有幸参与了所有这些学科设置的论证工作，相关申报表格主要也是由我填写。我也先后任行政管理教研室主任、公共管理系主任和 MPA 教育中心主任。伴随浙江大学公共管理学科的迅速发展，我自己也在学科建设与学术研究方面做出了一些贡献。2003 年教育部第一次组织全国高校学科水平评估，浙江大学公共管理学科就排全国第五名，2017 年教育部第四轮全国高校学科水平评估，浙江大学公共管理学科被评为 A。

我从 2007 年开始指导行政管理博士研究生，工作重心也逐渐转到与博士生合作研究重大公共管理理论和现实问题，近十年来两次主持国家社科基金重大项目，出版了《社会转型与有限政府》《责任政府：从权力本位到责任本位》《权力制约监督论》等著作，并受到学界的肯定，两次获教育部人文哲学社会科学优秀成果奖。但这期间我最大的收获是看到了学生们的成长，见证了指导的一个个博士生从学生成为优秀的青年学者。这个过程尽管有学术探索的艰辛，但更多的是感受学生成长的快乐。可以说，《地方政府改革创新论》一书就是我有幸成为大学教师和有幸生活在这个伟大的变革时代的产物，她凝聚着我与学生在社会变革大背景下围绕地方政府改革创新的思考和对善政善治理想的探索。因此，这本书不仅是一部学术著作，而且也是对一段学术人生的见证。

陈国权

2017 年 11 月 19 日